Tributes
Volume 6

Linguistics, Computer Science and Language Processing

Festschrift for Franz Guenthner on the Occasion of his 60th Birthday

Tributes Series Editor
Dov Gabbay   dov.gabbay@kcl.ac.uk

Linguistics, Computer Science and Language Processing

Festschrift for Franz Guenthner on the Occasion of his 60th Birthday

edited by

Gaston Gross

and

Klaus U. Schulz

ISBN 978-1-904987-80-2

College Publications
Scientific Director: Dov Gabbay
Managing Director: Jane Spurr
Department of Computer Science
King's College London, Strand, London WC2R 2LS, UK

http://www.collegepublications.co.uk

Original cover design by orchid creative   www.orchidcreative.co.uk
Printed by Lightning Source, Milton Keynes, UK

Preface

Those of us who have had the privilege of working together with Franz Guenthner over a longer period of time have become well aware of the enormous number of areas he has worked in with incredible devotion and success. The most important fields, all centering around computational linguistics and its areas of application, are:

- electronic lexicography,

- grammars and logic for natural language,

- search engines,

- approximate search technology and

- information extraction.

To the majority of the academic community who have not had the benefit of working together with Franz Guenthner, his influential contributions in all the above areas remain widely invisible. Particularly in the later years, most of his work has centered on working with industry or led to the founding of a new company.

The idea behind this commemorative publication is twofold. On the one hand and on a personal note, the publication is meant as a sincere "thank you" for many years of very pleasant and constructive collaboration. We are happy that there are many friends of Franz Guenthner among the contributing authors, both young and old, who all share this view.

On the other hand, this publication aims to provide a tangible means of appreciating the scientific work of Franz Guenthner. It thus contains contributions on many topics that are closely related to his own work. Of course, many more articles and other material could have been included, as well as more specific references to the ideas of Franz Guenthner. In this sense, the views presented remain somewhat narrow. The "thank you", however, is not.

On behalf of all authors,

Gaston Gross and Klaus U. Schulz

Une longue coopération doublée d'une longue amitié

Je voudrais dans ces quelques lignes évoquer une longue coopération doublée d'une longue amitié. Comme souvent, cette rencontre fut l'effet du hasard. Poussé par je ne sais quel scrupule sur le rôle de la logique dans la description de la langue, qui était son intérêt pendant des années, Franz Guenthner était venu voir Maurice Gross, qui venait de mettre au point les fondements théoriques du lexique-grammaire. Son objectif était de projeter sur l'ensemble du lexique les règles syntaxiques pour les rendre reproductibles et forger ainsi des outils de traitement de la langue, comme Unitex. Il se trouve que ce jour-là, Maurice Gross était absent et j'ai pris le relais. Bien que nous soyons venus d'horizons différents, nous nous sommes immédiatement compris et mis d'accord sur la nature du travail à réaliser.

Ce fut le début d'une coopération qui a été la plus importante de ma vie de chercheur. Nos discussions portaient sur les tables du lexique-grammaire mais aussi sur le rôle que la sémantique doit jouer dans l'architecture de la description linguistique. Tout de suite, nous nous sommes entendus sur le fait que l'entreprise de description d'une langue dans sa totalité était assurément folle mais réalisable, à condition qu'on s'y prenne méthodiquement et avec constance. Un tel projet était impensable avant l'avènement de l'informatique. La première tâche était de faire le recensement de toutes les formes et leur rattachement aux lemmes dont elles dépendent. Ce travail avait pris des années au LADL. J'ai admiré comment Franz Guenthner s'y est pris pour réaliser cette tâche. La mise à sa disposition quotidienne des articles de la *Suddeutsche Zeitung*, traités avec des moyens informatiques puissants et rapides, lui ont permis très rapidement d'augmenter son dictionnaire des formes, c'est-à-dire l'équivalent du DELAS et de DELAF, respectivement le dictionnaire des formes simples et des formes fléchies.

Ce recensement systématique bute immédiatement sur l'existence d'un nombre considérable de mots composés. Ce travail de collecte a pris de nombreuses années pour le français. Par chance, la structure morphologique des langues germaniques, dans lesquelles les mots composés sont soudés pour la plupart, a permis de les détecter dans les textes aussi aisément que les noms simples. L'esprit d'efficacité propre au CIS lui a permis très rapidement de décrire l'allemand avec une précision et une couverture au moins égale à celle du français et dans un délai remarquable.

Dès lors que tous les matériaux étaient sur le chantier, il restait à construire l'édifice. La première démarche dans la compréhension d'un texte est de reconnaître l'ensemble des phrases simples qui le composent. Cela revient à détecter tous les prédicats du premier ordre qui s'y trouvent. Or, parmi l'ensemble des mots du lexique, il en est qui déterminent un environnement spécifique en générant un schéma d'arguments. Cette étape exige que l'on dresse la liste de ces éléments, qui peuvent être des verbes, des noms, des adjectifs et des prépositions. Il se trouve cependant que la plupart des prédicats sont caractérisés par plusieurs schémas d'arguments. Leur description contrastive a permis de mettre au point la notion de *classes d'objets*, dont l'utilité est multiple : discrimination des emplois, indication d'une synonymie automatique ainsi que d'une traduction, qui n'est autre qu'un synonymie dans une langue étrangère, mise au point d'une liste d'opérateurs appropriés pour chaque classe d'arguments.

La notion de *classes d'objets* s'applique de la même façon aux prédicats. Nos discussions, qui durent sur ce sujet depuis des années, nous ont permis de clarifier le fonctionnement des prédicats. Par exemple, si le concept d'*action* et d'*événement* est assez clair, ce n'est pas le cas de la notion abstraite d'*état*, qui à moyen terme est destinée à disparaître au profit de classes plus fines comme, les *propriétés*, les *états passagers* ou *situationnels*, etc. Les classes de prédicats sont plus faciles à mettre au point si on les aborde par le biais des prédicats nominaux. En effet, ces derniers sont actualisés par les verbes supports, or ces supports constituent des indices de classes sémantiques : les prédicats de <coups> prennent *donner* et *recevoir* ; les prédicats de <crime> prennent *commettre* ; les prédicats de <recherche> prennent *mener* ; les prédicats de <mouvements> prennent *faire* ou *effectuer*. Si donc l'on fait un recensement exhaustif des supports, on est à même de procéder à une classification des prédicats nominaux et ce à l'aide d'un outil formel. Cela pose évidemment des problèmes délicats de délimitation entre les constructions à support et les constructions figées, mais on doit reconnaître que ces difficultés sont marginales. À cela s'ajoute le recensement et le classement des déterminants, dont certaines classes, comme les déterminants composés d'un substantif (*un tas de*), comprennent plusieurs milliers d'éléments.

À ce stade, les dictionnaires d'emplois permettent de reconnaître les phrases simples qui sont le tissu des textes. Or, ces textes ne sont jamais des suites de phrases simples juxtaposées. Elles sont la plupart du temps reliées par des connecteurs, c'est-à-dire des prédicats du second ordre. C'est sur leur statut que les discussions que j'ai eues avec Franz ont été à mes yeux les plus fructueuses. Sa connaissance de la logique m'a aidé à organiser les faits dans le domaine de la finalité et surtout dans celui de la cause. Je lui suis reconnaissant de tant d'échanges qui m'ont permis de mettre un peu d'ordre dans un domaine où le bavardage situationnel ou communicatif est de règle.

Le lecteur aura compris l'immense dette que j'ai à l'égard de Franz, à la fois dans ma formation personnelle et dans l'intérêt qu'il a suscité en moi pour le rôle social et économique que doivent jouer les descriptions linguistiques.

Gaston Gross

Paris

CONTENTS

Dictionnaires électroniques et traits sémantiques

KRZYSZTOF BOGACKI[1]

1 Introduction

Il y a des hasards qui déterminent notre parcours scientifique. C'est de cette façon-là que nous voyons notre rencontre, vers le milieu des années '90, avec Franz Guenthner qui était à la recherche d'un collaborateur pour un projet européen[2] . Il avait besoin d'un dictionnaire morphologique du polonais, de couverture moyenne - 50.000 à 60.000 mots-vedettes[3] - et a préféré faire un dictionnaire "à partir de zéro" pour éviter des difficultés d'adaptation de dictionnaires existants, d'ailleurs peu nombreux à l'époque. C'est de cette façon que nous avons pu entrer dans une discipline en plein essor: la linguistique computationnelle et les dictionnaires électroniques. Depuis, les dictionnaires morphologiques du polonais sont plus nombreux sur le marché et plusieurs recherches, couronnées par des thèses, ont été effectuées dans des universités polonaises[4] . Le dictionnaire préparé dans le cadre de BILEDITA a grandi et il compte à l'heure actuelle environ 140.000 formes canoniques.[5]

Le résultat de notre collaboration fut un dictionnaire au format DELA étant donné qu'il était destiné à s'insérer dans INTEX (v. 3.1) tournant sous NeXTSTEP et utilisant, pour les autres langues prises en compte dans ce projet, les dictionnaires ayant ce format. S'il est vrai qu'un diction-

---

[1] Université de Varsovie

[2] Le projet BILEDITA dans le programme Copernic.

[3] Aujourd'hui il serait rangé plutôt dans la catégorie des dictionnaires de petite taille étant donné que les plus volumineux dépassent facilement 140.000 mots simples et atteignent la limite des 200.000 composés.

[4] On trouvera une présentation de l'état de l'art dans Bień-Szafran [1] avec des références exactes à Szafran [10], [11] Wołosz [17], Vetulani [16] pour ne mentionner que les plus importants.

[5] V. Bogacki (2000) pour la présentation de POLLEX.

naire morphologique était amplement suffisant pour les tâches du projet
BILEDITA (identification semi-automatique des composés dans les textes
parallèles bilingues), dans les applications plus élaborées (traduction automatique, résumé automatique et, de façon plus générale, génération des
textes), une langue à cas, comme le polonais, exigeait plus que cela. En
effet, si en français la construction du complément d'objet des verbes *faire*
et *accomplir* est identique (sans préposition entre verbe et substantif), en
polonais elle dépend du verbe employé. En dépit de la proximité sémantique
entre les deux verbes, en polonais le complément se met à l'accusatif avec
zrobić coś ou au génitif avec *dokonać czegoś*. On s'aperçoit vite qu'il est
indispensable de disposer d'informations qui, à terme, peuvent conduire à
un dictionnaire syntaxique tenant compte des oppositions casuelles. Cette
nécessité a conduit à l'élaboration d'un dictionnaire rassemblant à l'heure
actuelle quelque 44.000 mots-vedettes organisés en 4 modules : verbal (environ 20.000 entrées), adjectival (plus de 6.000 formes canoniques adjecti-
vales), substantival (plus de 16000 substantifs) et prépositionnel (plus d'un
millier de lignes pour les prépositions simples et complexes). Il a été com-
mencé dans le cadre d'un projet européen MATCHPAD ayant pour but
la création d'un prototype de système de traduction anglais-polonais et
polonais-français. Ensuite, les travaux ont été poursuivis par une équipe
de linguistes à l'Institut de Philologie Romane grâce aux fonds propres de
l'Université de Varsovie.

Dans ce qui suit, nous présenterons rapidement ce dictionnaire (DicoSyntaxPl). Il est issu des recherches effectuées en collaboration avec Systran
dans le cadre d'un autre projet européen[6] . Il devait s'insérer dans une
famille de systèmes de traduction automatique fabriqués depuis des années
par cet éditeur en tenant compte des modifications de leur architecture
apportées récemment mais contraint par différents choix linguistiques an-
térieurs. Il a été entrepris avec l'idée que les informations contenues dans
le dictionnaire doivent contribuer autant que possible à la solution d'un des
problèmes majeurs qui constituent une véritable pierre d'achoppement pour
les systèmes de traduction automatique et qui consiste à lever l'ambiguïté
dans le contexte de deux langues : langue-source et langue-cible. En effet, il est nécessaire de préciser les facteurs servant à sélectionner dans la
langue-cible l'équivalent approprié d'un mot trouvé dans un texte en langue-
source. À côté des données syntaxiques au sens strict du terme (schémas
syntaxiques), le dictionnaire DicoSyntaxPL utilise des informations morphologiques (spécification des cas et des parties du discours avec codes morphologiques renvoyant au dictionnaire morphologique POLLEX) et fait ap-

---

[6] MATCHPAD, 2000-2002.

pel aux traits sémantiques qui forment un mécanisme bien connu utilisé en linguistique depuis fort longtemps. Les données contenues dans ce dictionnaire proviennent de trois sources. La plus importante est sans doute le dictionnaire de Polański [7] rassemblant environ 10.000 verbes. Donnant les structures syntaxiques pour tous les sens des verbes décrits, il ne tient pas compte cependant des combinaisons possibles de ceux-ci avec les préfixes qui, en polonais, sont responsables, dans nombre de cas, des oppositions aspectuelles et qui allongent considérablement la liste des verbes traités. Il a été complété par deux sources complémentaires importantes : Szymczak [12] et les témoignages des sujets natifs.

2   Les numéraux et les cas

Pour commencer, examinons quelques situations qui feront voir la nécessité de spécifier le cas des substantifs-régimes en polonais. La plus simple est celle des syntagmes nominaux composés d'un numéral et d'un substantif-tête. Si en français ou en anglais *un (une)* s'accompagne d'un substantif au singulier, et tous les numéraux exprimant la pluralité (*deux, trois, quatre, cinq, six, ...*) exigent le pluriel, en polonais la situation se complique du fait de l'existence d'une déclinaison offrant plusieurs cas. L'opposition singulier/pluriel, bien connue en français ou en anglais, ne suffit pas. En effet, *dwa* 'deux', *trzy* 'trois' et *cztery* 'quatre' exigent un accusatif pluriel de leur complément tandis que les numéraux supérieurs imposent un génitif pluriel, cf.:

Jeden pies$_{Nomin\_sg}$ 'un chien'

(Dwa+trzy+cztery) psy$_{Acc\_pl}$ '(deux+trois+quatre) chiens'

(Pięć+sześć+siedem. . .) psów$_{Gen\_pl}$ '(cinq+six+sept. . .) chiens'

Cette information peut être fournie par un mécanisme des FST[7] :

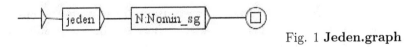

Fig. 1 **Jeden.graph**

---

[7] Pour simplifier, nous tenons compte uniquement, de la forme masculine. En ce qui concerne les noms de nombre v. Bogacki [2], Chrobot [3], Maurel [6] et Silberztein [9].

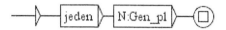

Fig. 2. JedenF.graph: cardinal _jeden_ dans un composé

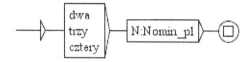

Fig.3 **2.4.graph**

Fig.4 **5.9.graph**

3   Les prépositions et les cas en polonais

Mais ce sont les prépositions qui constituent l'axe central de sélection des formes casuelles de leur régime. Elles sont hétérogènes, on le sait bien, tant sur le plan étymologique que formel (prépositions simples vs locutions prépositionnelles) ou fonctionnel (on y trouve des prépositions introductrices d'arguments, prépositions-prédicats etc.). Lors de l'élaboration d'un dictionnaire syntaxique les différents rôles des prépositions s'effacent devant une propriété qu'elles ont toutes en commun et qui consiste à imposer un cas particulier au régime nominal.

Le plus souvent une préposition impose un cas précis au substantif. Dans de rares cas, la sélection se fait entre deux cas. Ainsi _na_ se retrouve avec un accusatif (_na stół_ 'sur la table') ou avec un locatif (_na stole_ 'sur la table'), _nad_ est combinable avec un accusatif (_nad stół_ 'au-dessus de la table') ou avec un instrumental (_nad stołem_ 'au-dessus de la table'). Le choix du cas va de pair avec une différence de sens: l'accusatif introduit le but, le locatif et l'instrumental ont un sens « scénique » (l'endroit où se déroule quelque chose). En ce qui concerne la préposition $z(e)$, l'opposition entre instrumental (_z psem_ 'avec le chien') et génitif (_z wody_ 'de l'eau') est celle entre concomitance et origine.

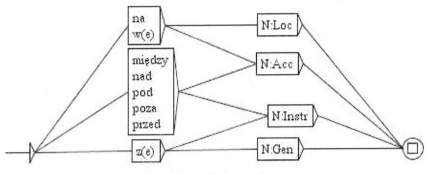

Fig.5 **Prep-dbl.graph**

Ces informations peuvent être décrites aussi bien par les graphes qu'incluses dans un dictionnaire. La solution retenue a consisté à gérer les cas des substantifs induits par les noms de nombres à l'aide des FST et à construire des modules destinés au dictionnaire syntaxique pour les classes de formes numériquement plus importantes : prépositions, adjectifs, substantifs et verbes. Le dictionnaire prend la forme d'une liste avec un nombre variable de champs séparés par une barre oblique. Le premier contient la forme vedette, les autres ajoutent différentes informations concernant les éléments accompagnant le mot-vedette. Dans le cas des prépositions, le second champ renferme l'indication du cas imposé par la préposition à son régime substantival. Ce module contient avant tout une cinquantaine de prépositions simples avec leur régime et plus d'un millier de locutions prépositionnelles. Les deux groupes sont traités de la même façon.

Voici la liste des prépositions simples[8] :

bez(e) 'sans' : N_{Gen} ; *blisko* 'près de' : N_{Gen} ; *bliżej* 'plus près de' : N_{Gen}; *co* 'tous les': N_{Acc}, N_{Gen}; *dla* 'pour': N_{Gen}; *do* : '(jusqu')à' N_{Gen}, *dookoła* 'autour de': N_{Gen}, *drogą* 'par la voie de': N_{Gen} ; *dzięki* 'grâce à': N_{Dat} ; *jako* 'comme, en tant que' : N_{Nom}, N_{Acc}, N_{Gen}; *koło* 'près de': N_{Gen} ; *ku* 'vers': N_{Dat} ; *między* 'entre': N_I, N_{Acc}; *mimo* 'en dépit de': N_{Gen}, N_{Acc}; *na* 'sur': N_{Acc} , N_{Loc}; *nad(e)* 'au-dessus de': N_I, N_{Acc}; *niedaleko* 'non loin de': N_{Gen}, N_{Loc}, N_{Acc}; *obok* 'à côté de': N_{Acc}; *od* 'de': N_{Gen}; *około* 'aux environs de': N_{Gen}; *oprócz* : N_{Gen} ; *po* 'après' : N_{Loc}, N_{Dat}, N_{Acc}; *pod* 'sous': N_I, N_{Acc};

---

[8] D'après Zgółkowa [18].

podczas 'pendant': N_{Gen}; *pomiędzy* 'entre': N_I; *pomimo* 'en dépit de': N_{Gen}; *ponad* 'au-dessus de': N_{Acc}, N_I; *poprzez* 'à travers' : N_{Acc}; *pośród* 'parmi': N_{Gen}; *poza* 'au-delà de': N_I, N_{Acc}; *przeciwko* 'contre': N_{Dat}; *przed* 'avant': N_I, N_{Acc}; *przez* 'à travers': N_{Acc}; *przy* 'près de': N_{Loc}; *spod* 'd'en-dessous de': N_{Gen}; *spośród* 'parmi': N_{Gen}; *spoza* 'au-delà de': N_{Gen}; *u* 'chez': N_{Gen}; *w(e)* 'dans': N_{Loc}, N_{Acc}; *według* 'd'après': N_{Gen}; *wobec* 'face à': N_{Gen}; *wokół* 'autour de': N_{Gen}; *wskutek* 'à cause de': N_{Gen}; *wśród* 'parmi, au milieu de': N_{Gen}; *względem* 'par rapport à N_{Gen}; *wzdłuż* 'le long de': N_{Gen}; *z(e)* : N_I, N_{Gen}; *za* 'derrière': N_{Acc}, N_I, N_{Nom}, N_{Gen}; *zamiast* 'à la place de': N_{Gen}.

La classe des locutions prépositionnelles est plus grande et semble ouverte. Elle est composée de syntagmes comportant une préposition simple avec son régime (*za pomocą* 'à l'aide de', *bez względu na* 'sans égard à', *po przeciwnej stronie* 'de l'autre côté de', *na kształt* 'sous forme de', *na pohybel* 'au détriment de', etc.). Il arrive parfois que les constructions bâties sur les prépositions simples les plus fréquentes dépassent 150 (p. ex. celles avec la préposition *w,* cf. Ucherek [13]).

Les entrées sont présentées selon le schéma suivant :

bez,PREP/N:+Gen 'sans'

blisko,PREP/N:+Gen 'près de'

bliżej,PREP/N:+Gen 'plus près de'

co,PREP/N:+Acc 'tous les'

co,PREP/N:+Gen 'tous les'

dla,PREP/N:+Gen 'pour'

do,PREP/N:+Gen '(jusqu')à'

dookoła,PREP/N:+Gen 'autour de'

drogą,PREP/N:+Gen 'par la voie de'

dzięki,PREP/N:+Dat 'grâce à'

jako,PREP/N:+Nom 'comme, en tant que'

jako,PREP/N:+Acc 'comme, en tant que'

jako,PREP/N:+Gen 'comme, en tant que'

Le premier champ est réservé au mot-vedette qui est suivi d'un code indiquant la partie du discours. Le deuxième précise le cas du substantif régi par la préposition.

4 Adjectifs, substantifs et verbes dans DicoSyntaxPl

4.1 Le module des adjectifs

Le gros du dictionnaire est cependant constitué par les adjectifs, les substantifs et surtout par les verbes. En ce qui concerne les adjectifs, certains d'entre eux exigent une préposition qui impose la forme casuelle à son régime substantival : *przydatny do* 'utile à', *adekwatny do/względem* 'adéquat à', *agresywny w stosunku/wobec* 'agressif par rapport à', *arogancki w stosunku/wobec/do* 'arrogant par rapport à', *bezradny wobec* 'sans ressources face à, perplexe face à', *bezsilny wobec* 'impuissant face à', *biegły w* 'expert en', *cenny dla* 'précieux pour', *charakterystyczny dla* 'caractéristique à', *chciwy na* 'avide de', *długi na* 'long de', *gotowy do* 'prêt à', *hojny dla* 'généreux pour', *lepszy niż/od* 'meilleur que', *niewspółmierny do* 'sans commune mesure avec', *obeznany z* 'familier avec', *odległy od* 'éloigné de' etc. Les lignes dans ce module commencent par l'adjectif-vedette suivi d'une virgule et du code morphologique. N_0, qui occupe le champ suivant, renvoie au substantif qualifié, dans les textes, par l'adjectif en question. Le champ renfermant N_0 ne contient pas d'information sur le cas. En effet, celui-ci dépend de la position du substantif dans le schéma de phrase. Le cas du régime prépositionnel, imposé par la préposition, est précisé dans le module des prépositions.

analogiczny,$A1/N_0$:/PREP:*do* 'analogique'

bezradny,$A1/N_0$: /PREP:*wobec* 'perplexe'

bezsilny,$A1/N_0$: /PREP:*wobec* 'sans forces'

bogaty,$A3/N_0$: /PREP:*w* 'riche'

hojny,$A1/N_0$: / $PREP_1$:*dla* 'généreux'

kwestionowany,A_1/N_0:/PREP:*przez* 'mis en doute'

niewspółmierny,A_1/N_0:/PREP:*do* 'sans commune mesure avec'

4.2   Le module des substantifs

Les schémas syntaxiques des substantifs sont plus compliqués. Trois cas sont à signaler :

- en fonction de tête du syntagme, les substantifs imposent très souvent le génitif à leur régime et ce quelle que soit leur propre forme casuelle dans la phrase.

> nominatif : *samochód$_{Nom}$ sąsiada$_{Gen}$*'voiture du voisin', *pies$_{Nom}$ (mojej) siostry$_{Gen}$* 'chien de ma soeur', *koszulka$_{Nom}$ sportowca$_{Gen}$* 'maillot du sportif', *monitor$_{Nom}$ komputera$_{Gen}$* 'écran de l'ordinateur'
>
> génitif : *samochodu$_{Gen}$ sąsiada$_{Gen}$, psa$_{Gen}$ siostry$_{Gen}$, koszulki$_{Gen}$ sportowca$_{Gen}$, monitora$_{Gen}$ komputera$_{Gen}$*
>
> datif : *samochodowi$_{Dat}$ sąsiada$_{Gen}$, psu$_{Dat}$ siostry$_{Gen}$, koszulce$_{Dat}$ sportowca$_{Gen}$, monitorowi$_{Dat}$ komputera$_{Gen}$*
>
> instrumental : *samochodem$_I$ sąsiada$_{Gen}$, psem$_I$ siostry$_{Gen}$, koszulką$_I$ sportowca$_{Gen}$, monitorem$_I$ komputera$_{Gen}$*
>
> locatif : *samochodzie$_{Loc}$ sąsiada$_{Gen}$, psie$_{Loc}$ siostry$_{Gen}$, koszulce$_{Loc}$ sportowca$_{Gen}$, monitorze$_{Loc}$ komputera$_{Gen}$*
>
> etc.

- de très nombreux substantifs, tirés des verbes, héritent des propriétés de ceux-ci aussi bien en ce qui concerne le choix du cas sans préposition que la préposition qui va alors imposer le cas au substantif régime ;

- certains substantifs, sans être dérivés de verbes, admettent de se combiner avec une préposition. Le cas de leur régime dépend alors de celle-ci: *piłka do gry w rugby* 'ballon pour jouer au rugby', *krem do rąk* 'crème pour les mains', *koszula z płótna* 'chemise en toile', *sukienka w paski* 'robe à rayures, *ubranie na wielkie okazje* 'vêtement pour les grandes occasions' ;

> *fascynacja przeszłością$_{NI}$* 'le fait d'être fasciné par le passé'
>
> *manipulowanie faktami$_{NI}$* '(le fait de) manipuler les faits'
>
> *odstępstwo od wiary$_{NGen}$*'le fait de renier la foi'
>
> *podlizywanie się władzy$_{NDat}$* '(le fait de) faire la lèche aux autorités'.

przejazd przez las$_{NAcc}$ 'la traversée de la forêt'

spacer po lesie$_{NLoc}$ 'promenade à travers la forêt'

ślęczenie nad książkami$_{NI}$ 'le fait de piocher dans les livres'

wyjazd na wakacje$_{NAcc}$ 'départ en vacances'

Le module substantival du DicoSyntaxPL ne comporte à l'heure actuelle que les substantifs dont le régime est introduit par une préposition et une partie seulement de ceux qui sont dérivés des verbes. Le format des lignes est analogue à celui du module des adjectifs : la ligne commence par le substantif-vedette suivi d'une virgule et du code morphologique du mot décrit. N_1, qui occupe le premier champ, renvoie au substantif-régime relié directement (sans préposition) dont on spécifie le cas. Les substantifs-régimes introduits par une préposition ne sont pas spécifiés. En effet, on se borne à indiquer juste la préposition. L'information sur le cas du substantif qui en dépend est à chercher dans le module des prépositions.

fascynacja,N21/N_1 :Instr 'fascination'

krem,N16/PREP : *do* 'crème'

manipulowanie,N3/N_1 :Instr 'manipulation'

odstępstwo,N38/PREP: *od* 'le fait de renier la foi'

podlizywanie się,N31R/N_1:Dat '(le fait de) faire la lèche à

przejazd,N118/PREP : *przez* 'traversée'

spacer,N124/PREP : *po, w, nad* 'promenade''

ślęczenie,N3/PREP : *nad* 'le fait de consacrer beaucoup de temps à'

wyjazd,N118/PREP : *do, na, od, z, w* 'départ'

4.3   Le module verbal

Dans le module verbal, on omet l'information concernant le cas du premier argument – sujet de la phrase. En effet, celui-ci se met toujours au nominatif. Par contre les autres fonctions imposent différentes formes casuelles ce qui fait que le cas doit être précisé pour N_1, N_2, etc. On spécifie aussi la préposition qui détermine le cas de son régime. Dans le schéma syntaxique qui est reflété par une ligne on inclut juste les arguments obligatoires sans tenir compte des compléments circonstanciels facultatifs.

De la même façon, le module des verbes du DicoSyntaxPl comporte, à côté du mot-vedette accompagné de son code morphologique, un nombre variable de champs où sont spécifiés les cas des arguments et, le cas échéant, les prépositions dont ceux-ci dépendent ainsi que les conjonctions qui introduisent les complétives:

adaptować,$V12/N_0$: /N_1:+Acc/PREP:*dla,do,dla potrzeb,do celów* 'adapter'

asystować,$V26/N_0$: /N_1:+Gen/PREP:*przy,w* 'assister'

biadolić,$V77/N_0$:/CONJ:*że* 'pleurnicher'

biczować się,$V21/N_0$:/N_1:+Instr 'se fouetter'

buntować się,$V17R/N_0$: /PREP:*przeciw* 'se révolter'

burzyć,$V5/N_0$:/N_1: +Acc/N_2:+Instr   'détruire'

chronić,$V74/N_0$: /N_1:+Acc/PREP:*przed* 'protéger'

cudzołożyć,$V66/N_0$: /PREP:z 'découcher'

gnieść się,$V33R/N_0$ 'se froisser','se tasser'

L'architecture du prototype de traducteur automatique élaboré dans le cadre du projet MATCHPAD prévoyait aussi le recours aux traits séman- tiques qui complètent les schémas syntaxiques, ce qui dans nombre de cas peut contribuer à lever certaines ambiguïtés lexicales. Ce qui est crucial, surtout dans le contexte des lexèmes polysémiques caractérisés par une cor- respondance non-univoque dans la langue source et dans la langue cible, c'est que ce mécanisme mixte (schémas syntaxiques+traits sémantiques) permet de sélectionner les équivalents lexicaux appropriés dans le diction- naire de transfert inclus dans un programme de traduction automatique.

5   Les traits sémantiques

Les traits sémantiques sont utilisés dans différentes disciplines. On y fait recours en psychologie cognitive où ils sont introduits à côté des attributs.

Ceux-ci prennent plusieurs valeurs (cf. le cas des couleurs : rouge, verte, jaune, bleue, etc.), ceux-là n'en admettent que deux (dans le cas du trait [animé], le choix se réduit à [+animé] ou [−animé] (cf. Rui Da Silva Neves 2002). On les retrouve aussi dans les recherches linguistiques où ils sont critiqués à juste titre[9] . En effet, leur statut n'est pas clair (relèvent-ils de la sémantique ou de la syntaxe ? on parle parfois de traits sémantico-syntaxiques ou sémantico-grammaticaux), leur définition n'est pas précise (ils sont donc utilisés de façon intuitive), leur nature est variée ([comptable] a l'air d'appartenir à un autre registre que [concret] ou [humain]). Le plus souvent on en énumère une poignée: [humain], [non-humain], [animé], [inanimé], [concret], [abstrait], [liquide] en mettant des points de suspension pour laisser entendre que leur liste pourrait s'allonger. Effectivement, il suffit de consulter n'importe quel dictionnaire de langue pour s'en apercevoir.

Ainsi dans le *Trésor de la Langue Française Informatisé* ils sont signalés par la formule *se dit de, en parlant de* ou *semblable* chaque fois qu'il s'agit de restreindre l'application d'un lexème donné à une sous-classe de mots. On les trouve par exemple dans les verbes désignant les cris des animaux:

aboyer '[En parlant du chien] Émettre son cri le plus habituel consistant en un bruit sonore et bref, généralement répété par saccades. [Le suj. est un nom désignant un chien ou un animal de la même famille]',

croasser '[En parlant du corbeau ou de la corneille] Pousser le cri (rauque et discordant) spécifique de leur espèce.'

hennir 'pousser un cri (en parlant de cheval)',

miauler 'pousser un cri (en parlant de chat)'

On les utilise aussi dans les définitions des verbes qui décrivent la forme ou la transformation des différentes substances :

s'évaporer '[Le suj. désigne un liquide ou un solide, le compl. le liquide (gén. de l'eau) qui subit l'évaporation] Transformer en vapeur (par sa surface libre) sous l'action du soleil et par contact avec l'air.'

dégouliner '[Le suj. désigne un liquide ou une substance visqueuse] S'écouler goutte à goutte ou abondamment.'

---

[9] G. Gross [4].

égoutter 'Débarrasser une chose du liquide qu'elle contient ou dont elle est recouverte, en le faisant écouler goutte à goutte'

couler '[En réf. avec un liquide considéré dans son mouvement] [Le suj. ou l'agent désigne un liquide] Se déplacer (en pente) d'un mouvement continu et naturel.'

ou l'évolution de ceux-ci: *rancir* ' [Le suj. désigne un corps, le plus souvent un corps gras, et *p. méton.* une odeur, une saveur] Devenir rance, s'altérer'

oxyder, rouiller ' Provoquer l'oxydation d'un métal ferreux, d'un objet de fer.'

Le recours aux traits est peut-être le plus visible dans les définitions des verbes mais il apparaît aussi dans celle des adjectifs et des substantifs. *Rapace* en parlant des oiseaux signifie 'vorace, avide, ardent à poursuivre sa proie' alors qu'en parlant d'une personne, par exemple dans *un usurier rapace,* il veut dire 'avide de gain, de profit, qui aime le gain à l'excès, le plus souvent au détriment d'autrui'. D'un autre côté, le TLFi mentionne :

rance '[En parlant d'un corps gras] Qui a contracté une odeur désagréable et une saveur âcre, en raison du développement d'acides gras sous l'effet de l'oxygène de l'air.'

Dans la sémantique componentielle, où les traits sont synonymes de sèmes, on les assimile parfois aux atomes de sens ce qui leur confère un sens voisin de primitives sémantiques (cf. `http://www.lirmm.fr/~schwab/pmwiki/` `pmwiki.php?n=Recherche.Glossaire`). Ce rapprochement nous paraît faux. L'inventaire des traits sémantiques n'a rien à voir avec les listes des prédicats (on ne sait pas s'ils sont des dizaines ou des centaines). En effet, les traits sémantiques sont issus de l'observation des oppositions qui s'établissent entre les mots d'un champ lexical donné. La diversité d'oppositions et de contextes dans lesquels les traits sémantiques sont établis entraîne une multitude de traits caractérisant chaque item lexical. Ainsi pour le mot *tygrys* 'tigre' examiné dans le contexte des noms d'animaux on postulera probablement [quatre pattes], [fourrure], [queue], [dangereux], [sauvage]. Ils serviront de différenciateurs par rapport aux mots tels que *kangur* 'kangourou', *wąż* 'serpent', *rekin* 'requin', *sęp* 'vautour', *scorpion* 'scorpion', etc. Au contraire c'est le trait [animé masculin], beaucoup plus général que les précédents, qui apparaîtra comme pertinent pour rendre compte, en polonais, de l'équivalence entre l'accusatif et le génitif systématique avec les animés masculins ($tygrysa_{Gen/Acc}$, $kangura_{Gen/Acc}$, $węża_{Gen/Acc}$, $rekina_{Gen/Acc}$, $sępa_{Gen/Acc}$, $skorpiona_{Gen/Acc}$ etc.) et celle entre l'accusatif et le nominatif dans le cas des masculins inanimés (cf. $samochód_{Nom/Acc}$ 'voiture', $żaglowiec_{Nom/Acc}$ 'voilier', $drogowskaz_{Nom/Acc}$ 'poteau indicateur' etc.). Jouant le rôle de différenciateurs, les traits sémantiques ne disent rien en positif sur le sens des lexèmes en présence, contrairement aux primitives sémantiques qui, elles, ont une visée universaliste, dépassant le champ très limité à l'intérieur duquel opèrent les traits sémantiques. Il est facile de voir que l'intégration d'autres mots dans un champ lexical donné conduit nécessairement à une augmentation du nombre de traits.

L'exemple classique d'analyse en termes de traits sémantiques est celui proposé par B. Pottier (1965) qui pour l'examen des noms de sièges s'est servi de 6 traits : [pour s'asseoir] (=s1), [sur pied] (=s2), [pour une personne] (=s3), [avec dossier] (=s4), [avec bras] (=s5), [matériau rigide] (=s6). Il est clair que chacun de ces traits pourrait être décomposé en unités de sens plus simples[10] . Le sens de chacun des mots appartenant à ce champ est le produit d'un certain nombre de traits (allant de s1 à s6), p. ex. *pouf* [pour s'asseoir]+[pour une personne], *tabouret* [pour s'asseoir] +[pour une personne]+[sur pied]+[matériau rigide], etc. Le trait [pour s'asseoir] joue le rôle d'un différenciateur par rapport à d'autres meubles (tels que p. ex. le lit, ou le divan) il est donc obligatoire dans toutes les unités lexicales du champ sémantique des sièges (ceux-ci sont faits, tous, pour s'asseoir dessus). Pour chaque champ lexical, compte tenu de son étendue, on obtient ainsi une limite théorique du nombre de mots analysables en termes des traits proposés. Or on constate, d'un côté, que certaines combinaisons de traits ne correspondent à aucune forme dans le lexique, cf.

[pour s'asseoir] + [pour une personne] face à [pour s'asseoir] + [sur pied] + [pour une personne] qu'on retrouve dans *pouf*

[pour s'asseoir] + [sur pied] + [pour une personne] + [avec bras] face à [pour s'asseoir] + [sur pied] + [pour une personne] + [matériau rigide] qui caractérise *tabouret*

[pour s'asseoir] + [sur pied] + [pour une personne] + [avec dossier] face à [pour s'asseoir] + [sur pied] + [pour une personne] + [avec dossier] [matériau rigide] qui caractérise *chaise*.

---

[10] V. Lewicka, Bogacki [5] pour l'analyse, en termes de prédicats et d'arguments, du verbe *s'asseoir* qu'on retrouve dans le sème s1.

D'un autre côté, le dépassement de la limite théorique de termes analysables en termes de 6 traits tels qu'ils ont été définis par B. Pottier (par exemple à la suite de la création de termes nouveaux dans le vocabulaire des professionnels du meuble) nécessiterait l'introduction de traits supplémentaires.

6   Les traits et le mécanisme de la désambiguïsation

Considérons trois exemples d'utilisation des traits sémantiques.

1. La consultation du dictionnaire de transfert DicoFR_PL.TR fait voir que la préposition *à* peut être rendue en polonais par une des 10 prépositions suivantes[11] :

   do : *(rentrer) à la maison – (wrócić) do domu*

   ku : *à mon grand étonnement – ku memu wielkiemu zdziwieniu*

   o : *à 3 heures – o trzeciej, au crépuscule – o zmierzchu*

   na : *au cimetière – na cmentarzu*

   po : *vendre les pommes à 1,50 euro le kilo – sprzedawać jabłka po 1,50 euro za kilo*

   pod : *une défaite à Grunwald – klęska pod Grunwaldem*

   przy : *au bar – przy barze*

   u : *les clefs étaient suspendues à la ceinture – klucze były zawieszone u paska*

   w : *le mariage sera célébré à Saint-Séverin – Ceremonia ślubu odbędzie się w kościele Saint-Séverin, (être) à la mason – (być) w domu*

   z : *à une très grande vitesse – z wielką szybkością*

   Le mécanisme de sélection de l'équivalent polonais fait intervenir différents facteurs dont les traits sémantiques des régimes prépositionnels et ceux des verbes. Ainsi lorsque *à* est suivi d'une indication de [temps] (*3 heures, crépuscule*), la préposition polonaise sélectionnée est *o,* l'indication d'un nom de [localité historique connue à cause d'une bataille] fera opter pour *pod,* un nom de [sentiment] (*étonnement, surprise* imposera *ku* alors qu'un [abstrait non-sentiment] (*vitesse*) fera opter pour *z.* Un verbe dynamique, de son côté, est

---
[11] Ucherek [14].

responsable de la sélection de **do** : *(rentrer) à la maison – (wrócić) do domu* alors qu'avec un verbe statique on retrouvera **w** : *rester, être à la maison – być w domu.*

2. Si on ajoute l'information sur les traits, on se donne la possibilité de distinguer les formes homonymiques ou les sens de polysèmes. Ainsi *gnieść się* avec un [concret] en position de sujet donne une interprétation passive (son équivalent en français est alors *se froisser* :

Ten materiał łatwo się gniecie 'Ce tissu se froisse facilement'

alors que *gnieść się* avec un sujet [humain] ou un [humain-collectif] conduit à une lecture réciproque (le verbe est traduit en français à l'aide de *se tasser* :

Pasażerowie gniotą się w nieopisanym tłoku 'Les voyageurs se tassent dans une cohue indescriptible'

3. Le dernier exemple montre qu'il est impossible de se limiter aux traits généraux tels que [animé], [concret], [liquide], [lieu] etc. et que parfois des traits rares et tout à fait imprévisibles interviennent avec certains lexèmes. Considérons le verbe polonais **górować** qui a 5 sens :

(I) 's'élever plus haut que'

(II) 'être plus Qual que'

(III) 'dominer, avoir le dessus sur'

(IV) 'être au zénith'

(V) 'passer au-dessus de la cible'

Ils sont distingués grâce aux schémas syntaxiques et aux traits sémantiques des arguments. Sur le plan syntaxique, on relève trois constructions :

(1) N_0 V *nad* N_{1Instr}

(2) N_0 V *nad* N_{1Instr} (N_{2Instr} + *pod względem* N_{2Gen})

(3) N_0 V

qui peuvent être illustrées par les phrases suivantes:

(a) *Komin góruje nad miastem* 'Le cheminée s'élève plus haut que le reste de la ville'

(b) *Jan góruje nad Pawłem inteligencją* 'Jean est supérieur à Paul par son intelligence'

(c) *Jan góruje nad Pawłem sprytem* 'Jean est plus rusé/malin/ dégourdi que Paul'

(d) *Marysia góruje nad Anią urodą* 'Marie est plus belle qu'Anne'

(e) *Przeciwnik górował nad Jana siłą i szybkością* 'L'adversaire de Jean était plus fort et plus rapide que lui'

(f) *W chórze górowały głosy dziewcząt* 'Dans la chorale, c'étaient les voix de jeunes filles qui dominaient'

(g) *W zespole górowali zawodnicy z bogatym doświadczeniem* 'Dans l'équipe c'étaient les joueurs ayant une grande expérience qui dominaient'

(h) *W południe słońce góruje* 'A midi, le soleil est au zénith'

(i) *Ten karabin góruje* 'Ce fusil tire des obus qui passent au-dessus de la cible'

Le premier exemple, correspondant au schéma (1), illustre le sens (I) : 's'élever plus haut que'. Les exemples (b-d) réalisent le schéma syntaxique (2) et forment une famille unique. Le sens exprimé(II) est: *x est plus Qual que y* (où *Qual* désigne une qualité quelconque) et où N_{2Gen} veut dire 'sous le rapport de'. Le troisième sens, illustré par les exemples (f) et (g) correspond au schéma syntaxique (1) avec une ellipse facultative du constituant *nad* N_{1Instr}. Les phrases peuvent être complétées par *nad* N_{1Instr} comme le montrent les exemples ci-dessous:

W chórze górowały głosy dziewcząt nad męskimi 'Dans la chorale, c'étaient les voix des jeunes filles qui dominaient sur celles des hommes'

W zespole górowali zawodnicy z bogatym doświadczeniem nad debiutantami 'Dans l'équipe c'étaient les joueurs ayant une grande expérience qui dominaient sur les débutants'

Le schéma syntaxique (2) suffit à lui seul pour délimiter le sens (II). En effet, celui-ci ne peut être exprimé ni par (1) ni par (3). En ce qui concerne les sens (I) et (III), ils sont exprimés par un seul schéma syntaxique (1) et le facteur grâce auquel ils sont distingués est la classe sémantique des substantifs-arguments. Dans (I) ils sont [édifice], [bâtiment] à la différence de (III).

Les deux derniers exemples (g-h) relèvent de la construction syntaxique (3) qui a pour particularité d'exclure l'argument objet prépositionnel et de se distinguer des phrases elliptiques relevant de la structure (1) N_0 V *nad* N_{1Instr} telles que (f) et (g) par l'interdiction d'adjoindre *nad* N_{1Instr}. Or à ce schéma syntaxique correspondent deux sens : (IV) 'être au zénith' et (V) 'passer au-dessus de la cible'. La discrimination entre les deux sens se fait à l'aide du trait [+corps astral] pour le sens (IV) ou [+arme à feu à tir horizontal] pour (V).

7 Les traits sémantiques dans Polański [7]

Les traits sémantiques sont largement employés dans Polański [7]. En effet, ils y sont mentionnés de façon systématique pour chaque argument. Au départ, leur liste comporte 16 traits très généraux: [+Abstr], [−Abstr][12], [+Anim], [−Anim], [+Hum], [−Hum], [Coll] (=collectif), [Elm] (=élément), [Fl] (=végétal), [Inf] (information), [Instr], [Liqu] (=liquide), [Mach] (=machine), [Mat] (=matière), [Pars] (=partie). Ils peuvent se combiner entre eux. Ainsi [−Abstr −Anim] est utilisé pour les concrets inanimés, p. ex. *pierre, verre*, [+Hum Pars] pour les parties du corps humain (*main, dent, tête*), etc. A la lecture du dictionnaire on s'aperçoit que le mécanisme des traits sémantiques très généraux s'avère très vite insuffisant pour traiter les lexèmes. [Anim] pour le sujet de *galopować* 'galoper' semble trop large parce qu'il autorise en cette position *cigogne, souris, renard*, etc. tandis que [Hum] en position de sujet de *bankrutować* 'faire faillite' exclut les phrases telles que *Cette (banque + société) a fait faillite*, etc. Très vite, de nouveaux traits, plus précis, apparaissent[13], p. ex. [substance chim] (avec le verbe *analizować* 'analyser'), [jugement, décision, sentence] (avec *apelować* 'adresser un recours à'), [œuvre musicale] (*aranżować* 'arranger'), [teinture] (*barwić* 'colorier'], [sommeil], [nature], [état d'inconscience] (tous les trois avec le verbe *budzić się* 's'éveiller'), [tissu] (avec *doszywać* 'coudre'), [source de chaleur] (avec *grzać* 'chauffer'), [oiseau], [insecte] et [avion] (avec *latać, lecieć* 'voler'), [courant] (*galwanizować* 'galvaniser'), [argent] (*dewaluować* 'dévaluer'), [ciel] (*chmurzyć* 'couvrir de nuages'), etc. Le nombre total des traits utilisés tout au long du dictionnaire dépasse plusieurs centaines.

---

[12] Il équivaut à [+Concret], inutilisé dans le système.

[13] Dans la traduction en français pour les besoins de cet article.

Conscient des difficultés inhérentes aux traits sémantiques, nous les avons utilisés tout de même dans une version étendue du DicoSyntax_PL. Ils sont environ 150 et doivent être spécifiés immédiatement après l'argument qu'ils caractérisent :

asystować,V26/N_0:Hum,HumColl/N_1:+Gen/PREP:*przy,w*

biadolić,V77/N_0:Hum/CONJ:*że*

biczować się,V21/N_0:Hum/N_1:Conc+Instr

buntować się,V17R/N_0:Hum,HumColl/PREP:*przeciw*

burzyć,V5/N_0:Hum/N_1:Conc,Abstr+Acc/N_2:Conc,Abstr+Instr

chronić,V74/N_0: Hum,Conc,Abstr/N_1:Abstr+Acc/PREP:*przed*

cudzołożyć,V66/N_0:Hum/PREP:*z*

gnieść się,V33R/N_0:Conc,Hum,HumColl

8   Conclusion

En dépit du nombre élevé des traits utilisés tout au long du dictionnaire, le mécanisme qu'ils constituent manque de précision pour délimiter les classes de mots susceptibles de figurer dans des positions syntaxiques déterminées. S'ils apparaissent dans DicoSyntaxPL, c'est pour indiquer les mots qui y sont les plus typiques. Bien vain serait l'espoir de celui qui voudrait arriver à l'exhaustivité et à la précision.

BIBLIOGRAPHY

[1] Bień, J & Szafran K . Analiza morfologiczna języka polskiego w praktyce (in:) Biuletyn Polskiego Towarzystwa Językoznawczego, LXVII, pp. 3-19.

[2] Bogacki K. The Treatment of Numbers in Polishby Graphs in: Advances in Natural Language Processing, E. Ranchod & N. Mamede, pp.72-76. New York: Springer.

[3] Chrobot A. Description des déterminants numéraux anglais par automates et transducteurs finis. (in :) Dister, A. (eds.) Actes des 3e Journées INTEX, Liège 13-14 juin 2000 Liège 13-14 juin 2000 , (in :)Revue Informatique et Statistique dans les Sciences humaines. Université de Liège, Belgique, pp. 101-118.

[4] Gross G. Classes d'objets et description des verbes in: Langages 115, pp. 15-30.

[5] Lewicka & Bogacki K. Dictionnaire sémantique et syntaxique des verbes français. Państwowe Wydawnictwo Naukowe, Warszawa.

[6] Maurel D. Recognizing sequences of words by automata: the case of French adverbials of date , (in:) Computational Lexicography, Proceedings of the International Conference on Computational Lexicagraphy (Balatonfüred, Hungaria, 8-11 sept.1990), Budapest: Hungarian Academy of Sciences.

[7] Polański K. Słownik syntaktyczno -generatywny czasowników polskich,Ossolineum, Wrocław-Warszawa-Gdańsk-Kraków.

[8] Rui DSN. 9)Psychologie cognitive, Armand Collin, Coll. : Psychologie.

[9] Silberztein M. Dictionnaires électroniques et analyse automatique de textes. Le système INTEX. Paris, Masson.

[10] Szafran K . Automatyczna analiza fleksyjna tekstu polskiego (na podstawie Schematy-cznego indeksu a tergoJana Tokarskiego). Thèse de doctorat, WydziałPolonistyki UW.

[11] Szafran K . Analizator morfologiczny SAM-95 — opis użytkowy. Ra-port Instytutu Informatyki Uniwersytetu Warszawskiego TR 96–05 (226). ftp://ftp.mimuw.edu.pl/pub/users/polszczyzna/SAM-95

[12] zymczak M . Słownik języka polskiego.Wydawnictwo Naukowe PWN, Warszawa.

[13] Ucherek E . Polsko-francuski słownik przyimków, Wydawnictwo Naukowe PWN, Warszawa .

[14] Ucherek E . Francusko-polski słownik przyimków, Wydawnictwo Naukowe PWN, Warszawa.

[15] Vetulani Z,Martinek J Obrębski T, Vetulani G . Dictionary Based Methods and Tools for Language Engineering. Poznan: Wydawnictwo Naukowe UAM

[16] Vetulani Z, all . Unambiguous coding of the inflection of Polish nouns and its appli-cation in electronic dictionaries — format POLEX. . Poznań: Wydawnictwo Naukowe UAM.

[17] Wołosz, Ro . Efektywna metoda analizy i syntezy morfologicznej w języku polskim. Thèse de doctorat,Wydział Polonistyki, Uniwersytet Warszawski, Warszawa.

[18] Zgółkowa H . Funkcje syntaktyczne przyimków i wyrażeń przyimkowych we współczes-nej polszczyźnie mówionej, UAM, Poznań 1980.

Description d'anaphores associatives en termes de classes d'objects

Pierre-André Buvet[1]

1 Introduction

Dans les travaux sur la langue française, les anaphores nominales correspondent généralement à des GN du type **CE N** ou **LE N** qui s'interprètent comme des reprises de segments discursifs antéposés aux GN. Les anaphores associatives constituent l'une des quatre principales catégories d'anaphores nominales. Elles ont la particularité d'imposer la reprise définie au détriment de la reprise démonstrative (*Luc est rentré dans une église puis il est monté dans (le clocher+*ce clocher)*). Si les anaphores associatives ont fait l'objet de toutes sortes d'analyses, elles ont peu été étudiées en fonction de la dimension lexicale de la détermination[2] . De ce point de vue, nous montrons que le modèle des classes d'objets est une théorie lexicaliste qui permet de décrire les anaphores associatives[3] . Nos analyses prennent appui principalement sur des exemples provenant des principaux travaux sur la question.

Nous discutons ici uniquement d'anaphores associatives du type méronymique (*Nous nous abritons dans une maison abandonnée bien que le toit soit en mauvais état*). Dans un premier temps, nous faisons état de la variété de ces anaphores associatives. Dans un deuxième temps, nous précisons dans quelles conditions les anaphores associatives du type méronymique ont trait à des hyperonymes ou des hyponymes. Dans un troisième temps, nous indiquons des représentations métalinguistiques des anaphores étudiées. Dans

---

[1]CNRS-LDI (UMR 7187)- Université Paris 13

[2] A l'exception notable de LE PESANT [15].

[3] Sur les classes d'objets, *cf.* GROSS G. [7] & [8].

un quatrième temps, nous mentionnons la dimension lexicale des anaphores associatives du type méronymique.

2 Variété des anaphores associatives du type méronymique

Nous établissons que la seule relation partie_tout est insuffisante pour décrire la méronymie et qu'il faut tenir compte également de la relation membre_collection. Nous montrons que la relation sous-ensemble_ensemble subsume les deux précédentes et que la relation contenu_contenant est également nécessaire à la description de la méronymie.

2.1 La relation partie_tout

Les anaphores associatives du type méronymique sont fondées sur la relation entre deux noms élémentaires[4] qui sont constitutifs de GN correspondant à une reprise et à son antécédent dans un cadre inter-phrastique :

(1) *J'ai acheté un stylo, mais j'ai tordu la plume*

On analyse *la plume* comme une anaphore associative dont l'interprétation dépend de *un stylo*. On peut caractériser la dépendance entre la reprise et son antécédent en termes de relation partie_tout, car la justification du lien anaphorique entre *la plume* et *un stylo* est fondée sur le fait que le référent de *plume* est une partie du référent de *stylo* (assimilé à un tout), *cf.* FRADIN [5].

Selon KLEIBER [14], une telle corrélation et la caractérisation qui s'ensuit ne sont pas acceptables dans les deux exemples suivants :

(2) *Nous entrâmes dans un restaurant. Le garçon refusa de nous servir*

(3) *Nous entrâmes dans un village. L'église était située sur une butte*

Les sources des anaphores associatives *le garçon* et *l'église* sont respective-ment *un restaurant* et *un village* dans (2) et (3). Il s'agit de deux anaphores

---

[4] Des noms élémentaires ne peuvent jamais fonctionner comme des prédicats dans une phrase élémentaire, *cf.* GROSS & GUENTHNER [6].

associatives du type méronymique. Nos interprétations sont justifiées par l'extension que nous attribuons à la notion d'anaphore associative du type méronymique.

Si certains faits de langue ne sont pas strictement homogènes quant à leurs propriétés, ils peuvent néanmoins avoir suffisamment de traits communs pour qu'on les regroupe dans une même catégorie. Il est donc concevable d'interpréter les anaphores associatives de (2) et (3) comme étant aussi du type méronymique à condition d'établir ce qu'elles ont en commun avec celle de (1). Pour ce faire, nous examinons d'autres sortes de relations méronymiques que la relation partie_tout.

2.2   La relation membre_collection

Selon LE PESANT et MATHIEU-COLAS [18], la caractérisation syntactico-sém-antique de diverses anaphores associatives ne relève pas uniquement de la relation partie-tout mais, entre autres, de la relation membre_collection :

(4) *Luc a acheté une ménagère. Les louches sont rouillées.*

On interprète *la louche* comme une anaphore associative du fait que la relation entre *ménagère* et *louche* est du type membre_collection. De même, *village* dans (3) dénote une collection dont les divers membres sont dénotés par des noms de <bâtiment> comme *église*.

Ce point étant admis, observons que le singulier est exclu lorsqu'une seule dénomination a trait à plusieurs membres identiques d'une même collection :

(3a) *Nous entrâmes dans un village. (Les + *la) maisons étaient situées sur une butte*

(4a) **Luc a acheté une ménagère. (Les + *la) cuillères sont rouillées*

Cette observation est également valable dans les cas où l'anaphore procède d'une relation partie_tout :

(5) *Paul aime sa voiture parce que (les + *la) roues sont en alu*

Dans les cas où le substantif de la reprise réfère à un membre unique ou à une partie unique, c'est alors le pluriel qui est exclu :

(3b) *Nous entrâmes dans un village. (L' + *les) église était située sur une butte*

(4b) *Luc a acheté une ménagère. (La + *les) louche est rouillée*

(5a) *Paul aime sa voiture parce que (le + *les) tableau de bord comporte tous les accessoires possibles*

2.3 La relation sous-ensemble_ensemble

Les relations anaphoriques dans (2) et (3) ont plutôt trait à une relation entre un sous-ensemble et un ensemble qu'à une relation entre un élément et un ensemble. Autrement dit, en termes de logique ensembliste, les relations impliquent plutôt une inclusion qu'une appartenance. Les anaphores associatives fondées sur une relation partie_tout peuvent être également caractérisées par une relation sous-ensemble_ensemble. Une partie (dénotée par *tableau de bord*) ou plusieurs parties identiques (dénotées par *roues*) sont alors des sous-ensembles d'un ensemble qui équivaut au tout (dénoté par *voiture*).

Les anaphores du type méronymique en rapport avec la relation partie_tout et la relation membre_collection sont donc définies comme des reprises partielles telles que les GN définis désignent des sous-ensembles d'ensembles désignés par les GN correspondant à leurs antécédents[5] . Les relations entre *plume* et *stylo* dans (1) ou *roues* et *voiture* dans (5) ainsi que celles entre *église* et *village* dans (3) ont en commun d'être des anaphores associatives du type méronymique car elles sont toutes du type sous-ensemble_ensemble. Pour établir que *le garçon* dans (2) est une anaphore associative du type méronymique, il suffit d'établir que la relation entre *garçon* et *restaurant* est du type sous-ensemble_ensemble.

Le fait d'interpréter *restaurant* en tant qu'<humain collectif> conduit à l'assimiler à un ensemble. La propriété de syllepse explique que l'emploi locatif de *restaurant* devienne un emploi humain lorsqu'il correspond à la source de l'anaphore, *cf.* LE PESANT [16]. La plupart des noms d'<humain> ont la particularité de fonctionner soit comme des noms prédicatifs soit comme des noms élémentaires, *cf.* GROSS G. [9]. Si *garçon*, en tant que nom de <profession>, correspond à un prédicat, il fonctionne néanmoins comme un argument élémentaire dans (2). A ce titre, il s'agit d'un sous-ensemble de

---

[5] Dans les cas où les reprises sont obligatoirement au singulier, *i.e.* quand leur substantif dénote une partie ou un élément unique, on peut considérer alors qu'on a affaire à des singletons, *i.e.* des sous-ensembles comportant un seul élément.

l'ensemble dénoté par *restaurant*[6] . Le double statut syntactico-sémantique de *garçon* et de *restaurant* permet donc d'interpréter le GN défini de (2) comme une anaphore associative du type méronymique puisque l'appariement de la reprise à son antécédent est fondé sur une relation du type sous-ensemble_ensemble.

L'appariement de substantifs fondé sur des relations du type partie_tout ou du type membre_collection ne peut pas être décidé *a priori* car il y a « un savoir conventionnel unissant les deux types de référents » KLEIBER [11]. Une approche en extension des données lexicales est donc nécessaire. Les relations méronymiques étant consubstantielles au lexique, il faut les enregistrer directement dans les dictionnaires de telle sorte que les particularités syntaxiques qui en découlent soient exploitables, *cf.* MATHIEU-COLAS [19] :170. Toutes les anaphores associatives relatives à deux noms élémentaires ne nécessitent pas des descriptions lexicales préétablies. C'est le cas, notamment, de celles qui ont trait aux relations du type contenu_contenant.

2.4   La relation contenu_contenant

Une interprétation concurrente de *le garçon* dans (2) serait d'assujettir le GN à un autre type de relation entre *garçon* et *restaurant*, à savoir celle d'un contenu à son contenant. Une telle analyse n'est cependant pas recevable. Par contre, on peut l'envisager pour :

(2a) *Nous entrâmes dans un restaurant. (Les + *le) clients étaient fort bruyants*

Avant de traiter ce point, il faut préciser les particularités des anaphores associatives fondées sur une relation du type contenu_contenant :

(6) *Luc m'a tendu un pichet ; le breuvage était délectable*

La relation du type sous-ensemble_ensemble est inadéquate pour décrire l'appari-ement de *le breuvage* à *un pichet*. D'une façon propre à tous les noms de <contenant>, *pichet* accepte deux acceptions : il peut s'agir de l'objet en tant que contenant (*Luc a cassé un pichet*) ou bien d'une spécification de quantité relative au contenu (*Luc a bu un pichet de lait*). Par

---

[6] Les autres sous-ensembles sont relatifs aux autres catégories professionnelles qui peuvent travailler dans ce type de lieu dénotées par *plongeur, caissier, cuisinier, patron,* etc.

ailleurs, le substantif peut désigner un contenu alcoolisé (*Luc a bu un pichet*). La troisième acception n'est spécifique qu'à certains contenants. C'est la première acception qui prévaut dans (6) : c'est parce *breuvage* est un nom de <boisson> que l'on peut rapporter *le breuvage* à *un pichet* car, en tant que tel, c'est un contenu approprié à toute une série de noms de <contenant>, parmi lesquels figure *pichet*. Il en est de même dans :

(7) *Un camion de lait était renversé sur la chaussée. Les (bouteilles de lait+ bidons de lait) étaient miraculeusement intact(e)s*

Les anaphores définies sont possibles ici de par la spécificité des contenus *bouteille de lait* et *bidon de lait* par rapport au contenant *camion de lait*. Le remplacement de *camion de lait* par un terme plus général interdit une relation anaphorique :

(7a) ?*Un camion était renversé sur la chaussée. Les (bouteilles de lait+ bidons de lait) étaient miraculeusement intact(e)s*

L'interdépendance entre un contenu et un contenant est mise en évidence au sein des structures d'arguments des prédicats appropriés définitionnels de la classe superordonnée <contenant> (*dans, contenir* et *rempli* ; *cf.* [1] et [3]). Ainsi, les liens entre *breuvage* et *pichet* dans (6) et *(bouteille + bidon) de lait* dans (7) peuvent avoir les représentation suivantes :

(i) **contenir** (**N** <**récipient**> D : boisson , **N** <**boisson**>)
dans (**N** <**boisson**>, **N** <**récipient**> D : boisson)
rempli (**N** <**récipient**> D : boisson , **N** <**boisson**>)

(ii) **contenir** (**camion de lait** , **bouteille de lait** + **bidon de lait** + **lait**)
dans (**bouteille de lait** + **bidon de lait** , **camion de lait** + **lait**)
rempli (**camion de lait, bouteille de lait** + **bidon de lait** + **lait**)

L'indication (i) s'interprète comme suit : les prédicats *contenir, dans* et *rempli* acceptent conjointement les substantifs de la classe <récipient> ressortissant au domaine 'boisson' et ceux de la classe <boisson>, *cf.* BUVET et MATHIEU-COLAS [4]. L'indication (ii) stipule que l'argument *camion de lait* des prédicats *contenir, dans* et *rempli* est lié uniquement aux arguments *bouteille de lait*, *bidon de lait* et *lait*.

Les exemples (6) et (7) permettent de constater que le modèle des classes d'objets contribue à simplifier la représentation de certaines des contraintes mentionnées. Ainsi, l'indication (i) explique la connexion entre *breuvage* et *pichet* en fonction de celle qui existe entre leurs classes respectives. L'indication (ii) montre que de telles factorisations ne sont pas toujours possibles et qu'il importe alors de stipuler certaines contraintes d'une façon plus ponctuelle.

Les indications (i) et (ii) ont trait à ce que LE PESANT [17] :3e étude appelle une « corrélation entre les arguments d'un schéma d'arguments [*i.e.*] lorsqu'en plus de la relation qu'ils entretiennent avec leurs prédicats appropriés, il existe des phénomènes linguistiques caractéristiques de leur solidarité ». La prise en compte des corrélations est primordiale dans la mesure où elle permet de faire état de certaines distributions contingentes comme : *Le pichet contenait du sable.* Si cette phrase peut donner lieu au GN *le sable du pichet*, en revanche la relation entre *sable* et *pichet* ne donne pas lieu à une anaphore associative :

(6a) *Luc m'a tendu un pichet ; le sable (*E + du pichet) était mouillé*

La séquence *le sable du pichet* indique que *pichet* est nom de <contenant> dont le contenu est dénoté par *sable*. Comme il ne s'agit pas d'un contenu approprié, la relation entre les noms n'est pas lexicalisée ; c'est pourquoi l'anaphore est exclue dans (6a).

Après ces mises au point, reprenons la discussion relative aux anaphores de (2) et (2a). Dans (2), la relation entre *garçon* et *restaurant* est du type sous-ensemble_en-semble étant donné que le nom <locatif> *restaurant* s'interprète également comme un nom <collectif humain> (de la classe <organisme de service>) auquel se rapportent différents noms de <profession> parmi lesquels il y a *garçon*. Dans (2a), la relation entre *client* et *restaurant* n'est pas du type sous-ensemble_ensemble du fait que *client* n'est pas un nom de <profession> mais un nom d'<usager>. On observe par ailleurs que *client* est corrélé à *restaurant* au sein des structures d'arguments relatives aux prédicats appropriés aux noms de <contenant> alors que *garçon* ne l'est pas dans toutes les structures :

(iii) **contenir (restaurant , client + *garçon)**
dans (client + garçon , restaurant)
rempli (restaurant , client + ?garçon)

L'anaphore de (2a) est justifiée par le fait que la relation entre *client* et *restaurant* est du type contenu-_contenant et qu'au sein des structures d'arguments des prédicats appropriés aux noms de <contenant> il y a toujours corrélation entre les deux substantifs. [7] Les anaphores associatives fondées sur une relation méronymiques du type con-tenu_contenant diffèrent des anaphores rapportant un méronyme (<partie> ou <membre>) et un nom holonyme (<tout> ou <collection>) associatives méronymiques du type sous-ensemble_ensemble. Dans le premier cas de figure, l'appariement des substantifs n'est pas uniquement de nature lexicale mais syntactico-sémantique : il est imputable non pas à des opérateurs métalinguistiques (comme '**PARTIE DE**' ou '**ELEMENT DE**', *cf. supra infra*) mais à des structures prédicat-arguments spécifiques ; elle est fondée également sur les régularités distributionnelles que font apparaître les schémas d'arguments, les corrélations. La relation du type contenu_contenant n'est pas toujours opératoire pour rendre compte de certaines anaphores :

(8) *Elle a ouvert l'écrin mais elle n'a pas trouvé le collier*

Si *écrin* s'interprète occasionnellement comme un nom de <contenant>[8] , *collier* n'est pas pour autant approprié à *écrin* en tant que nom de <contenu>. La syntaxe le montre clairement : *en* quantitatif est exclu pour caractériser la paire *écrin-collier* alors que le pronom rend compte des paires *pichet-breuvage, camion de lait-(bouteille + bidon) de lait* et *restaurant-client* , *cf.* MILNER [20] :

*Ce genre de collier, j'en volerais trois écrins entiers
Ce genre de breuvage, j'en boirais trois pichets entiers
Ce genre de (bouteille + bidon) de lait, j'en volerais trois camions de lait entiers
Ce genre de client, j'en tuerais trois restaurants entiers

On doit interpréter *écrin* comme un nom de <conditionnement> lorsqu'il se rapporte à des noms de <bijou> comme *collier*. L'anaphore de (8) est imputable aux corrélations dont font état les structures d'arguments des prédicats appropriés aux noms de <conditionnement> :

(iv) **contenir** (*écrin* , N<bijou>)
dans (N<bijou> , *écrin*)
protéger (*écrin* , N<bijou>)

---

[7] Remarquons que *restaurant* dans (2a) a une interprétation locative et non humaine comme dans (2)

[8] Par exemple dans *Luc m'a donné des écrins pleins de haricots secs* ; ce dont rend compte la syntaxe des noms de <contenant> : *Des écrins contiennent des haricots secs, Des haricots secs sont dans des écrins, Des écrins sont remplis de haricots secs.*

emballage (*écrin* , N<bijou>) [9]

Ce dernier exemple atteste aussi de l'intérêt du modèle des classes d'objets pour rendre compte des anaphores associatives. Un tel constat est également indéniable si l'on considère les contraintes afférentes à ces reprises du point de vue de l'hyperonymie ou de l'hyponymie.

3 Les anaphores associatives du point de vue de l'hyperonymie et de l'hyponymie

Dans un premier temps, nous constatons que les anaphores associatives sont réfractaires aux hyperonymes à l'aide de la relation du type sous-ensemble_ensemble. Dans un deuxième, nous montrons que ces anaphores acceptent sous conditions des hyponymes.

3.1 Anaphores associatives et hyperonymie

Les anaphores associatives, quelles qu'elles soient, ont la particularité d'accepter difficilement le remplacement de leur tête nominale par un hyperonyme de ce substantif, *cf.* KLEIBER [11] :

(9) *Nous entrâmes dans un restaurant. Les (serveurs + *hommes) s'affairaient autour des (clients + *hommes)*

Les contraintes ressortissant à l'hyperonymie peuvent également affecter les sources de certaines anaphores :

(9a) *Nous entrâmes dans un (restaurant + *établissement). Les serveurs s'affai-raient autour des clients*

Les particularités lexicales afférentes aux relations anaphoriques expliquent les inacceptabilités de (9) et (9a).

Pour ce qui est des anaphores du type méronymique, les contraintes relatives à l'hyperonymie affectent uniformément les différentes catégories distinguées :

---

[9] Certains noms de <conditionnement> figurent également dans la classe <récipient> (e.g. *boîte*). Le fait de ressortir à plusieurs classes est une des particularités des classes d'objets.

partie_tout :

(10) *Luc a ouvert un livre. Les (pages + *objets) étaient blanches*

(11) *Luc et Léa ont visité un (château-fort + *bâtiment). Les tours étaient abîmées*

membre_collection :

(12) *Il y avait aussi une bibliothèque. Les (romans + *objets) étaient tous des éditions originales*

contenu_contenant :

(13)   *Il y avait une soupière sur la table. La (soupe + ?nourriture) sentait bon*

Les inacceptabilités dont font état (10) à (13) sont imputables au caractère hyperonymique de *bâtiment*, *objet* et *nourriture*. Le fait que *objet* dans (10) et (12) soit un hyperonyme très général (il subsume une très grande diversité de noms élémentaires) n'est pas une explication satisfaisante puisqu'en cas de plus grande proximité l'interdiction de recourir à un hyperonyme s'applique toujours comme le montrent *bâtiment* dans (11) et *nourriture* dans (13). Ainsi, bien que *page* soit immédiatement superordonné à *page recto*, *page verso* et *page de garde*, le premier nom ne peut pas se substituer aux autres substantifs en cas d'anaphore associative :

(10a) *Luc a ouvert un livre. Les (pages recto + *pages) étaient blanches*

(10b) *Luc a ouvert un livre. Les (pages verso + *pages) étaient blanches*

(10c) *Luc a ouvert un livre. La (page de garde + *page) était blanche*

Les inacceptabilités signalées dans (10a) à (10c) ne signifient pas que *page* ne soit pas constitutif d'une anaphore associative telle que *un livre* est sa source, *cf.* (10), mais signalent que le substantif ne peut pas se substituer à ceux qu'il subsume sans entraîner une altération du sens. On est donc dans des situations très différentes des anaphores infidèles dont le fonctionnement repose pleinement sur une relation du type hyponyme_hyperonyme entre les têtes nominales des GN relatifs à une reprise et à son antécédent, *cf.* KLEIBER [10]. Le fait d'avoir affaire à des reprises partielles explique pourquoi l'hyperonymie est proscrite en cas d'anaphore associative.

Rappelons, en premier lieu, qu'il y a une contrainte sur le nombre qui affecte les méronymes pour les anaphores fondées sur la relation partie_tout :

(10d) *Luc a ouvert un livre. La page recto était blanche*

(10e) *Luc a ouvert un livre. La page verso était blanche*

(10f) *Luc a ouvert un livre. Les pages de garde étaientblanches*

L'interprétation ensembliste des relations méronymiques permet d'expliquer la contrainte. Parmi les diverses parties constitutives d'un objet donné (par exemple l'un de ceux dénotés par *livre*), certaines ont une dénomination qui leur est spécifique (*couverture*) alors que d'autres partagent une même dénomination (*page*). Du point de vue des anaphores associatives, les substantifs du type *page* sont nécessairement au pluriel dans les GN définis car ils permettent uniquement une discrimination collective des parties qu'ils désignent. Les différentes anaphores associatives en rapport avec une même source (*un livre*) sont autant de sous-ensembles soit unaires (*la couverture*) soit non-unaires (*les pages*). Les ensembles non-unaires sont homogènes quant à la dénomination de leurs éléments. Chaque occurrence d'un GN défini désigne alors un sous-ensemble (unaire ou non-unaire) par opposition aux autres sous-ensembles non spécifiés.

La substitution de *les pages recto* à *les pages* est impossible parce qu'il s'agit d'anaphores associatives. Chacun des deux GN désignant un sous-ensemble spécifique de parties, on ne peut pas remplacer le premier par le second. Le fait que *page* soit un hyperonyme de *page recto* ne doit pas être pris en compte ici car les GN définis s'interprètent uniquement en fonction d'une relation méronymique, qui diffère fondamentalement de celle permettant de rattacher *page recto* à *page*. Les deux noms sont constitutifs d'anaphores associatives parce qu'ils sont des méronymes de *livre*. De ce point de vue, ils sont sur le même plan ; il s'agit de deux noms de 'partie de livre' qui donnent lieu à des GN définis non commutables du fait que *page* implique *page recto*.

3.2 Anaphores associatives et hyponymie

Le fait que le sous-ensemble désigné par *les pages recto* soit inclus dans celui désigné par *les pages* ne pose pas tant la question de l'hyperonymie que celle de l'hyponymie. Pour faire état de cette dernière, nous évoquons la possibilité d'insérer des modifieurs dans des anaphores nominales :

(10g) *Luc a ouvert un livre. La première page était blanche*

(10h) *Luc a ouvert un livre. Les pages du milieu étaient blanches*

(10i) *Luc a ouvert un livre. La page 34 était blanche*

L'insertion de modifieurs dans les anaphores associatives du type méronymique est possible à condition que leur valeur soit non contingente. Sinon « l'ajout d'un modificateur n'est pas sans affecter le bon fonctionnement d'une anaphore associative » KLEIBER [11] :

(14) *J'ai jeté un coup d'œil dans une pièce. Le plafond (E + ?jaune) était très haut*

Les hyponymes d'un nom donné (*roue avant*) peuvent être des séquences figées formées de leur hyperonyme (*roue*) et d'une expansion (*avant*). Le rôle de l'expansion est de restreindre la dénotation du substantif tête :

(15) *Luc a acheté une voiture. Les roues ont une garniture en chrome*

(15a) *Luc a acheté une voiture. Les (seules + E) roues avant ont une garniture en chrome*

Les modifieurs à valeur non contingente ont le même rôle :

(16) *Il y avait un meuble dans l'entrée. Les tiroirs sont vides*

(16a) *Il y avait un meuble dans l'entrée. Les (seuls + E) tiroirs du milieu sont vides*

La prise en compte des hyponymes est du même ordre que celle des noms auxquels ils se rattachent ; ils sont décrits en tant que méronymes d'un nom donné.

Le double rattachement d'un nom donné à un hyperonyme et à un holonyme permet d'expliquer pourquoi *la lame rétractable* est une anaphore associative uniquement si sa source est *un couteau à cran d'arrêt* :

(17) *J'ai acheté un couteau. La (lame + * lame rétractable) était très coupante*

(17a) *J'ai acheté un couteau à cran d'arrêt. La (lame + lame rétractable) était très coupante*

Deux types de relations lexicales entrent en ligne de compte ici :

(i) la relation méronymique permet de rattacher *lame* à *couteau* et *lame rétractable* à *couteau à cran d'arrêt* ;

(ii) la relation hyperonymique fait dépendre *lame rétractable* de *lame* et *couteau à cran d'arrêt* de *couteau*.

La relation du type (i) rend compte de l'appariement de *la lame* à *un couteau* dans (17) et celui de *la lame rétractable* à *un couteau à cran d'arrêt* dans (17a). Elle fait également état de l'impossibilité pour *la lame rétractable* de fonctionner comme une anaphore associative quand la source est *un couteau* car il n'y a pas de relation méronymique entre *lame rétractable* et *couteau*. Les relations des types (i) et (ii) explique l'appariement de *la lame* à *un couteau à cran d'arrêt* dans (17) car l'hyponyme *couteau à cran d'arrêt* hérite des méronymes de l'hyponyme *couteau*.

Le nom même de *partie* peut donner lieu à une anaphore associative s'il est accompagné d'un modifieur plus ou moins lexicalisé :

(18) *Luc a visité une maison. La partie (*E+ avant) a été rénovée*

(18a) *Luc a visité une maison. La partie (*E + droite) a été rénovée*

Le substantif *partie* est un hyperonyme du fait que de nombreux substantifs l'acceptent comme attribut dans la structure générique suivante :

un(e) N est un(e) N
une façade est une partie
un toit est une partie

...

Toutefois, l'obligation, stipulée dans (18) et (18a), d'adjoindre à *partie* un modifieur (à valeur non contingente) confirme l'impossibilité de réaliser des anaphores associatives formées uniquement d'un hyperonyme[10]. Les diverses expansions du substantif *partie* ont pour rôle de contribuer à l'interprétation de ses hyponymes. Dans les exemples mentionnés, il ne s'agit pas de substituer un terme plus général à un autre qui l'est moins (comme dans le cas des anaphores infidèles) mais d'employer un GN défini qui permet d'identifier la partie d'un tout sans recourir à un méronyme.

L'anaphore associative du type méronymique dans (12) est fondée sur une relation du type membre_collection :

(12) *Il y avait aussi une bibliothèque. Les romans étaient tous des éditions originales*

Il s'ensuit que *bibliothèque* s'interprète *a posteriori* comme 'ensemble d'ouvrages' car c'est la reprise *les romans* qui impose une telle lecture. Il est impossible de constituer des anaphores avec *objet* car la valeur du substantif n'est pas assez spécifique pour impliquer l'emploi collectif de *bibliothèque*.

Les noms constitutifs des anaphores associatives peuvent correspondre soit à des méronymes soit à leurs hyponymes sans pour autant que l'interprétation d'anaphores formées à partir des premiers se confonde avec celle des anaphores formées à partir des seconds. Nous l'avons constaté quand les méronymes sont des noms de <partie> à propos de (10), il en est de même lorsqu'il s'agit de noms de <membre> comme dans (12) :

(12a) *Il y avait aussi une bibliothèque. Les (romans d'anticipation + romans noirs + ...) étaient tous des éditions originales*

Certains modifieurs sont également possible :

(12b) *Il y avait aussi une bibliothèque. Les romans (de la première étagère+ ?déchirés) étaient tous des éditions originales*

Nous discutons des représentations métalinguistiques résultant de notre analyse des anaphores associatives prenant appui sur la relation entremettant en jeu deux noms élémentaires.

---

[10] Le fait que *partie* soit un NLI (Nom de Localisation Interne) expliquerait ces contraintes. Ainsi que la nature spatiale des modifieurs qui lui sont obligatoirement adjoints, *cf.* BORILLO 1999.

4 Représentations métalinguistiques des anaphores associatives du type méronymique

Les analyses ci-dessus rendent compte de l'anaphore suivante, *cf.* KLEIBER [11] :

(19) *Paul et Marie sont allés pique-niquer hier dans les Vosges. Ce ne fut pas une réussite : la bière était trop chaude*

L'anaphore associative *la bière* n'est pas du type argumental mais du type méronymique car *pique-niquer* ne sous-catégorise pas *bière*. Autrement dit, on ne peut pas interpréter le GN défini sur la base d'une structure prédicat-arguments spécifique. La forme nominale du prédicat *pique-niquer* est *pique-nique*. Le substantif correspond à un nom d'<activité> ou à un nom de <repas>[11] . La seconde interprétation donne lieu au rattachement de différents substantifs à *pique-nique*, entre autre, des noms de <boisson> :

(19a) *Paul et Marie sont allés pique-niquer hier dans les Vosges. Ce ne fut pas une réussite : la boisson était trop chaude*

(19b) *Paul et Marie sont allés pique-niquer hier dans les Vosges. Ce ne fut pas une réussite : la limonade était trop chaude*

(19c) *Paul et Marie sont allés pique-niquer hier dans les Vosges. Ce ne fut pas une réussite : le champagne était trop chaud*

La possibilité de rapporter *la bière* à *pique-niquer* dans (14219) s'explique alors comme suit :

bière est un nom de <boisson> rattaché à *pique-nique* en tant que nom de <repas> sur la base d'une relation du type membre_collection ;

pique-nique est sous-jacent à *pique-niquer* à la fois en tant que nom d'<activité> et en tant que nom de <repas> ;

l'appariement de *la bière* à *pique-niquer* procède à la fois d'une relation hyponymique entre *bière* et *boisson*, d'une part, *pique-nique* et *repas*, d'autre part et d'une relation méronymique (du type sous-ensemble_ensemble) entre *boisson* et *repas*. On peut schématiser la relation anaphorique de (19) ainsi :

---

[11] Ce trait concerne également d'autres noms de <repas> comme *dîner*, *déjeuner* ou *souper*.

Il existe des hyponymes de *bière* qui sont plus difficilement rapportables au verbe :

(19d) ?*Paul et Marie sont allés pique-niquer hier dans les Vosges. Ce ne fut pas une réussite : la (33 + Kanterbrau + Guinness) était trop chaude*

Le fait que ces hyponymes sont des noms de <marque> explique les inacceptabilités de (19d). Au regard de *pique-nique* ou de son hyperonyme *repas*, les dénominations *33*, *Kanterbrau* ou *Guinness* sont trop occasionnelles pour donner lieu à des anaphores associatives. On peut comparer l'inacceptabilité de (19d) à celle qui est imputable à l'impossibilité d'insérer des modifieurs à valeur contingente dans une anaphore associative :

(19e) ?*Paul et Marie sont allés pique-niquer hier dans les Vosges. Ce ne fut pas une réussite : la bière éventée était de plus trop chaude*

Les inacceptabilités relatives aux noms propres méronymiques concernent également (12) :

(12c) ?*Il y avait aussi une bibliothèque. Les (La Pléiade + Gallimard + Larousse ...) étaient tous des éditions originales*

La difficulté d'établir une relation anaphorique du type associatif ne résulte donc pas d'un écart relatif entre les termes subordonnés et les termes superordonnés mais du caractère trop contingent de certains hyponymes.

La difficulté à réaliser une anaphore associative observée dans (12c) et (19d) n'est pas de même nature que dans la situation suivante :

(3c) *?Nous entrâmes dans un village. L'église romane était située sur une butte*

Il suffit de modifier la source pour la rendre acceptable :

(3d) *Nous entrâmes dans un village médiéval. L'église romane était située sur une butte*

Selon KLEIBER [11], [12], [13] et [14], (3c) diffère de (3) parce que *église* est stéréotypiquement relié à *village* alors que *église romane* ne l'est pas. L'exemple (3d) prouve cependant que *église romane* est stéréotypiquement rattaché à *village médiéval*. Autrement dit, (3b) se différencie de (3) du fait que *église romane* est approprié uniquement à *village médiéval* du point de vue de la relation du type membre_collection. Etant donné qu'un hyponyme hérite des méronymes de son hyperonyme, *cf.* (17) et (17a), non seulement *l'église romane* est apparié à *un village médiéval* mais *l'église* l'est également :

(3e) *Nous entrâmes dans un village médiéval. L'église était située sur une butte*

On peut schématiser les relations anaphoriques de (3), (3a), (3d) et (3e) ainsi :

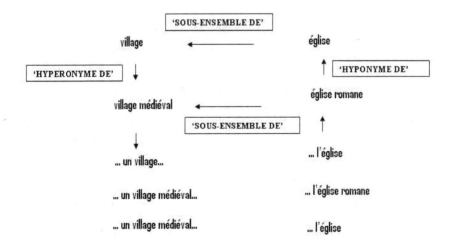

Selon le matériel lexical employé, l'une des trois anaphores est instanciée.
L'im-possibilité de rapporter *l'église romane* à *un village* a une double explication : (i) *église romane* n'est pas un méronyme de *village* ; (ii) *village
médiéval* n'est pas un hyperonyme de *village* et, de ce fait, le nom simple
ne peut pas hériter des méronymes du nom composé.

Nous concluons cette étude des anaphores associatives mettant en relation
deux noms élémentairesméronymiques en faisant état de la nécessité de décrire le lexique du point de vue des relations entteentre méronymes et holonymes, d'une part, hyponymes et hyperonymes, d'autre part.

5   Dimension lexicale des anaphores associatives du type méronymique

Le traitement des anaphores associatives proposé ici nécessite une description systématique et exhaustive du lexique faisant état du rattachement des
méronymes à des holonymes.

Les   anaphores   associatives   fondées   sur   une   relation   du
type contenu-_contenant comportent des contraintes spécifiques en ce qui
concerne l'hyponymie. Non seulement, les anaphores de ce type sont réfractaires aux hyperonymes (comme celles des autres types) mais elles n'acceptent pas en outre les substitutions hyponymiques :

(20) *Il y avait une soupière sur la table. La (soupe + ?nourriture) sentait
      bon*

(20a) *Il y avait une soupière sur la table. (La soupe + ?la soupe aux poireaux
      + ?le velouté aux champignons) sentait bon*

Les particularités de la relation du type contenu-_contenant expliquent de
telles contraintes. Les anaphores associatives du type méronymique procèdent de l'appropriation entre deux noms élémentaires : l'un en tant que
nom de <partie> (*anse*) ou de <membre> (*vache*) est consubstantiel à
l'autre en tant que, respectivement, nom de <tout> (*tasse*) ou de <col-
lection> (*troupeau*). Les anaphores associatives fondées sur une relation du
type contenu-_contenant résultent d'une corrélation au sein de la structure
d'arguments des prédicats appropriés (*cf. supra*). Or, c'est précisément la
nature corrélative de la relation entre un nom de <contenant> et un nom
de <contenu> qui ne permet pas la substitution hyponymique.

Nous avons signalé qu'au sein des structures d'arguments des prédicats appropriés aux noms de <contenant> (*contenir, dans* et *remplir*), certaines paires d'arguments sont distributionnellement plus régulières que d'autres, au point que l'on peut considérer que les termes de chaque paire sont corrélés. C'est le fait d'être corrélé à un nom de <contenant> donné qui explique pourquoi un nom de <contenu> peut donner lieu à une anaphore associative. Les régularités distributionnelles qui permettent de faire état de corrélation entre deux substantifs ne concernent pas leurs hyponymes ; ceci est vrai aussi bien pour l'anaphore que pour sa source :

(20b) *Il y avait un plat sur la table. (La nourriture + ? la soupe + ?la viande + ? les légumes + ?le dessert) sentait bon*

(20c) *Il y avait un (plat + ? une soupière + ?un saladier) sur la table. La nourriture sentait bon*

Du point de vue de la substitution hyponymique, les anaphores associatives ressortissant à une relation du type contenu_contenant ne sont donc pas comparables à celles des types partie-_tout et membre_collection car les premières dépendent de facteurs syntactico-sémantiques (des structures prédicat-arguments) tandis que les deux autres procèdent de facteurs lexico-sémantiques. Pour ce qui est des deux dernières catégories d'anaphores associatives, si certains hyponymes héritent des caractères méronymiques des termes qui leur sont immédiatement superordonnés, c'est parce que les relations avec leur holonyme leur sont consubstantielles (au même titre que les relations avec leur hyperonyme). De tels héritages ne sont pas admis en ce qui concerne les anaphores de la première catégorie car la spécificité des relations sur lesquelles elles reposent n'est pas intrinsèque à la langue mais relève de considérations discursives. La corrélation est imputable au fait que les deux noms associés ont fréquemment des occurrences conjointes dans les discours.

BIBLIOGRAPHIE

[1] Buvet PA. 1993, *Les déterminants nominaux quantifieurs*. Thèse de Doctorat, Université Paris XIII, Villetaneuse.

[2] Buvet PA. 1994, « Détermination : les noms», *Lingvisticae Investigationes*, XVIII :1, John Benjamins, Amsterdam, pp. 121-150.

[3] Buvet PA. 1995, « Particularités syntaxiques des noms de contenants », *Suvremena Lingvistika*, 40, Université de Zagreb, Zagreb, pp. 3-14.

[4] Buvet PA et Mathieu-Colas M. 1999 «Les champs domaine et sous-domaine dans les dictionnaires électroniques », *Cahiers de lexicologie*, 75, Didier Erudition, Paris, pp. 173-191.

[5] Fradin B. 1984, « Anaphorisation et stéréotypes nominaux », *Lingua*, 64 :4, Elsevier, Amsterdam, pp.325-369.

[6] Gross G et Franz G. (à paraître), *Manuel d'analyse linguistique*.

[7] Gross G. 1994 « Classes d'objets et description des verbes », *Langages*, 115, Larousse, Paris, pp.15-30.

[8] Gross G. 1994, « Une sémantique nouvelle pour la traduction automatique : les classes d'objets » , *La Tribune des Industries de la Langue et l'Information électronique*, 17-18-19, Paris, pp. 16-19.

[9] Gross G. 1996, « A propos de la notion d'humain », *Lingvisticae Investigationes* Supplementa, 17, John Benjamins B. V.,Amsterdam, pp. 71-80.

[10] Kleiber G. 1984 « Sur la sémantique des descriptions démonstratives » *Lingvisticae Investigationnes* VIII :1, John Benjamins B. V., Amsterdam, pp. 63-85.

[11] Kleiber G. 1993, «Anaphore associative, pontage et stéréotypie », *Lingvisticae Investigationes*, XVII :1, John Benjamins , Amsterdam-Philadelphia, pp. 35-82.

[12] Kleiber G. 1997a, « Les anaphores associatives actantielles », *SCOLIA*, 10, Université de Strasbourg II, Strasbourg, pp. 89-120.

[13] Kleiber G. 1997b, « Des anaphores associatives méronymiques aux anaphores associatives locatives », *VERBUM*, XIX :1-2, Presses Universitaires de Nancy, Nancy, pp.25-66.

[14] Kleiber G. 1999, « Anaphore associative et relation partie-tout : condition d'aléniation et principe de congruence ontologique », *Langue française,* 122, Larousse, Paris, pp. 70-100.

[15] Le Pesant D. 1996, « Anaphores associatives et classes d'objets », Lingvisticae Investigationes,XX :1, John Benjamins B. V., Amsterdam, pp. 87-116.

[16] Le Pesant D. 1997, « Vers une définition plus rigoureuse de la polysémie », Actes du Colloque International FRACTAL 1997, *BULAG*, hors-série, Presses Universitaires de Franche-Comté, pp. 255-259.

[17] Le Pesant D. 2000, *Six études de sémantique lexicale sur les noms locatifs*, Mémoire d'habilitation à diriger des recherches, Université Paris 13.

[18] Le Pesant D et Mathieu-Colas M. 1998, «Introduction aux classes d'objets », *Langages*,131, Larousse, Paris, pp. 6-33.

[19] Mathieu-Colas M. 1994, *Les mots à trait d'union. Problèmes de lexicographie informatique*,Didier-Érudition , Paris.

[20] Milner JC. 1978, *De la syntaxe à l'interprétation. Quantités, insultes, exclamations*, Le Seuil, Paris.

Quelques aspects du franco-québécois !

ANDRÉ CLAS[1]

And language doesn't reflect the world directly: it reflects human conceptualisation, human interpretation of the world.

Anna Wierzbicka [13]

1 Introduction

« *Le langage naturel reçoit de la vie individuelle et sociale, dont il est l'expression, les caractères fondamentaux de son fonctionnement et de son évolution* » notait avec justesse Charles Bally [1] en précisant encore que le langage naturel « *est simplement au service de la vie, non de la vie de quelques-uns mais de tous, et dans toutes ses manifestations : sa fonction est biologique et sociale* ». Charles Bally mettait bien ainsi en relief que les caractéristiques qui priment dans une langue relèvent en fait de deux fonctions fondamentales interreliées, soit la communication et l'intégration. Les deux fonctions témoignent en effet de l'interprétation de la réalité par un groupe et de l'acceptation généralisée de la dénomination retenue et, par conséquent, il y a élaboration et constitution d'une valeur communautaire.

On marque ainsi une réaffirmation d'un usage collectif d'une langue comme élément constitutif d'un trésor de signes et des rapports entre ceux-ci auxquels tous les individus d'un groupe particulier, une tribu constituée, attribuent des valeurs identiques ou très proches, héritées ou forgées par les courants et les expériences d'un passé commun, mais aussi un vécu contemporain et actuel. Exprimé différemment, tout cet ensemble linguistique traduit ce qu'on appelle souvent d'un terme au contenu historique quasi incommensurable et instable, mais bien collectivement reconnu dans sa globalité, et

---

[1]Professeur émérite
Directeur de la revue META
Département de linguistique et de traduction. Université de Montréal

donc marquant comme élément très identitaire, les aspects culturels d'une
société. L'identité de la collectivité s'établit ainsi par rapport à un usage
linguistique spécifique et qui doit rendre compte de cette interprétation
de la réalité linguistique dérivée d'une façon plus ou moins décernable du
réel, mais aussi influencée par l'imaginaire et l'interprétation historique. La
conséquence qui en découle fait que, dans cette réalité linguistique dénom-
mée, s'inscrivent les structures sociales de la communauté, soit celles de
la sociopolitique, de la socioéconomie, du socioculturel, c'est-à-dire qu'elle
englobe toutes les dénominations qui déterminent et règlent les traits de l'organisation de la vie en société, englobant donc la politique, les structures
administratives, les services de santé, les systèmes scolaires, les habitudes
alimentaires, les croyances et les mythes, bref tous les conditionnements
de l'existence de la vie collective. Le lexique d'une langue forme ainsi une
sorte de conglomérat d'unités fort diverses quant à leur importance, à leur
origine, à leurs schèmes typologiques, à leurs valeurs sociales. C'est tout
cet ensemble identitaire qui se révèle dans des moments particuliers de la
communication en reflétant par là même tous les antécédents, qu'ils soient
immédiats, proches ou plus lointains. En fait, on peut dire que ce conglomérat constitue toute la tradition et les traditions, et détermine ainsi un
ensemble au contenu culturel spécifique.

C'est un fait donc que les dénominations dans les langues affichent des contenus qui ne sont pas tout à fait identiques, et qui ne peuvent donc refléter ni
exactement les mêmes réalités dans leurs équivalents, ni d'ailleurs dans les
mentalités, si l'on entend par là l'héritage, puisque tous les environnements
sont a fortiori différents ou du moins non pareils, même si on peut souvent
les considérer comme relativement semblables. Même si les équivalences res-
tent plus ou moins proches, elles donnent malgré tout, chacune à sa façon,
une certaine image de ce qu'Alain Rey [10] appelait « l'Homme social ». Au
fond, comme chaque langue reflète une expérience unique puisque les ac-
teurs et leur aire environnementale sont différents, tout est par conséquent
marqué par des particularités, et forme ce qu'on a appelé une idiomaticité
ou idiomatologie. C'est bien entendu pousser un peu dans les extrêmes des
caractéristiques linguistiques, car si les typologies phylogénétiques et onto-
génétiques sont différentes, elles sont malgré tout limitées puisqu'elles s'appliquent à un même cadre biologiquement déterminé avec un certain fond
commun lié aux hommes sociaux : l'expérience humaine quotidienne ayant
de nombreuses « particularités » communes ou du moins assez explicites
pour être considérées comme semblables.

Ainsi dans certains cas, si le degré de couverture total de l'unité lexicographique de la langue A est assuré par l'unité lexicographique de la langue B, il n'en demeure pas moins, comme on peut s'en douter, que ce degré de parallélisme peut être fort variable dans l'échantillonnage des unités lexicographiques. L'équivalence se transforme ainsi en notion élastique, mais sans doute suffisamment réelle cependant pour qu'elle puisse être considérée comme légitime par une acceptation générale tacite, avec l'étiquette de la qualité « suffisamment équivalent ». On sait encore que certaines unités lexicographiques qu'on appelle souvent d'un terme assez ambigu, c'est-à-dire locutions, se maintiennent dans les langues par un phénomène d'archaïsation, ou se créent par des métaphorisations de tout genre, ou encore par jeux linguistiques synonymiques ou homonymiques et se retrouvent donc ainsi dans les langues selon une même créativité et un même système de contamination de sens et d'acceptation de ludisme, ce qui peut parfaitement justifier une ressemblance ou même un emprunt.

Pendant longtemps, il semblait normal d'inclure le français du Québec dans cet ensemble que l'on a désigné par le terme générique de « français régional », c'est-à-dire que la définition était géolinguistique puisque le français régional est « l'ensemble des variantes géolinguistiques du français » et s'oppose donc au « français général » ou « français commun », en fait au franco-français de l'Hexagone, même si on l'insérait dans ce qu'on a appelé « le français universel », c'est-à-dire cette entité qui s'appuie sur le principe d'intercompréhension entre les locuteurs dans les divers pays, mais on y retrouvait malgré tout des généralités linguistiques dont la référence était cependant conforme à une certaine norme « générique » hexagonale. Cette conception de français régional semble cependant de nos jours de plus en plus battue en brèche, puisque le franco-québécois peut être qualifié également de général ou de commun au Québec comme peut l'être le franco-français en France. On peut bien entendu également s'interroger sur ce que l'on entend par « variations ». Les comparaisons dans un cadre géolinguistique ainsi fixé ne peuvent cependant être que préjudiciables puisque l'aune de mesure ressemble à une comparaison entre un système métrique, seul reconnu et normalisé, et celui du « pied de Roi », à valeur historique ou même folklorique, et les résultats seront fatalement « pipés » avec le risque presque évident d'affecter le statut des autres topolectes et donc de toucher à la représentativité globale des sociolectes et, en plus, porter préjudice à la légitimité des locuteurs en les marginalisant indubitablement.

On sait que le franco-québécois a dans son lexique, pour un grand nombre de dénominations, des substrats originels des topolectes de la France du 17ᵉ siècle, mais également des périodes suivantes et bien évidemment des époques plus contemporaines. A ce fonds, que l'on peut qualifier de primitif, s'ajoutent naturellement des créations justifiées par des développements de dénominations originales dont l'ensemble forme l'idiomaticité propre de la langue. Il s'y ajoute un certain nombre d'adstrats provenant des langues amérindiennes, notamment dans la toponymie, et également des substrats et des adstrats provenant de contacts quotidiens environnementaux avec la langue anglaise.

2 Dialectalismes et régionalismes

Si l'on examine quelques attestations courantes contemporaines d'unités lexicales du franco-québécois, on peut constater que les lexèmes donnés ci-dessous qui sont communs au parler contemporain régulier, et appartiennent ainsi à la norme du franco-québécois, ont cependant en franco-français un signification considérée comme dialectale, régionale ou encore sont d'un usage archaïque relevant du français classique, par exemple.

Parmi les exemples les plus naturels et ayant également une certaine fréquence, on peut citer :

Appartement n.m. = chambre. Le sens est considéré comme archaïque en franco-français, mais est encore vivant dans l'Orne et la Sarthe, par exemple, comme au Québec, où l'on trouve encore le composé *maison à appartements*.

Barrer v.tr. = fermer à clé, mettre le verrou. Le verbe dans ce sens est considéré comme archaïque en franco-français, mais encore utilisé en Vendée, et très vivant en franco-québécois, malgré les condamnations des « correcteurs » de la langue qui semblent s'appuyer sur l'étymologie en précisant qu'on ferme une porte à clé, « mais on ne la *barre pas » !

Chaud adj. = soûl, ivre. Le mot était encore utilisé dans le même sens au 18ᵉ siècle en franco-français, notamment dans l'Ouest de la France, et il paraît encore vivant dans le Puy-de-Dôme. Il a donné plusieurs dérivés en franco-québécois : chaudaille = chaudasse = légèrement ivre.

Cuiller, cuillère n.m. = louche. Le mot est également employé dans le même sens dans les parlers des régions de l'Isère, par exemple. La série se complète au Québec avec *cuiller à chaussure* (= chausse-pied), *cuillère à table* (= cuillère à soupe) et *cuillère à thé* (= cuillère à café, petite cuillère) et aussi l'expression familière *serrer la cuiller à qn* (= la main), d'origine argotique française, qui est également en usage au Québec. Si *cuiller à chaussure* peut s'expliquer par une acception du mot dans un sens technique par analogie de forme (*cf. cuiller de pêche, cuiller de fondeur, cuiller de coulée*), remarquons en passant que l'allemand dit « Schuhlöffel », ce qui correspond exactement à la même dénomination, *cuillère à table* est considéré comme un anglicisme tout comme *cuiller à thé*, puisque l'anglais les désigne par « tablespoon » et « teaspoon », - sans doute la consommation du thé était plus répandue à l'époque que celle du café! Il faut y ajouter « jouer des cuillers », utiliser les cuillers comme instrument de musique populaire. L'effort de « correcteurs » de la langue condamnant certains usages ne peut être qu'en fonction d'une norme abstraite différente de celle de la communauté réelle.

Dalle n.f. avec les synonymes *daleau, dalot, dallot* = gouttière, rigole d'écoulement. Mot encore en usage dans le Puy-de-Dôme dans le même sens. En franco-québécois, s'y ajoutent encore les sens de « bordure latérale creuse de l'allée de quilles » et donc « faire un dalot », rater son lancer de boule, et « se mouiller la dalle » ou « se rincer, se mouiller le dalot », s'enivrer.

Démence n.f. dans *être en démence* = être négligé en parlant de terrains, de maisons. Expression franco-québécoise courante que l'on retrouve, par exemple, en Champagne.

« *Après la mort de sa femme, Didace avait laissé plusieurs choses en démence sur la terre : il n'avait le cœur, pour ainsi dire, à rien faire d'autre que sa peine.* » (G. Guèvremont, *Le Survenant*, p. 66)

Déparler v.i. = dire des bêtises; délirer. Le verbe est de nos jours archaïque en franco-français ou régional et tire son origine du moyen français avec la signification « médire » et en français classique avec le sens de « cesser de parler ». Le sens actuel du franco-québécois se retrouve en Isère, au Sud-Ouest, en Province. Le dérivé *déparlage* = le fait de parler à tort et à travers est également courant. « *C'est Menaud! Depuis deux ou trois jours qu'il déparlait.* » F.-A. Savard, *Menaud, Maître-Draveur*, p. 209.

Fale, falle n.f. = jabot d'une volaille; bas du cou, poitrine. Le premier sens, soit le nom vulgaire du jabot des oiseaux, est présent dans les dictionnaires franco-français. Le mot est en usage général au Québec, notamment dans les expressions *avoir la fale au vent* = avoir la poitrine découverte, *avoir la falle basse* = avoir faim, (fig.) avoir le moral bas, être découragé. « *Chacun revenait désappointé, déçu... Avec cela, la faim se faisant sentir, Bagon disait qu'il avait la falle basse.* » A. Laberge, *La Scouine*, p. 88.

Galvauder v.t. = flâner, traîner. Ce sens est vieux en franco-français, mais se retrouve encore en Normandie, tout comme au Québec où le franco-français a élargi son sens à celui de « courir la prétentaine » et un dérivé *galvaudeux*. Le même sens se trouve dans *courir la galipote*, expression familière de l'Ouest de la France et du Québec. « *On pouvait s'y promener, galvauder, bretter sans argent.* » J.-J. Richard, *Centre-ville*, p. 62. « *Toé, établi ! Tu sais ben que tu ne le seras jamais. T'es ben trop galvaudeux ! Moé galvaudeux !* » Louvigny de Montigny, *Au pays de Québec*, p. 258.

Mouiller v.impers. = pleuvoir. Le verbe est en usage en Vendée et dans le Sud-Ouest. Il est courant au Québec, tout comme les locutions *mouiller à boire debout = mouiller à siaux* = pleuvoir à verse ; *mouiller, mouiller le canayen* = célébrer en buvant, arroser. Les extensions de sens *mouiller ça* = fêter qch, *se mouiller le canadien* = s'enivrer, ou encore *il en mouille* = il y en un grand nombre, sont aussi courantes, tout comme les dérivés *mouilleux* = pluvieux, marécageux, *mouillassage, mouillasserie* = pluie fine, *mouillure* = terrain marécageux. « *Le temps est écho, constata-t-il. Il va sûrement mouiller avant la fin de l'après-midi.* » C.-H. Grignon, *Un homme et son péché*, p. 179.

Mucre n.m. = humidité, moisissure est recensé par les dictionnaires franco-français, mais pas l'adjectif *mucre*, ni le verbe *mucrir*. Ils appartiennent au franco-québécois actuel. L'adjectif est aussi connu en Normandie.

Pétasser v.tr. et v.intr. = craqueler. Avec ce sens, le verbe intransitif appartient au franco-québécois. On le retrouve avec le même sens dans les parlers en Ardèche, dans le Gard, la Loire et le Lyonnais. Le dérivé *pétassure* = fente, fissure est également d'usage courant en franco-québécois. Il est cependant concurrencé par l'emprunt à l'anglais « crack », francisé en *craque*, avec les dérivés *craqué*, nom et adjectif, et le verbe *craquer,* en plus des locutions *avoir une craque* = avoir l'esprit dérangé, *être craqué au plafond* = avoir la tête fêlée, *lancer, pousser des craques* = lancer des pointes, *riche à craquer* = très riche, et aussi *crackpot* ou *craquepotte* (anglais « crackpot ») = cinglé, bizarroïde.

Piler v.tr. = piétiner, écraser ; empiler. Ce sens appartient au franco-québécois et se retrouve dans le parler du Calvados. Le franco-québécois connaît encore des *patates pilées* = pommes de terre en purée.

Poquer v.tr. = heurter, choquer. Ce sens appartient au franco-québécois et se retrouve dans le Lyonnais. Au Québec, les dérivés *poque n.* et *poqué adj.* sont également utilisés, *poquer son char* = cabosser sa voiture, *poquer un œil à qn* = faire un cocard à qn. « *Si je l'avais laissé te tomber su la fripe, y te poquait es deux yeux en arc-en ciel!* » A. Ricard, *La gloire des filles à Magloire*, p. 51.

Siler, siller v.t. = siffler, faire entendre un son aigu. Ce verbe courant en franco-québécois se trouve également en Vendée. Il signifie également exciter un chien. « *Les oreilles me sillaient...* » J. Barbeau, *Le chemin de Lacroix*, p. 21.

Vermine n.f. = rats, souris. Ce sens restrictif est commun à la Normandie et au franco-québécois. Le mot désignait, jusqu'au 17e siècle, toutes sortes de petites bêtes nuisibles, tout comme l'anglais (vermin) qui a d'ailleurs la même origine, ce qui a peut-être apporté un renforcement dans la conservation du sens.

De tels exemples de survivance en franco-québécois de mots régionaux franco-français, encore vivants en France, sont légion. En France, cependant, ces mots n'ont qu'un statut régional, et il semble bien que les locuteurs eux-mêmes observent une autocensure lors de communications hors de leur localité, ce qui n'est évidemment pas le cas pour le franco-québécois. On peut compléter ces exemples en y ajoutant les mots considérés comme archaïsmes en franco-français, mais non en franco-québécois, tels que *beigne, blonde, couverte, encan, ennuyant, fève, niaiser,* etc., pour ne citer que quelques exemples très fréquents. «...*une petite pointe de tarte, si tu veux, Florentine, ou encore une couple de beignes, je mangerais p'têtre ça.* » G. Roy, *Bonheur d'occasion*, p. 105. «... *mais j'étais aussi à l'aise que dans une meule de foin avec ma blonde!*» R. Carrier, *Le deux-millième étage*, p. 108.

3   Le franco-français et le franco-québécois : similitudes fonctionnelles

On peut cependant affirmer que tout ce qui est franco-français est aussi potentiellement franco-québécois et cela inclut bien évidemment les mots franco-français plus récents, d'origine scientifique, familière ou même argotique, tels que *bouffe, bistrot, bouquin, gamin,* etc., mais avec souvent des niveaux de langue différents, de même que des adaptations sémantiques, en fonction des besoins sociaux. Un *dépanneur* (anglais : « convenience store ») est avant tout un magasin avec des heures d'ouverture plus longues et où l'on trouve des produits alimentaires, de la parapharmacie, des produits de première nécessité, etc., bref tous les produits qui « dépannent » !

La polysémie étant une caractéristique normale des langues, elle est comme dirait Meschonnic [6] « *indissociablement langue et culture* », la désambiguïsation se règle, comme on s'en doute, par le contexte. Le franco-québécois développe également son lexique par des néologismes et par la dérivation morphologique. Une *débarbouillette* = gant de toilette ; la *castonguette*, créé à partir du nom du ministre à l'origine de la loi pour désigner l'appareil qui sert à prendre une empreinte de la *carte-soleil* (= carte d'assurance maladie) ; *ivressomètre* = alcooltest ; *quétaine* = de mauvais goût ; ridicule, ringard ; *quétainerie* = quelque chose de mauvais goût ; *bébelle* = jouet ; bricoles ; choses futiles ; gadget ; *bibite* = bestiole ; *bibite à patates* = doryphore ; *bibite à poils* = chenille. Il faut ajouter ici la créativité du franco-québécois à la fois dans le développement sémantique de mots français d'origine, ou empruntés à l'anglais, soit par emprunts adaptés phonétiquement, soit par calques ou encore par formation d'expressions et de locutions. A tire d'exemples, on peut citer *beau* dans *avoir beau* suivi d'un infinitif = pouvoir facilement, avoir une belle occasion de ; *avoir en beau de faire qqch.* = pouvoir faire qqch. ; *être en beau* = intensif ; *être en beau maudit (baptême, calvaire, crisse, etc.)* = être furieux ; *s'habiller en beau* = bien s'habiller ; *un beau fou, une sacrée folle* = un sacré fou, une sacré folle ; *faire son beau, faire sa belle* = faire le beau, faire la belle ; *beurre* dans *avoir les yeux dans le beurre* = avoir le regard vague ; *passer dans le beurre* = passer à côté du but, de la cible ; *bon comme du beurre* = bon comme le pain ; *prendre le beurre à poignée* = gaspiller ; *tourner dans le beurre* = tourner dans le vide ; *s'occuper des questions de pain et de beurre* = s'occuper des questions des besoins essentiels (« bread-and-butter issues »), *beurrage* = flatterie, *espadrilles* = chaussures de sport.

4   Les adstrats

Comme aucune langue ou civilisation ne se suffit à elle-même, l'adstrat peut combler les lacunes et exercer une influence sur le développement des langues. Dans le cas du franco-québécois, l'anglais a joué et joue encore un rôle important dans le développement du franco-québécois, tout comme cela a été le cas historiquement dans la conservation de lexèmes de l'ancien français et du français moyen : le mot étant identique ou très proche en anglais, il pouvait renforcer l'utilisation de ces anciens lexèmes. À titre d'illustration, on peut citer *barbier* (« barber ») = coiffeur pour hommes, *brassière* = soutien-gorge (« brassiere, bra »), *breuvage* = boisson (« beverage »), *mitaine* = gant (« mitt »), etc. On retrouve peut-être également cette influence dans la morphologie, par exemple, dans l'emploi du pluriel *pantalons*, ou *paire de pantalons* (anglais : « pants », « pair of pants »), à moins qu'il ne s'agisse d'une contamination puisque *culottes*, archaïsme français, est également utilisé au pluriel et est un synonyme de pantalon. Il faut ajouter les divers emprunts de lexèmes anglais, par emprunt direct, emprunt avec intégration phonétique totale ou emprunt par calque sémantique. L'adstrat anglais peut être un emprunt direct et son ajout se justifie par une lacune de la langue emprunteuse, mais il peut être également utile pour marquer une certaine expressivité stylistique. Citons pêle-mêle *backbencher* (simple député), *bouncer* (videur), *chum* (copain ; copine ; conjoint), *cute* (joli, mignon), *fancy* (élégant), *fun* (plaisir ; agréable), *game* (match, partie), etc. qui apportent une certaine expressivité ou comblent une lacune de la langue. Dans les emprunts par intégration phonétique, on peut citer *balloune*, *gomme balloune* (« balloon »), *bécosse* (« backhouse ») = toilettes extérieures, *bégopper* (« to back up ») sur son passé = revenir sur son passé, *bine* (« bean »), *bitcher* (« to bitch »), *blaquebière* = sorte de mûre (« blackberry »), *bobépine* (« bobby pine »), *botcher* (« to butch »), *checker* (« to check »), *cipaille* (« sea-pie »), *enfirouaper* (« in fur wrapped »), *pinotte* (« peanut »), *poutine* (« pudding »), etc. Certains emprunts donnent lieu à une dérivation qui forme une série et qui intègre ainsi davantage les emprunts dans la langue. A titre d'exemples, on aura, à partir de *bitch* = garce (« bitch = chienne »), *bitcher* = dire des vacheries, *bitchage* = vacheries, *bitcherie* = saloperies ; à partir de *botcher* = bâcler (« to botch »), *botchage* = bâclage, *botché* = bâclé, *botcheur* = *botcheux* = personne qui travaille mal ; à partir de *fuck!* = putain de merde (« fuck !»), *fuckaillage* = *focaillage* = perte de temps, *fuckailler* = *focailler* = glandouiller, *fuckant* = *foquant* = imbitable, trompeur, *fucké* = *foqué* = dingue ; détraqué, *focker* = *foquer* = baiser ; niquer ; bousiller ; *fucker le chien* = *foquer le chien* = ne rien branler ; merdoyer. De tels exemples prouvent que le système de formation de mots du français fonctionne de façon fort régulière et fournit ainsi des dérivés transparents, comme on pouvait d'ailleurs s'y attendre.

Le franco-québécois connaît aussi, comme le franco-français, des adstrats formés par des calques. Ainsi, pour le franco-québécois, on a des mots simples, *cuirette* (« leatherette ») = similicuir ou *surtemps* (« overtime ») = prolongation, ou des mots composés, *lave-auto* (« car wash ») = station de lavage ; *compte de banque* (« bank account ») = compte en banque, compte bancaire, etc. Les calques du franco-québécois sont nombreux et, pour une grande partie, parfaitement intégrés à la langue, notamment lorsqu'il s'agit d'expressions verbales et de locutions phraséologiques avec souvent un changement de verbe objet, tels :

Accrocher ou raccrocher ses patins (« to hang up one's skates ») = prendre sa retraite ; passer la main.

Acheter un argument, une idée, du temps (« to buy an argument, an idea, time ») = admettre un argument ; accepter une idée ; gagner du temps.

Administrer un serment (« to administer a oath ») = faire prêter serment.

Adopter des mesures (« to adopt measures ») = prendre des mesures.

Adoucir la pilule (« to sweeten the pill ») = faire passer la pilule.

Agir comme témoin (« to act as witness ») = intervenir comme témoin.

Ajourner la séance (« to adjourn a meeting ») = reporter la séance.

Aligner les roues (« to align the wheels ») = régler le parallélisme des roues.

Aller en grève (« to go on strike ») = se mettre en grève.

Aller sous presse (« to go on press ») = mettre sous presse.

Aller en onde (« to go on the air ») = passer sur les ondes.

Allouer un but (« to allow a goal ») = marquer un but.

Altérer un habit (« to alter a suit ») = retoucher un costume.

Amasser des preuves (« to amass proofs ») = accumuler des preuves.

Amender un contrat (« to amend a contract ») = modifier un contrat.

Appeler le vote (« to call a vote ») = passer au vote.

Appliquer les freins (« to apply the brakes ») = appuyer sur les freins.

Appliquer pour un emploi (« poser sa candidature à un emploi »)

Apposer un timbre (« coller un timbre »).

Atteindre le fond du baril (« to reach the bottom of the barel ») = toucher le fond.

Avoir les bleus (« to have the blues ») = avoir des idées noires.

Avoir les mains attachées (« to have one's hand tied ») = avoir les mains liées.

Balayer sous le tapis (« to sweep under the rug ») = jeter le voile sur qch.

Être assis sur ses deux mains (« to sit on one's hand ») = rester passif.

Être dans le même bateau (« to be in the same boat ») = être logés à la même enseigne.

Être en affaires (« to be in business ») = être dans les affaires.

Être dans l'eau chaude (« to be in hot water ») = avoir des ennuis.

Être le bébé de la famille (« to be the baby of the family ») = être de dernier de la famille.

Être le fond du baril (« to be the bottom of the barrel ») = être les fonds de tiroir.

Faire ami (« to make friend ») = devenir ami.

Faire application (« to make an application for a job ») = solliciter un emploi.

Faire du capital politique (« to make political capital of sthg ») = tirer un avantage politique de qch.

Fournir du carburant (« to provide fuel ») = donner des armes à.

Manquer de carburant (« to lack fuel ») = manquer d'énergie.

Manquer le bateau (« to miss the boat ») = rater le coche.

Mettre de l'avant (« to put forward ») = proposer.

Mettre le blâme sur (« to put the blame on ») = attribuer la responsabilité à.

Parler à travers son chapeau (« to talk through one's hat ») = dérailler.

Peser sur le bouton de panique (« to press the panic button ») = tirer sur la sonnette d'alarme.

Porter le blâme (« to bear the blame ») = endosser la responsabilité.

Prendre le blâme (« to take the blame ») = prendre sur soi.

Prendre ça aisé (« to take it easy ») = y aller doucement.

Remplir à pleine capacité (« to fill to capacity ») = remplir au maximum.

Se faire beurrer (« to butter up ») = se laisser flatter.

S'en aller en banqueroute (« to go into bankruptcy ») = faire faillite.

Tomber dans les bleus (« to have the blues ») = tomber dans la déprime (branché = être flippé).

Tomber en amour (« to fall in love ») = tomber amoureux.

Trouver des avenues inédites (« to explore an avenue ») = trouver des solutions inédites.

On peut encore y ajouter des mots avec des extensions de sens et toute une série de locutions phraséologiques nouvelles, créées ou calquées :

L'argent ne pousse pas dans les arbres (« money doesn't grow on trees »).

Faire de l'argent comme de l'eau (« to make money like water »).

Blanc comme un drap (« white as a sheet ») = blanc comme un linge.

Mettre sur la carte (« to put on the map ») = faire connaître.

Être cassé comme un clou (« to be brocken ») = être fauché.

Casser la glace (« to break the ice ») = briser la glace.

Jaloux comme un bec-scie = jaloux comme un tigre.

Flatter la bedaine de qn du bon bord = flatter qn dans le sens du poil.

Le dernier clou du cercueil (« another nail in the coffin ») = le coup de grâce.

Passer en belette = passer en vitesse.

Curieux comme une belette ou *senteux comme une belette* = très curieux, indiscret.

Passer aux beignes = passer à toute vitesse.

Passer les beignes à qn = réprimander qn.

Se faire passer aux beignes = se faire réprimander.

Se pacter la beigne = s'enivrer, se bourrer la gueule.

S'asseoir sur son beigne = se reposer sur ses lauriers.

Manger des bêtises = se faire enguirlander.

Avoir un front de bœuf (beu) = être culotté.

5   Conclusion

Comme les exemples le montrent, le franco-québécois s'est constitué en diverses étapes : tout d'abord, il y a constitution du fonds primitif du franco-québécois à partir des régionalismes français, sans nul doute très tôt par nécessité de communication entre les individus originaires des différentes provinces françaises, par la généralisation de ces régionalismes pour former une langue plus homogène et accessible à tous les locuteurs. Il est donc tout à fait normal que l'on y retrouve également des entités qui soient considérées par le franco-français comme des archaïsmes, la constitution de la langue et l'époque étant différentes du franco-français.

Il n'y a que peu d'emprunts aux langues amérindiennes, environ une quinzaine (*babiche* = lanière de cuir des raquettes ; *cacaoui, kakawi* = canard sauvage ; *carcajou* = blaireau ; *caribou* = renne d'Amérique ; *madouesse* = porc-épic ; *mascou, mascouabina* = sorbier ; *maskinongé* = poisson, sorte de brochet ; *mukluk* = botte inuit ; *muskeg* = marécage ; *micouane, micouenne, micoire* = cuiller en bois ; *ouananiche* = variété de saumon d'eau douce ; *ouaouaron* = grenouille géante ; *pembina, pimbina* = viorne ; *pétun, pétuner* = tabac, fumer ; *touladi* = omble gris ; *wapiti, ouapiti* = cerf du Canada), si l'on ne tient pas compte des toponymes.

A cet ensemble s'ajoute l'adstrat anglais avec intégration phonétique française où « pudding » se transforme en *poutine* ou reste simplement un emprunt ou est transformé en calque du type *week-end* = fin de semaine.

Comme toutes les langues, le franco-québécois a aussi enrichi son lexique par la créativité néologique, la dérivation et la composition pour constituer, selon une norme particulière, un ensemble original à la fois homoglosse et hétéroglosse avec le franco-français.

BIBLIOGRAPHIE

[1] Bally C. 1965, Linguistique générale et linguistique française, Berne, Éditions Francke.

[2] Clas A et Seutin E. 1980, J'parle en tarmes : dictionnaire de locutions et d'expressions figurées au Québec, Montréal, Sodilis.

[3] Dulong G. 1989, Dictionnaire des canadianismes, Montréal,larousse Canada.

[4] Tuaillon G. 1978, GROUPE des ATLAS.

[5] Revue de Linguistique romane numéros 165-166, Société de linguistique romane, CNRS, Paris, p. 149-194. « Régionalismes en France ».

[6] Meschonnic H. 1973, Pour la Poétique II, Paris, Gallimard.

[7] Meynet L. 1999, Dictionnaire québécois-français, Montréal, Guérin.

[8] Orkin M. 1967, Speaking Canadian French, Toronto, General Publishing Company.

[9] Poitier C. 1987, « Le français «régional   », méthodologies et terminologies » Français du Canada, Français de France, Actes du colloque de Trèves, Tübingen, Max Niemeyer.

[10] Rey A. 1987, « Le dictionnaire culturel », Lexicographica 3, Tübingen, Niemeyer.

[11] Clas A et Seutin E. Richesses et particularités de la langue écrite du Québec, Département de linguistique et de philologie, Université de Montréal, 8 vol.

[12] Taverdet G et Straka G. 1977, Les français régionaux, Colloque sur le français parlé dans les villages de vignerons, Paris, Klincksieck.

[13] Wierzbiecka A. 1992, Semantics, Culture, and Cognition, New York, Oxford University Press.

La grammaire dans tous ses états : petit abécédaire de la grammaire locale

CÉDRICK FAIRON, LAURENT KEVERS, HUBERT NAETS
ET PATRICK WATRIN[1]

1 Introduction

Dans le domaine du traitement automatique du langage, les approches dites « symboliques » (par opposition à « statistiques ») supposent l'utilisation massive de ressources linguistiques. Les plus couramment employées sont sans doute les dictionnaires électroniques, les thésaurus, les ontologies et les réseaux sémantiques. Dans cet article, nous nous intéresserons à une forme particulière de ressource, appelée « grammaire locale » (ou *local grammar* en anglais).

De nombreux travaux portant sur les grammaires locales trouvent leur origine dans des thèses de doctorat réalisées ces 20 dernières années dans la mouvance du lexique-grammaire (Silberztein, Maurel, Senellart, Fairon, Constant, Paumier, Friburger, Blanc, Watrin, etc). On notera avec intérêt que Franz Guenthner a suivi de près ces recherches et a fait partie de pratiquement chacun de ces jurys de thèse. C'est donc avec une complicité et une reconnaissance particulières que cet article lui est dédié.

Une grammaire locale permet de représenter des structures lexicales ou syntaxiques plus ou moins complexes (Gross [17], [16]). Ces structures figurent sous la forme de graphes qui correspondent généralement à des Réseaux de Transition Récursifs (*Recursive Transition Networks* – RTN).

Pour commencer, considérons quelques synonymes du verbe « mentir » (entendu dans le sens très large de « dire des choses inexactes » - cf. figure 1).

---

[1]Centre de traitement automatique du langage — Institut Gaspard Monge

Ces synonymes sont représentés sous la forme d'un graphe[2] qu'il convient de parcourir depuis un nœud initial (la flèche à gauche) jusqu'à un nœud terminal (le carré entouré d'un cercle à droite) en suivant des transitions (les boîtes), afin d'identifier, dans un texte donné, une des expressions décrites. Cette grammaire locale permet ainsi de reconnaître la séquence « racontera des salades » dans une phrase telle que « Victor racontera des salades à sa sœur.», mais est incapable de reconnaître « racontait souvent des salades » dans « Gauthier racontait souvent des salades à Mattéo », l'inclusion d'un adverbe entre <raconter> et « des » n'étant pas prévue dans cette grammaire. Au passage, il est intéressant de noter que les symboles « < » et « > », qui encadrent différents mots, servent à prendre en considération toutes les formes fléchies de ces mots (qui sont donc en réalité des lemmes), de même qu'il convient de remarquer que toutes les formes figurant dans une même boîte (« blagues », « bobards », « bêtises », etc.) sont autant d'alternatives possibles pour continuer à parcourir le graphe.

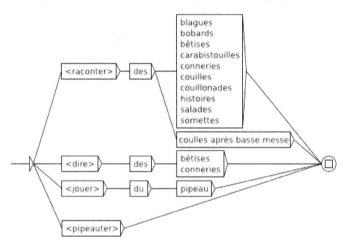

FIGURE 1. Exemple de grammaire locale (mentir)

Il est possible d'introduire des sous-graphes dans un graphe afin, d'une part, de réduire la complexité du graphe principal et, d'autre part, de réutiliser les sous-graphes construits dans d'autres grammaires locales. Sur la figure 2 (qui reprend une portion du graphe de la figure 1), on peut voir en grisé un appel au sous-graphe « ADV-FREQ » (cf. figure 3). Il faut parcourir

---

[2]Le graphe est la représentation sous une forme graphique d'une grammaire locale. Nous utilisons indifféremment les deux termes pour désigner les grammaires écrites sous forme de graphes.

ce sous-graphe de son nœud initial à son nœud terminal avant de pouvoir continuer à progresser dans le graphe principal. La grammaire locale de la figure 2 permet ainsi de reconnaître des séquences telles que « disais assez peu souvent des bêtises ».

FIGURE 2. Exemple de graphe comprenant un sous-graphe (mentir)

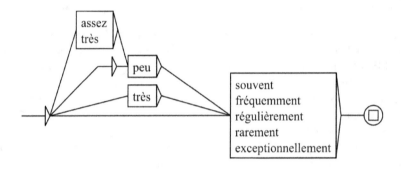

FIGURE 3. Exemple de sous-graphe (adverbes de fréquence —ADV-FREQ)

Les grammaires locales que nous venons de voir servent à reconnaître des séquences dans un texte. On parle ainsi de « reconnaisseurs ». Il existe toutefois un certain nombre de cas où, après avoir reconnu une séquence particulière, il est intéressant de modifier celle-ci, soit en ajoutant de l'information, soit en en retranchant, soit en opérant des changements au sein de la séquence reconnue. On parle dans ce cas de « transducteurs » qui, à une séquence initiale (un « alphabet d'entrée »), font correspondre une autre séquence (un « alphabet de sortie »).

La figure 4 donne un exemple d'un tel transducteur : à la séquence d'entrée « disais assez peu souvent des bêtises » qui a été reconnue, ce transducteur fait correspondre en sortie « disais [assez peu souvent#ADV-FREQ] des bêtises », si l'on décide d'ajouter l'alphabet de sortie à celui d'entrée.

Dans la plupart des cas, les structures décrites dans de tels graphes sont composées à la main, avec l'aide éventuelle de corpus. Cette méthode itérative de construction de graphes a été décrite par M. Gross [18] et appelée

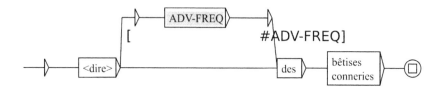

FIGURE 4. Exemple de transducteur

« bootstrap method »[3]. Des logiciels linguistiques spécialisés proposent des éditeurs de graphes permettant de construire et de gérer des bibliothèques de graphes (Silberztein [29], Paumier [26], Constant [6]).

Dans cet article, nous présenterons d'abord l'utilisation des grammaires locales dans le domaine de la description linguistique (2.1) et nous évoquerons les différents modes d'application de ces ressources qui ont été envisagés jusqu'à présent (2.2). À la suite de ce panorama des usages de la grammaire locale, nous discuterons des limites inhérentes aux grammaires locales et d'un certain nombre de solutions trouvées pour dépasser ces limites (3). Nous nous occuperons ensuite (4) d'identifier les « petits problèmes pratiques » qui jalonnent le chemin de l'auteur de grammaires locales et ce faisant, nous mettrons en évidences les défis auxquels la recherche doit s'atteler pour rendre possible un usage plus large et plus aisé de ces grammaires.

2   De la description linguistique aux applications

Les grammaires locales ont été utilisées dans de nombreuses situations différentes correspondant à différents niveaux d'analyse linguistique (morphologie, lexique, syntaxe) ou correspondant à différents types d'applications (correction orthographique, flexion automatique de dictionnaires, constitution de ressources lexicales sous forme de bibliothèque de graphes, levée d'ambiguïtés, étiquetage, analyse syntaxique, etc.). Cette variété témoigne de la souplesse de ce type de représentation et des différents modes d'applications possibles[4]. Dans les deux parties qui suivent, nous envisagerons successivement l'utilisation de la grammaire locale dans le cadre de la description linguistique (niveaux lexical et syntaxique) et dans le cadre de di-

---

[3]Le linguiste applique ses grammaires sur un texte et construit une concordance à partir des séquences identifiées. Il analyse le résultat, identifie les problèmes et complète ses grammaires avant de recommencer la procédure.

[4] Silberztein (1998) expose les différents modes d'application des graphes (comme reconnaisseur ou transducteur ; au niveau morphologique, lexical et syntaxique).

verses applications (extraction terminologique et analyse syntaxique).

2.1 Description linguistique

Même si cette réalité peut varier en fonction des cadres d'utilisation, on remarque que les grammaires locales utilisées pour la description linguistique sont généralement très lexicalisées : les nœuds sont souvent étiquetés par des symboles terminaux (des mots) plutôt que par des symboles de plus haut niveau (par exemple, des codes grammaticaux ou sémantiques).

Les ressources lexicales

La constitution de ressources lexicales descriptives (dictionnaires électroniques, classes d'objets, etc.) est un enjeu important pour le TAL. D'un point de vue pratique, on constate que la langue contient un grand nombre de structures qu'il est impossible ou contre-productif de décrire sous la forme de listes, le format de base des dictionnaires. La constitution de listes implique en effet une très grande redondance de l'information, et dans certains cas, l'énumération n'est tout simplement pas possible. Citons, à titre d'exemple, les nombres : il n'est pas pertinent de lister les nombres dans un dictionnaire dans la mesure où ceux-ci sont en nombre virtuellement infini, alors qu'il est très facile par contre de les représenter sous la forme de grammaires locales.

Il est ainsi possible de décrire des ensembles linguistiquement cohérents sous forme de bibliothèques de graphes. D. Maurel [24] a décrit ainsi les adverbes de temps et M. Constant [7] les unités de mesure. C'est la possibilité de factoriser les chemins des graphes et d'imbriquer les graphes les uns dans les autres qui font des grammaires locales un outil intéressant pour la représentation de ressources lexicales.

Des expériences ont également été réalisées pour utiliser les deux « niveaux d'encodage »[5] des grammaires locales à des fins de traduction. Fairon et Senellart [11] ont par exemple expérimenté l'usage des grammaires locales pour la traduction (anglais-français) d'expressions temporelles. Dans cette approche, les grammaires sont utilisées pour stocker simultanément et en parallèle des ressources pour deux langues et deviennent donc une ressource bilingue.

---

[5] Deux niveaux correspondant à l'entrée et à la sortie d'un transducteur.

Les ressources syntaxiques

Les grammaires locales ont été utilisées à de nombreuses reprises pour décrire des structures syntaxiques particulières. Ainsi, C. Fairon [12] les a employées pour décrire certains types d'incises en français. De son côté, M. Conenna [8] a proposé une utilisation originale visant à décrire les variantes de proverbes à l'intérieur d'un graphe : des énoncés figés tels que les proverbes connaissent en effet souvent de nombreuses variantes, dues à des facteurs diachroniques ou diastratiques, qui peuvent être codées dans un graphe.

L'étude de certains domaines techniques révèle que le langage utilisé par ces domaines peut parfois être particulièrement contraint ; c'est d'ailleurs là une des principales particularités de ce que l'on nomme un sous-langage (au sens de Z. Harris). En prenant ce constat comme point de départ, T. Nakamura [25] a représenté une partie du sous-langage de la finance à l'aide d'une bibliothèque de graphes lexicalisés qui décrivent les structures-types de cet univers.

Une autre application syntaxique des grammaires locales a été proposée par M. Gross [19] qui a conçu une bibliothèque de graphes permettant de décrire et de lemmatiser les temps composés en anglais.

2.2 Grammaires locales et applications TAL

Dans *Syntactic Structures*, Chomsky critique l'utilisation des automates comme outil de formalisation des langues naturelles. Si, théoriquement, le point de vue qu'il défend se justifie, les arguments avancés ne reflètent pas la réalité linguistique (par exemple l'enchâssement de relatives). Pendant un temps, l'influence de Chomsky a conduit à la non-utilisation de ce formalisme dans un cadre de TAL. Toutefois, durant les années quatre-vingt, on assiste à un retournement de situation. Les automates sont peu à peu réintroduits pour être aujourd'hui plus utilisés. Nous dressons ici une liste très partielle des applications utilisant ce formalisme avec succès.

Levée d'ambiguïtés

Une utilisation intéressante des grammaires locales concerne le domaine de la levée d'ambiguïtés morphosyntaxiques (Laporte 1992, Silberztein [29], Dister [10], etc.). Dister ([10] explique en détail comment développer de telles grammaires dans le logiciel INTEX (Silberztein [29]) à l'aide de transducteurs. L'entrée du transducteur est utilisée pour reconnaître des contextes particuliers, dans lesquels il est possible d'associer à certaines des unités concernées une étiquette morphosyntaxique particulière et donc de réduire l'ambiguïté. Ces étiquettes sont, elles, données dans la sortie du transducteur. Ainsi dans l'exemple suivant inspiré de Dister, la grammaire définit une règle selon laquelle on peut étiqueter les mots « mon, notre, votre, ...» avec la catégorie <DET :s>, si le mot qui suit n'est pas un verbe.

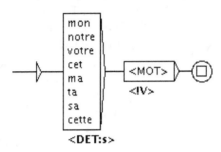

FIGURE 5. Levée d'ambiguïtés par grammaires locales

Bien entendu, il ne s'agit là que d'un formalisme parmi d'autres (cf. le panorama proposé par Laporte, 2001). Par exemple, le formalisme ELAG (1999) qui a récemment été implémenté dans Unitex (Blanc *et al.* [4]) propose une alternative qui offre plus de possibilités grâce à l'utilisation d'automates lexicaux avec structures de traits (une extension du modèle des automates à états finis).

Enfin, une exploitation concrète de grammaires locales à des fins de désambiguïsation est présentée par Kevers et Kindt [21] dans le contexte de la lemmatisation du grec ancien.

Apprentissage lexical et extraction terminologique

Intuitivement évidente, la question de l'analyse lexicale est nettement plus complexe qu'il n'y paraît. En effet, il ne suffit pas d'établir le lexique des formes simples d'une langue pour prétendre analyser lexicalement cette langue. Les unités polylexicales (les collocations) demandent une attention toute particulière. Nous traiterons plus particulièrement de l'acquisition et de la représentation de ces structures lexicales complexes.

Une collocation désigne un groupe de mots qui correspond à une « manière de dire » et reflète donc un usage propre à une communauté. Le monde anglo-saxon, pionnier dans la prise en compte de ces unités, privilégie leurs aspects statistiques et délaisse leur définition linguistique (c'est-à-dire leur structure). Les méthodes d'extraction proposées reposent ainsi bien souvent sur l'utilisation d'une simple fenêtre de lecture délimitant la portée de la collocation. Cette fenêtre de lecture formalise uniquement la distance pouvant séparer deux collocats sans prise en compte des liens syntaxiques qui les unissent. Les grammaires locales permettent, quant à elles, de contraindre plus efficacement les candidats-termes en leur imposant une ou plusieurs structures. De cette manière, il est possible de réduire considérablement le bruit inhérent aux techniques d'extraction exclusivement statistiques.

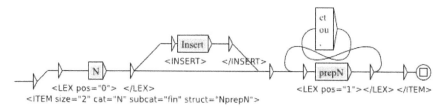

FIGURE 6. Automate d'extraction des 2-grams N prép N (Watrin [30])

Pratiquement, Daille [9] et Watrin [30] définissent, sous la forme de grammaires locales (cf. figure 6), un ensemble de patrons syntaxiques formalisant les différentes structures de collocations. Appliquées à un texte, ces grammaires permettent d'extraire l'ensemble des candidats-termes. Ces candidats sont ensuite soumis à la validation statistique ; seront retenus les candidats les plus pertinents.

Avant d'être intégrées à une application de TAL, les ressources extraites doivent être préparées. Intuitivement, on aurait tendance à privilégier une approche par dictionnaires. Toutefois, deux éléments viennent tempérer cette première idée :

1. si on peut facilement lemmatiser un corpus d'apprentissage afin d'extraire des unités canoniques, il n'est pas toujours possible de prédire la flexion de ces unités ;

2. le figement d'une collocation n'étant pas absolu, des variantes « inconnues » peuvent apparaître lors de l'analyse.

Pour résoudre ce double problème, Watrin [30] suggère une approche par grammaires locales (cf. figure 7). Les entrées validées lors du processus d'ap-

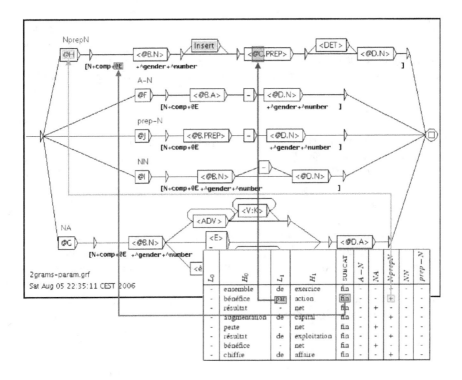

FIGURE 7. Processus de conversion des tables lexicales

prentissage sont stockées sous la forme d'une matrice ou table lexicale. Un graphe paramétré[6]. est associé à cette table et permet de générer un ensemble de reconnaisseurs (cf. figure 8).

FIGURE 8. Exemple d'une grammaire de collocation

Parce que les différents éléments de la table sont lemmatisés, chaque grammaire représente la forme canonique d'une collocation[7]. Il n'est donc pas

---

[6]Nous reviendrons plus précisément sur la notion de « graphe paramétré » au point 2.2.3. Analyse profonde (parsing)

[7]Notons toutefois que ces formes canoniques ne pourraient être utilisées dans un processus de génération. En lemmatisant chaque élément lexical, il est possible de reconnaître

nécessaire d'avoir extrait l'ensemble des formes fléchies d'une collocation
donnée pour être en mesure de les reconnaître. Par ailleurs, les graphes paramétrés actualisent différents points d'insertion (très contraints, pour éviter
d'éventuelles ambiguïtés) permettant ainsi la prise en compte de variantes.

Analyses syntaxiques

Le traitement automatique des langues distingue deux types d'analyse syntaxique : analyse profonde et analyse de surface. Quand la première vise
le calcul des constituants et de leurs dépendances, la seconde se limite à
regrouper les unités lexicales en *chunks* sans s'intéresser aux relations syntagmatiques.

Analyse de surface (chunking) La procédure de segmentation en *chunks*
(ou syntagmes non récursifs) repose sur une *cascade de transducteurs*, c'est-
à-dire un ensemble d'automates à états finis (ou grammaires locales) aug-
mentés d'une *sortie* et organisés en différents *niveaux successifs* de raffine-
ment syntaxique (cf. figure 9). Cette idée a déjà fait son chemin dans le
traitement automatique des langues. De très nombreux articles sont consa-
crés à cette procédure dont les principaux sont Abney [1], Federici (1996)
et Ait-Mokhtar (1997).

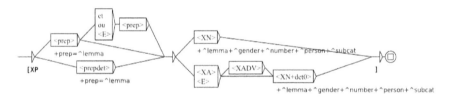

FIGURE 9. Chunk prépositionnel (Blanc *et al.* 2007)

L'article de Blanc *et al.* (2007) présente une solution au *chunking* reposant
entièrement, pour la phase de segmentation, sur des ressources linguistiques
dont une importante bibliothèque de grammaires locales. En plus de la définition des *chunks* proprement dits, ces grammaires décrivent de nombreuses
structures lexicales (collocations, adverbe de temps, unité de mesure, ...).

Analyse profonde (parsing) Dans le contexte du lexique-grammaire,
étroitement lié à la notion de grammaire locale, l'analyse syntaxique est

l'ensemble des formes fléchies. En revanche, aucune contrainte ne pèse sur la flexion. Par
conséquent, ces grammaires sont largement surgénératrices.

associée au principe de reconnaissance. Le contenu d'une table de lexique-grammaire peut être exploité en recourant au principe des graphes paramétrés décrit, par Roche [27], Senellart [28] et Paumier [26]. Un tel graphe rend compte des constructions linguistiques formalisées dans la table à laquelle il renvoie. Chaque construction est ainsi représentée par un chemin au sein du graphe (cf. éléments 2 et 3 de la figure 10).

Le graphe paramétré contient un ensemble de variables correspondant aux colonnes de la table et dont la valeur dépend directement de l'entrée lexicale concernée. Le nom des paramètres — @A, @B, etc. — renvoie aux colonnes de la table. Ainsi, @A désigne la première colonne, @B désigne la seconde colonne, etc. Dans la figure 10, par exemple, le graphe paramétré numéroté 2 utilise la table 1 pour produire le graphe 4.

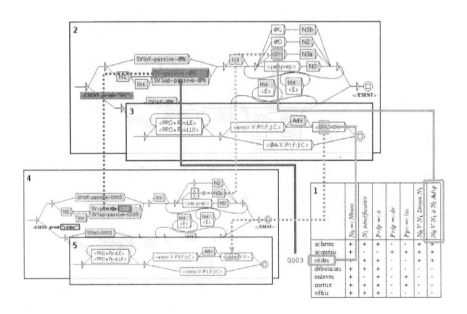

FIGURE 10. Processus de conversion d'une table en graphe

Pour chacune des entrées de la table (cf. élément 1 de la figure 10), c'est-à-dire pour chacun des prédicats, un graphe (ou grammaire) est généré par substitution des variables au sein du graphe paramétré (cf. éléments 4 et 5 de la figure 10). Une table peut contenir tantôt un signe positif ou négatif, tantôt des éléments lexicaux. La substitution a lieu de la façon suivante :

1. si la variable @X renvoie à un signe -, le chemin est supprimé ;

2. si elle renvoie à un signe +, le chemin est conservé ;

3. si elle renvoie à un élément lexical, elle est remplacée par ce dernier.

Une procédure automatique génère, sur base de ces trois règles, un reconnaisseur formalisant les seules constructions grammaticales et acceptables des différentes entrées.

La principale critique faite à ce type d'analyse s'articule autour des relations de longue distance. Comment en effet prévoir le nombre et la nature des enchâssements phrastiques ? Bien entendu, la réalité linguistique exclut l'enchâssement infini. Il reste toutefois nécessaire, dans le cadre d'une analyse par grammaires locales, de prévoir, pour chaque structure, l'ensemble des imbrications possibles. Ce phénomène explique certainement l'ascendant actuel de formalismes tels que TAG, HPSG, etc. Notons, cependant, que les automates ont été utilisés de manière concluante afin d'analyser des structures plus figées pour lesquelles il est envisageable de prévoir, avec une grande finesse, l'ensemble des réalisations syntaxiques.

Extraction d'information

L'extraction d'information, discipline se situant aux frontières de la recherche d'informations et de la compréhension textuelle, vise à extraire et structurer l'information contenue dans un ensemble de documents. Les éléments à extraire, en majorité des syntagmes nominaux et les relations qui les lient les uns aux autres, sont bien souvent formalisables sous la forme d'une structure prédicat – arguments. La syntaxe est par conséquent l'élément principal de tout système d'extraction.

Les premiers systèmes ont préféré une analyse profonde des documents, ce qui impliquait inévitablement la prise en compte de toute la complexité lexico-syntaxique des phrases analysées. Or, cette prise en compte est bien souvent superflue, les arguments pertinents en regard de l'information à extraire s'organisant fréquemment en de simples fragments. Ainsi, il ne s'agit pas d'analyser la phrase complète, mais d'isoler, au sein de celle-ci, les éléments pertinents pour l'extraction.

Ce dernier constat a mis en avant les approches à états finis (les grammaires locales) qui permettent de circonscrire plus finement les informations à extraire et de limiter la description à ces seuls segments textuels (cf. figure 11).

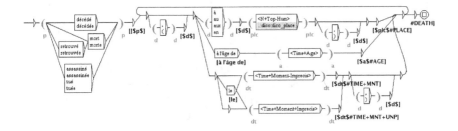

FIGURE 11. Exemple de graphe d'extraction (Kevers [20])

Il en résulte des systèmes non seulement plus rapides mais également plus ro-
bustes. Certains systèmes fonctionnent en appliquant ces « grammaires » en
plusieurs passes. On appelle cette technique « cascade d'automates ». Fas-
tus (Appelt *et al.* 1993) est probablement l'un des systèmes les plus connus
appartenant à cette catégorie. Dans un contexte plus proche des grammaires
locales, on peut citer les travaux de Friburger et Maurel [14] qui utilisent
des cascades de transducteurs pour le repérage d'entités nommées.

3   Limites

Si les grammaires locales offrent des avantages incontestables — rapidité
d'exécution, facilité de rédaction, etc. — elles n'en présentent pas moins
quelques limites. Au-delà des difficultés présentées jusqu'ici, il existe aussi
des situations dans lesquelles les grammaires locales, ou les outils qui les
exploitent, ne donnent pas entière satisfaction. Nous présentons ici quelques-
unes de ces limitations qui ont été mises en évidence lors de l'utilisation de
grammaires locales avec Unitex.

L'expression de certaines contraintes peut parfois se révéler assez délicate.
Lorsque l'on désire utiliser des codes flexionnels pour caractériser les éléments d'un motif en genre et en nombre et en faire l'accord, le nombre de
chemins augmente très rapidement (cf. figure 12). Ces chemins sont pourtant
quasiment identiques à l'exception des contraintes flexionnelles. Un mécanisme d'unification permettant de vérifier l'accord en genre et en nombre
de certains éléments d'un motif serait beaucoup plus fonctionnel.

De même, les « relations de longue distance » ne peuvent pas facilement être
formalisées par grammaire locale. Citons les cas des relatives en français ou
encore, en néerlandais, d'une analyse des verbes dont le participe passé est

rejeté en fin de phrase.

Lorsque l'application des grammaires locales aux textes produit plusieurs analyses concurrentes pour une même suite de mots, il n'y a généralement aucun mécanisme prévu pour faire un choix cohérent parmi les possibilités. Ce problème se pose assez fréquemment lors de l'utilisation de grammaires en mode de recherche *longest match*[8]. Le choix d'une solution entre plusieurs analyses réalisant le *longest match* mais étant de taille identique s'effectuera de manière totalement arbitraire. Aucun mécanisme de pondération n'est prévu pour donner la priorité à un résultat au détriment des autres.

Les cas de chevauchements sont également problématiques. Certaines analyses, malgré un recouvrement partiel, pourraient être acceptées conjointement[9]. Cependant, toujours en vertu de la règle du *longest match*, seule la plus longue des deux sera retenue. Ce comportement impose d'appliquer certaines grammaires séparément et oblige donc à procéder en plusieurs passes.

Deux points exposés ci-dessus ont été pris en compte par Blanc *et al.* [4] avec Outilex. Il s'agit de l'unification et de la pondération. Le formalisme utilisé — appelé *réseau récursifs de transitions pondérés*, WRTN — s'éloigne cependant des grammaires locales, même s'il existe des outils de conversion entre les deux formats.

L'heuristique *du plus court chemin* a également été présentée par Blanc *et al.* (2007) comme une alternative intéressante au *longest match*. L'avantage de cette heuristique est qu'elle travaille au niveau de la phrase dans son ensemble et pas au niveau des différents segments successifs. De cette manière, on privilégie les segments les plus longs tout en considérant l'ensemble des segments d'une phrase, ce qui assure plus de cohérence dans le résultat final.

4   Us et coutumes de la grammaire locale

Comme leur nom l'indique, les grammaires locales se prêtent particulièrement bien à la représentation des phénomènes dont l'étendue se limite à la phrase. Cela en fait des composants *a priori* facilement réutilisables. La

---

[8]Privilégie les analyses les plus longues, c'est-à-dire qui font intervenir le plus grand nombre de tokens successifs. C'est généralement le mode d'application par défaut des grammaires car il est souvent pertinent de ne garder que l'analyse qui est passée par le plus de transitions contraintes du graphe.

[9]Par exemple lorsqu'on utilise des éléments du contexte gauche et/ou droit pour annoter des entités, il se peut qu'un chevauchement de contextes se produise pour deux entités très proches.

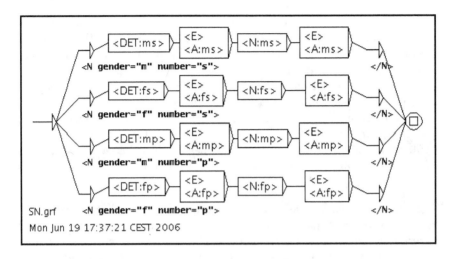

FIGURE 12. Multiplication du nombre de chemins nécessaires pour la spécification, sans unification, de contraintes sur les codes flexionnels

rédaction de ces grammaires a d'ailleurs souvent été présentée comme une activité incrémentale permettant de capitaliser les développements. Des initiatives ont même vu le jour pour partager les grammaires construites par les chercheurs (Constant [7]). En réalité, on constate que le partage et la capitalisation des ressources au sein d'un projet ou de la communauté se heurtent à une série de problèmes. Si leur résolution peut sembler à première vue triviale, en pratique ils empêchent ou freinent souvent la réutilisation. En outre, la création d'un nombre important de grammaires entraîne des difficultés pour leur maintenance et leur utilisation à long terme. Nous allons exposer les points les plus délicats et proposer des comportements qui nous semblent les plus à même de mener à la réalisation de composants réellement réutilisables et évolutifs.

4.1 Principe de modularité

Le premier aspect important est le caractère modulaire des grammaires. La création de gros graphes monolithiques ne permet pas de profiter du mécanisme de réutilisation et de factorisation des ressources. L'idée est de créer aussi souvent que possible des librairies. Il s'agit de sous-graphes reprenant un ensemble d'éléments cohérents sémantiquement et/ou en fonction de caractéristiques syntaxiques ou lexicales.

Il est toujours préférable de définir la librairie en la fractionnant le plus possible afin que la plus petite sous librairie soit totalement homogène. Il sera ensuite possible de définir, si nécessaire, des librairies plus larges faisant appel à ces ressources de base. Selon le contexte, on fera appel à une librairie plus générale ou à une ou plusieurs petites librairies. Par exemple, une liste de noms humains ($N+Hum$) peut être utilisée en apposition simple d'un nom de personne (X, *le retraité* ; *le ministre* Y) alors que seuls ceux qui présentent un caractère relationnel pourront être utilisés dans un contexte syntaxique faisant intervenir deux personnes (X *l'admirateur de* Y ; *le cousin de* X, Y). On retrouve ici implicitement la définition des classes d'objets de G. Gross [15].

Cette approche permet de limiter le bruit généré par l'utilisation de bibliothèques trop larges. La réutilisation d'éléments fréquents permet de ne pas réécrire plusieurs fois des grammaires semblables, ce qui représente un gain de temps et une diminution du risque d'erreurs d'encodage. De plus, la factorisation de la librairie permet de faire directement profiter l'ensemble des grammaires utilisatrices d'une mise à jour de celle-ci.

4.2   Le cas des transducteurs

Les grammaires utilisées à des fins d'annotation incluent à divers endroits des transitions auxquelles sont associées des sorties (ou *transductions*). Ces grammaires permettent par exemple de baliser des éléments particuliers tels que des entités nommées ou divers groupes nominaux plus ou moins étendus. La réutilisation de librairies contenant des transductions dans un contexte où les sorties ne sont pas souhaitées n'est pas possible, à moins de les ignorer purement et simplement. La méthode proposée face à cette situation est celle de l'emballage (*wrapping*), qui consiste à écrire la grammaire sans transduction et à l'emballer dans une grammaire incluant les sorties (cf. figure 13).

Si les transductions ne se situent ni au début ni à la fin du graphe, cette solution n'est pas applicable telle quelle. Par contre, il s'agit d'un indice indiquant que la librairie est peut-être mal ou pas assez découpée. Il faut alors essayer d'isoler les éléments à annoter dans une librairie indépendante. La ressource sans transduction ainsi produite pourra ensuite être emballée afin de lui ajouter les sorties nécessaires. De cette manière, il est toujours possible de faire appel à la version incluant ou non l'annotation. La maintenance de ces graphes ne pose pas de problème car une modification du graphe sans transduction profitera toujours à la version avec transductions.

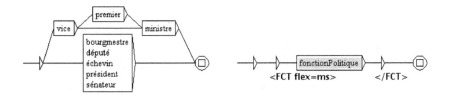

FIGURE 13. Emballage d'un graphe librairie (fonctionPolitique et fonction-
Politique_Tag)

4.3   La modularité en pratique

Les rédacteurs de grammaires ont souvent tendance à construire leurs ressources par itérations successives (méthode du « bootstrap » que nous avons
évoquée dans l'introduction), ce qui peut déboucher sur des graphes peu
structurés, difficilement modifiables et pour lesquels le risque de redondances
augmente rapidement. Ce travers est évitable en organisant le graphe de manière à ce que les éléments qui possèdent la même fonction soient rassemblés.
Ce groupe peut faire l'objet d'une boucle permettant l'apparition d'un ou
plusieurs de ces éléments. Par exemple, « le socialiste italien président du Sé-
nat » fait intervenir trois éléments – une tendance politique, une nationalité
et une activité professionnelle – qui peuvent être regroupées pour former une
ressource plus générale détaillant l'information biographique d'apposition.
De cette manière apparaissent naturellement les possibilités d'exportations
de portions de grammaires en modules réutilisables (cf. figure 14). C'est
le cas lorsque le même ensemble de motifs revient fréquemment dans une
ou plusieurs grammaires. La spécification complète et explicite de ces portions est alors remplacée par de simples appels de modules, représentés à
la figure 13 par les zones en gris. L'utilisation d'un module garantit que
toutes les grammaires utilisatrices bénéficient d'une librairie complète, la
re-description autorisant les oublis. Cela simplifie aussi l'aspect des grammaires de haut niveau qui sont alors en grande partie constituées d'appels
à des sous-graphes. La technique est cependant potentiellement génératrice
de bruit. Pour éviter les résultats non désirés, il faudra parfois conserver un
ensemble de motifs explicites réduit plutôt qu'un appel à un sous-graphe
complet et non modifiable[10]. La rédaction de la grammaire se résume donc
en la recherche d'équilibre entre généricité et particularité, ou entre rappel
et précision.

---

[10]Sous peine de le modifier partout où il est utilisé, ce qui n'est pas souhaitable.

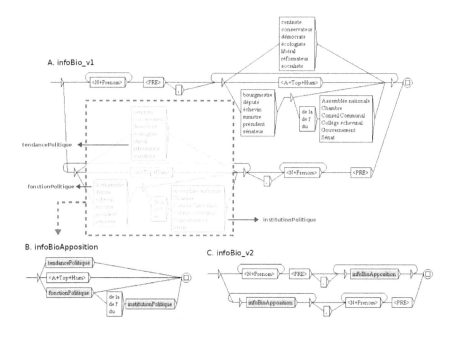

FIGURE 14. Passage d'un graphe peu factorisé (A : infoBio_v1) à un graphe factorisé (C : infoBio_v2) par exportation en modules d'éléments répétitifs (B : infoBioApposition)

4.4   Dico-dépendance

La création de grammaires faisant appel à des dictionnaires électroniques installe un lien de dépendance entre ces deux ressources, car il devient impossible de les diffuser séparément. Au-delà de cette contrainte, il faut anticiper la réutilisation dans un contexte différent de celui d'origine de ces dictionnaires spécialisés construits de manière *ad hoc*. Cela implique par exemple de choisir des codes sémantiques suffisamment spécifiques pour qu'ils ne soient pas ambigus avec les codes grammaticaux ou sémantiques utilisés habituellement dans d'autres dictionnaires. Si un code est commun entre le dictionnaire spécialisé et un autre dictionnaire utilisé conjointement, la grammaire prendra en compte les entrées des deux ressources lexicales et il est dès lors possible qu'il y ait interférence. Prenons l'exemple d'un dictionnaire de professions (*N+Profession*) dans lequel le caractère ambigu[11] du nom a

---

[11]Par exemple, *président* est à la fois un nom de profession et un verbe conjugué à la

été indiqué au moyen d'un code spécial (*Amb*). Par ailleurs, le dictionnaire général inclut également certains noms de métiers, sans marquage d'ambiguïté. Lorsqu'une grammaire prévue pour fonctionner avec le dictionnaire spécialisé recherche les noms de professions non ambigus (*N+Profession-Amb*), elle va générer du bruit en consultant le dictionnaire général dans lequel les entrées codées *N+Profession* répondent à cette contrainte.

4.5 Bonnes pratiques

Il est utile d'insister sur le fait que le développement de grammaires génère assez rapidement une grande quantité de fichiers. Il est dès lors indispensable d'adopter des conventions de dénomination et d'organisation des fichiers. Ces problèmes sont importants pour la bonne évolution du développement des grammaires, mais également pour leur réutilisation par d'autres équipes dans d'autres contextes. Sans ces conventions clairement définies, il devient difficile de gérer et d'échanger les grammaires. Quelques principes peuvent être adoptés pour permettre une organisation efficace des ressources :

- placer les grammaires dans des répertoires en les regroupant selon des critères adaptés à leurs fonctions ou à leur sémantique ;

- prévoir au moins un répertoire spécial qui reprend les librairies réutilisables par les autres grammaires. À cet égard, il serait intéressant que la communauté développe et mette à disposition une librairie standard de grammaires fréquemment utilisées. (ex. : problème des variantes *de+de la+d'*) ;

- utiliser des chemins relatifs plutôt que des références « en dur » pour l'appel à un sous- graphe ;

- utiliser des noms de fichiers évocateurs et standardisés, par exemple :

  - ne pas autoriser les espaces ni les caractères accentués,

  - écrire les mots sous leur forme lemmatisée (masculin singulier pour les noms et les adjectifs, infinitif pour les verbes, etc.),

  - un nom sera composé par la concaténation de mots en minuscules avec majuscule initiale, à l'exception du premier mot entièrement en minuscules (ex. : *partiPolitique*),

---

[3]ème personne du pluriel de l'indicatif présent, *adjoint* est à la fois nom de profession, adjectif et verbe.

- le soulignement bas est utilisé pour séparer les différentes parties (descriptive, fonction syntaxique, code grammatical ou sémantique, etc.) dans le nom de la grammaire (ex. : *religion_A* et *religion_N*),

- le tiret peut être utilisé, si nécessaire, pour créer une hiérarchie de plusieurs grammaires sans pour autant créer un nouveau répertoire (ex. : *delit-moeurs*, *delit-vol*, *delit-vol-objet*),

- pour raccourcir les noms de fichier, on accepte l'utilisation d'abréviations et on évite si possible les déterminants (sauf s'ils ont un rôle important dans le graphe),

- utiliser la langue cible pour nommer les fichiers. Ne pas mélanger plusieurs langues ;

- les graphes « principaux » doivent être facilement reconnaissables en ajoutant par exemple le suffixe *_principal*.

4.6   Des outils pour développer

Un ensemble d'outils peut aider au développement, à la maintenance et à la diffusion des grammaires. Un éditeur de graphes tel que celui intégré à Unitex (Paumier [26]) permet la rédaction des grammaires et leur application sur corpus. Il est aussi utile de se doter d'outils de recherche opérant dans les fichiers textes Unicode (*grep* et *sed* compatibles avec Unicode) : ils permettent de trouver et modifier facilement certaines parties de grammaires lorsqu'elles répondent à certains critères (apparition d'un code grammatical précis ou d'une certaine forme lexicale). Ces outils permettent donc de localiser facilement tous les endroits nécessitant une intervention lors d'une modification de la ressource (par exemple le remplacement d'un code ou d'une forme lexicale par un autre élément). Adopter une stratégie de sauvegarde et de gestion de versions (CVS) peut se révéler salutaire dans le cas de perte de données ou de mauvais choix de développement. Cela permet de retrouver un fichier égaré ou de restaurer une version précédente des ressources. Enfin, une plateforme telle que GraalWeb (Constant [7]) permet de diffuser et partager, en interne ou à destination de la communauté, les grammaires ayant atteint un niveau de maturité suffisant. À l'avenir, il serait intéressant d'étendre ces outils pour disposer d'un véritable environnement de développement[12] proposant une gestion de projet, un débogage, une structuration en librairies et des mécanismes de gestion de versions.

---

[12] Tels qu'existant pour la réalisation de programmes informatiques, Eclipse par exemple.

5   Conclusion

Dans la première partie de cet article (1 et 2), nous avons mis en évidence la diversité des usages de la grammaire locale en proposant un panorama de travaux emblématiques. Force est cependant de constater que le succès des grammaires locales comme « ressources linguistiques » est relativement limité alors qu'il a été étudié pendant plus de 10 ans par les équipes proches du LADL et qu'il existe depuis peu un système d'échange de grammaires. Il faut donc supposer qu'il y a des difficultés pratiques ou théoriques qui compliquent l'utilisation ou la réutilisation de ces ressources. Dans la deuxième partie de notre article (3 et 4), nous avons tenté de mettre en évidence un certain nombre de difficultés concrètes auxquelles sont confrontés les linguistes concepteurs de grammaires locales et nous avons essayé de proposer un certain nombre de « bonnes pratiques » tirées de nos expériences, qui devraient aider à la conception de grandes bibliothèques et au développement de grammaires échangeables. Car c'est là l'un des premiers critères d'évaluation d'une ressource linguistique : sa capacité à être utilisée, échangée et réutilisée dans de nouveaux cadres. Nous soumettons ces propositions en espérant qu'elles feront l'objet d'un débat et, qui sait, susciteront de nouvelles initiatives fédératrices pour le développement de ressources linguistiques sous forme de grammaires locales.

En ce qui concerne les applications, on peut s'attendre à voir, dans un futur proche, les grammaires locales être utilisées dans de nouveaux contextes. Selon Franz Guenthner qui l'a mentionné à plusieurs reprises lors de conférences sur le sujet, les grammaires locales seront certainement appelées à jouer un rôle dans les moteurs de recherche. On voit ici le chercheur faire le lien entre deux de ses passions, la recherche d'information et la description linguistique. Connaissant son formidable esprit d'entreprise, nous ne doutons pas qu'il puisera là une matière innovante prête à susciter de nouveaux projets industriels...

BIBLIOGRAPHIE

[1] Abney S . « Parsing by Chunks ». In R. Berwick, S. Abney and C. Tenny (eds.), Principle-Based Parsing. Kluwer Academic Publishers, Dordrecht.

[2] Ait-Mokhtar S et Chanod JP . « Incremental finite-state parsing ». In Proceedings of the fifth Conference on Applied Natural Language Processing ANLP'97.

[3] Appelt D,Hobbs J, Bear J, Israel D, Kamayama M, Tyson M . « The SRI MUC-5 JV-FASTUS Information Extraction System ». In Proceedings, Fifth Message Understanding Conference (MUC-5), Baltimore, Maryland, August 1993.

[4] Blanc O, Constant M, Laporte E. « Outilex, plate-forme logicielle de traitement de textes écrits ». In P. Mertens, C. Fairon, A. Dister, P. Watrin (éds). Verbum ex machina. Actes

de la 13e conférence sur le Traitement automatique des langues naturelles (TALN06). Presses universitaires de Louvain, Louvain-la-Neuve (Cahiers du Cental 2), pp. 83-92.

[5] Blanc O, Constant M, Watrin P . « Segmentation en super-chunks ». In Actes de la 14 Conférence en Traitement automatique des Langues naturelles (TALN & RECITAL).

[6] Constant M. Grammaires locales pour l'analyse automatique de textes : méthodes de construction et outils de gestion. Thèse de doctorat en informatique, Université de Marne-la-Vallée.

[7] Constant M. « Vers la construction d'une bibliothèque en-ligne de grammaires linguistiques ». In Actes du colloque L'analyse de données textuelles : de l'enquête aux corpus littéraires . Lexicometrica.

[8] Conenna M. « Principes d'analyse automatique des proverbes ». In C. Leclère, É. Laporte, M. Piot et M. Silberztein (eds.). Lexique, Syntaxe et Lexique-Grammaire / Syntax, Lexis & Lexicon-Grammar, Papers in honour of Maurice Gross, Amsterdam / Philadelphia, John Benjamins Publishing Co., pp. 91-103.

[9] Daille B . Approche mixte pour l'extraction automatique de terminologie : statistiques lexicales et filtres linguistiques. Thèse de doctorat en informatique, Université Paris 7.

[10] Dister A . « Développer des grammaires Locales de levées d'ambiguïtés pour INTEX ». In C. Fairon (ed.). Analyse lexicale et syntaxique : Le système INTEX, Lingvisticae Investigationes. Tome XXII (Volume spécial), Amsterdam/Philadelphia : John Benjamins Publishing Co., 450 p.

[11] Fairon C, Senellart J . « Classes d'expression bilingues gérées par des transducteurs finis (FST), dates et titres de personnalité (anglais-français) ». In Proceedings of Contrastive linguistics and translation studies. empirical approaches.Louvain-la-Neuve.

[12] Fairon C . Structures non-connexes. Grammaire des incises en français : description linguistique et outils informatiques. Thèse de doctorat en informatique, Université Paris 7.

[13] Federici S, Montemagni S, Pirelli V . « Shallow parsing and text chunking : A view on underspecification in syntax ». In Proceedings of the ESSLLI'96 Workshop on Robust Parsing.

[14] Friburger N, Maurel D. « Finite-state transducer cascades to extract named entities in texts ». In Theoretical Computer Science, vol. 313, pp. 94-104.

[15] Gross G. « Classes d'objets et description des verbes », Langages 115, Larousse.

[16] Gross M. « The Construction of Local Grammars ». In E.Roche et Y.Schabes (eds.), Finite-State Language Processing, Cambridge, Mass./London, The MIT Press, pp. 329-352.

[17] Gross M. « The Use of Finite Automata in the Lexical Representation of Natural Language ». In Electronic Dictionaries and Automata in Computational Linguistics, Lecture Notes in Computer Science 377, Berlin/New York : Springer, pp. 34-50.

[18] Gross M. « A Bootstrap Method for Constructing Local Grammars », Contemporary Mathematics. Proceedings of the Symposium. Belgrad, University of Belgrad.

[19] Gross M. « Lemmatization of compound tense in English ». In C. Fairon (ed.). Analyse lexicale et syntaxique : Le système INTEX, Lingvisticae Investigationes. Tome XXII (Volume spécial), Amsterdam/Philadelphia : John Benjamins Publishing Co., 450 p.

[20] Kevers L. «L'information biographique : modélisation, extraction et organisation en base de connaissances ». In P. Mertens, C. Fairon, A. Dister, P. Watrin (éds). Verbum ex machina. Actes de la 13e conférence sur le Traitement automatique des langues naturelles (TALN06). Presses universitaires de Louvain, Louvain-la-Neuve (Cahiers du Cental 2), pp. 680-689.

[21] Kevers L, Kindt B . « Traitement automatisé de l'ambiguïté lexicale en grec ancien. Première approche par application de grammaires locales », in Lingvisticae Investigationes, 28 (2005) : 235-254.

[22] Laporte E . « Levée d'ambiguïtés par grammaires locales ». In J. Labelle et Ch. Leclère (éds) Lexiques-grammaires comparés en français. Actes du Colloque international de Montréal (3-5 juin 1992, Lingvisticae Investigationes Supplementa 17, Amsterdam/Philadelphia : John Benjamins Publishing Co., pp. 97-114.

[23] Laporte E, Monceaux A . « Elimination of lexical ambiguities by grammars. The ELAG system », In Lingvisticae Investigationes XXII, Amsterdam/Philadelphia : John Benjamins Publishing Co., pp. 341-367.

[24] Maurel D. « Adverbes de date : étude préliminaire à leur traitement automatique ». In Lingvisticae In Lingvisticae Investigationes, Amsterdam/Philadelphia : John Benjamins Publishing, pp. 31-63.

[25] Nakamura T. « Analyse automatique d'un discours spécialisé au moyen de grammaires locales ». In G. Purnelle, C. Fairon, A. Dister, Le poids des mots, Actes des 7es Journées internationales d'Analyse statistique des Données Textuelles. Presses universitaires de Louvain, Louvain-la-Neuve.

[26] Paumier S. De la reconnaissance de formes linguistiques à l'analyse syntaxique. Thèse de doctorat en informatique, Université de Marne-la-Vallée.

[27] Roche E. « Une représentation par automate fini des textes et des propriétés transformationnelles des verbes ». Lingvisticae Investigationes XVII :1, Amsterdam/Philadelphia, John Benjamins Publishing Co., pp. 189-222.

[28] Senellart J. Outils de reconnaissance d'expressions linguistiques complexes dans de grands corpus. Thèse de doctorat en informatique, Université Paris 7.

[29] Silberztein M. Dictionnaires électroniques et analyses automatiques de textes : le système INTEX, Paris : Masson.

[30] Watrin P. Une approche hybride de l'extraction d'information : sous-langages et lexique-grammaire. Thèse de doctorat en linguistique, Université catholique de Louvain.

Network Modalities:
An exploration paper

HOWARD BARRINGER, DOV GABBAY, JOHN WOODS

1 Introduction

The aim of this paper is to bring together several kinds of formalisms widely used in artificial intelligence and computer science, which up to now have been evolved in virtual independence from one another. We have in mind, on the one hand, the communities that use a variety of network models and, on the other hand, the modal logic community. Networks have different uses. We have Bayesian networks, neural networks, inheritance networks, abstract argumentation networks, flow and transport networks, transition networks, Petri-nets and so on. We also have a variety of modal and temporal logics, whose natural semantics is a possible world semantics with accessibility relations. These are akin to networks: the worlds are the network nodes and the accessibility relations provide the network arrows. It is therefore a natural unifying step to introduce and discuss the concept of *network modalities*. This is what we shall do in this paper.

By way of comparison, we shall show that not everything with nodes and arrows falls under the remit of our formalism. The kind of models of interest to category theory are not compatible with our point of view.

We begin by explaining our basic idea using a simple example. In Figure 1 we see a simple network where a, b, c, d, e are the nodes together with some directed arrows between some of these nodes. The nodes can be viewed as events with the arrows indicating a causal relation or as possible worlds with the arrows indicating that a and b are accessible to c and c and e are accessible to d. They can also be viewed as neurons, where a and b fire into c, and c and e fire into d.

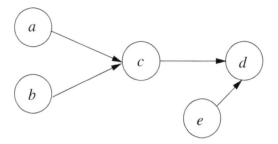

Figure 1. A Simple Network

Depending on what the network is supposed to be, we will have different annotations (labels) on the nodes and arrows. Usually for a node x we denote the value by $V(x)$. We also use the function $\mathbf{f}$ to propagate the values along the arrows. So in Figure 1 we propagate from a and b onto c, and onwards to d. The propagation can be done locally along each arrow or globally in parallel. In general we need a multi-variable propagation functional $\mathbf{f}$, taking as input values $x_1, \ldots, x_n$ (n arbitrary) and giving out a value $\mathbf{f}(x_1, \ldots, x_n)$. It is convenient to define $\mathbf{f}(\varnothing) = 1$ (i.e. $\mathbf{f} = 1$ for $n = 0$). In Figure 1 we need the use of $\mathbf{f}(V(a), V(b))$ to go to node c and $\mathbf{f}(V(c), V(e))$ to go to node d.

In looking more closely at Figure 1, we are able to give several interpretations for the network it schematizes.

EXAMPLE 1 (Bernoulli Transmission). The first interpretation is that a, b, c, d, e are nodes x bearing initial values $V^0(x)$ in $[0, 1]$ and the arrows indicate how the values are transmitted in the network. Let us adopt the Bernoulli way of transmission whereby the new value $V^1(y)$ of a node y is determined as $V^1(y) = V^0(y) \prod_x (1 - V^0(x))$, where x ranges over all nodes x with arrows leading into the node y. Note that if there are no nodes leading into y we take $\prod = 1$.

Thus we have in this case $\mathbf{f}(x_1, \ldots, x_n) = \prod_i (1 - x_i)$ and the new y' is $y' = y \, \mathbf{f}(x_1, \ldots, x_n)$, where x_i range over all values of nodes with arrows leading into a target node with value y.

Thus, if we denote in Figure 1 the value of node x by x (i.e. $V^0(x) = x$) then we have

- $V^1(a) = a$

- $V^1(b) = b$

- $V^1(e) = e$

- $V^1(c) = c(1 - a)(1 - b)$

- $V^1(d) = d(1 - e)(1 - c)$.

We can generally define V^{n+1} in terms of V^n as follows:

- $V^{n+1}(a) = V^n(a)$

- $V^{n+1}(b) = V^n(b)$

- $V^{n+1}(e) = V^n(e)$

- $V^{n+1}(c) = V^n(c)(1 - V^n(a))(1 - V^n(b))$

- $V^{n+1}(d) = V^n(d)(1 - V^n(c))(1 - V^n(e))$

In general we have

- $V^{n+1}(y) = V^n(y)\mathbf{f}(V^n(x_1), \ldots, V^n(x_n))$, where x_i are all the nodes with an arrow leading into y.

EXAMPLE 2 (Temporal Network). The second interpretation of the network is temporal. We read the arrow from node x to y as saying that y is a possible *immediate* future node of x, i.e. accessibility is an earlier–later relation indicated by the arrows.

The propagation function $\mathbf{g}(x_1, \ldots, x_n)$ is different in this case. If $x_1, \ldots, x_n$ are the values of all nodes leading into a target node with value y then we let $\mathbf{g}(x_1, \ldots, x_n) = \prod_i x_i$ and then the new value y' at the target node is $y' = y\, \mathbf{g}(x_1, \ldots, x_n)$.

Let $U^0(x) = x$, for the nodes x of Figure 1, then we have in the temporal case

- $U^1(a) = a$

- $U^1(b) = b$

- $U^1(e) = e$

- $U^1(c) = cab$

- $U^1(d) = dec$

We can generally get

- $U^{n+1}(a) = U^n(a)$

- $U^{n+1}(b) = U^n(b)$

- $U^{n+1}(e) = U^n(e)$

- $U^{n+1}(c) = U^n(c)U^n(a)U^n(b)$

- $U^{n+1}(d) = U^n(d)U^n(c)U^n(e).$

To compare the two approaches, let us assume the values $V^0(x)$ are in $\{0, 1\}$, i.e. $a, b, c, d, e, \in \{0, 1\}$. Let q be an atomic formula and let q get the value x at node x, for $x = a, b, c, d, e$, i.e.

(1) $\qquad\qquad\qquad\qquad x \vDash q$ iff $x = 1.$

Let HA mean A holds in all immediate past points and let GA mean A holds in all immediate future points. Let us evaluate $c \vDash Hq$ and $c \vDash H\neg q$. The first holds if $a = b = 1$ and the second holds iff $a = b = 0$. It is easy to see that

$$c \vDash q \wedge Hq \text{ iff } U^1(c) = 1$$
$$c \vDash q \wedge H\neg q \text{ iff } V^1(c) = 1.$$

It is therefore sensible to define a network modality $\Box q$ for the V case by

- $\mathrm{Val}(x, q) = x = V^0(x)$

- $\mathrm{Val}(x, \Box^n q) = V^n(x).$

Note the meaning of $x \vDash \Box^n q$. It means "propagate the values at the network from 'distance' n in the past of node x and find the present value at the node x". In the U case the modality is a reflexive modality $q \wedge Hq$ and in the V case it is $q \wedge H\neg q$. Since our view of the modality in this example is temporal, let us look at the dual of □. Call this connective ←□. What properties do we expect of it? The connective □ is viewed as 'propagating' values of $V(x)$ from nodes x in the direction of the arrows. ←□ should therefore be read as propagating values backwards, against the direction of the arrow. Since our arrows reflect the flow of time from past to future, then ←□ is propagating values from the future into the past. Since the future is open and unknown, ←□ has an abductive aspect. ←□ is going to be different from the traditional future operator G.

Let us now look at the meaning of the dual $x \vDash \leftarrow□ q$. This should mean propagate the value q backwards from all y such that $x \rightarrow y$ is in the network onto the node x. If we take $x = c$ in Figure 1 then what we need is to propagate the value from d onto c. Not all networks allow for backward propagation. It is an applicable concept for Bayesian nets for example, but not for neural nets. In general this is a question of *abduction* in the network. Thus evaluating Val$(x, \leftarrow□ q)$ is a form of abduction.

Let us see what this means for the temporal interpretation. Ordinary temporal logic allows for the immediate future operator G and we evaluate $c \vDash Gq$ iff for all immediate future nodes $y, y \vDash q$ and this holds iff $d = 1$ (in Figure 1). This is *not* the meaning of Val$(c, \leftarrow□ q)$. This value wants to know "what value we abduce at c, such as when propagated forward, it will give us value d at d". So let us check.

The value $V^1(d)$ is $d' = d(1 - c)(1 - e)$. We want $d' = d$.

So if $d = 0$ then any value c will do.

If $d = 1$ and $e = 1$ then no value of c will make any difference, we will have $d' \neq d$.

If $d = 1$ and $e = 0$ then the value of c is required to be 0.

Thus ←□ q holds at c iff

$$(d = 0 \lor (d = 1 \land e = 0 \land c = 0)) \land \neg(d = 1 \land e = 1).$$

We can try and write this condition using the traditional temporal modalities G, H for the case of Figure 1.

$c \vDash \leftarrow□ q$ iff $c \vDash [G \neg q \lor G(q \land H \neg q)] \land [q \rightarrow \neg G(q \land Hq)] \land (\neg q \rightarrow G(q \rightarrow H \neg q))$

This comparison suggests a new way of looking at future temporal logic. Consider ←□ instead of G. ←□ q is an abductive request. It abduces what value we need now to ensure that q holds in all possible futures.

We note in passing that $\leftarrow\square$ may not be used to solve Aristotle's famous puzzle of tomorrow's sea-battle. The reason for this is that Aristotle's problem bears no intrinsic tie to temporal modalities or to considerations of tense. It is easy to see that Aristotle's problematic reasoning about tomorrow's sea fight is reproducible in tenseless, temporally unspecified contexts. Consider the tenseless sentence "It is true that a sea fight is going on". If this is so, then it must be the case that a sea fight is going on. But if this is true it is a matter of necessity that the fight occurs. Therefore, it cannot have occurred by the free decision of the admiralty. The problem is not one of temporality or tense. The problem is a scope error, the confusion of $\alpha \rightarrow \square\beta$ with $\square(\alpha \rightarrow \beta)$.

Perhaps we could be a bit clearer about our approach to the future. Consider Figure 1 again and assume it describes a temporal flow of time with node c as the present. d is in the future of c and e is in the past of d but is not related to c. Thus the past is branching and future worlds may have new ideas about the past. This kind of flow corresponds to the basic temporal logic known as $\mathbf{K}_t$. When we evaluate Gq at c, we check whether $d \vDash q$ or not. There is symmetry here between the future operator G and the past operator H. We have

- $x \vDash Gq$ iff $\forall y(x < y \rightarrow y \vDash q)$

- $x \vDash Hq$ iff $\forall y(y < x \rightarrow y \vDash q)$.

where $<$ is the irreflexive earlier later than relation (usually transitive).

The view of time this model assumes is that we are outside time and history has already happened. It is like God talking all-knowingly about time. However, from the point of view of a person living at a world, say $x = c$, the future has not yet happened, so what meaning do we give to a statement saying $d \vDash q$? Our reading of this is assuming q must hold at d when can we abduce about what needs to hold now (at c)? This is exactly backward propagation.

EXAMPLE 3 (Bayesian Nets). Bayesian nets, which are considered more closely in the next section, have a different flavour altogether. Since Figure 1 is an acyclic graph, it can serve as a base for a Bayesian net. If we look at $\{0, 1\}$ probabilities and read the arrows as causal connections, then we need initial probability distributions $P(a), P(b)$ and $P(e)$ and conditional distributions $P(c \mid a, b)$ and $P(d \mid c, e)$. From this a general joint probability distribution $P(a, b, c, d, e)$ can be calculated.

In a Bayesian network there is no strong notion of 'transmission'. The probabilities are fixed and are evaluated (with due caution and understanding) from the application areas. Target nodes which are not end nodes (c and d in Figure 1) do not get their own probabilities but only what can be calculated from the nodes leading into them. Even the simple dynamic point of view of making the probabilities of the end nodes dependent on a parameter e.g. time (for example, we write $P_t(a), P_t(b)$ and $P_t(e)$ in Figure 1) is not central to their considerations.

EXAMPLE 4 (Categories). The perceptive reader might ask whether, according to us, anything with nodes and arrows can be the subject of investigation of network modalities. This question implicitly implies that maybe our concept is too general to be of any use. The answer is that this is not the case. For example, the usual concepts of categories does not fall within our range of interest. Category theory relies on the observation that many properties of mathematical systems can be unified and simplified by a presentation with diagrams and arrows. The nodes represent mathematical objects (topological spaces, groups, sets, etc.) and the arrows represent mappings. Transitivity and commutativity of diagrams is therefore a basic feature in category theory and the fundamental point of view is to look at the totality of the class of objects and the arrows between them and study its properties. This approach is diametrically opposed to the basic meaning of the modality □ which seeks to bring information from neighbouring nodes only. In fact, the very idea of transmission of items from one node to another is foreign to category theory. To quote S. Maclane in [4]:

> Since a category consists of arrows, our subject could also be described as learning how to live without elements, using arrows instead.

It is necessary at this point to take note of a possible confusion. In the literatures of computer science and philosophy of science, there is an ingrained habit of regarding any kind of backwards propagation or regressive reasoning as abductive. So conceived of, transcendental reasoning would be abductive. An example of transcendental reasoning is the inference of α from the input that β exists and that β would be impossible without α. This contrasts with a notion of abduction advanced by Gabbay and Woods [9], the so-called G-W model. On the GW-model, abduction is not only backwards propagating but is also ignorance-preserving. Abduction is seen as a response to an ignorance-problem. Problems of this sort prompt one or other of two standard responses. One is to overcome one's ignorance by getting some new knowledge, and using that knowledge as the basis for future action. The other is to acquiesce in one's ignorance, and to allow this state of affairs to inhibit new action. G-W abduction is a third response. It splits the difference between the prior two. Like the second, it does not overcome the ignorance that triggered the problem in the first place; but like the first, it serves as the basis for new action, albeit defeasibly. In our employment of it here, we use the more traditional notion of abduction, rather than GW-abduction.

2 Bayesian Network Modalities

In this section we will give some examples of Bayesian network modalities.

If we assume that Figure 1 displays a Bayesian net, then a, b, c, d and e are variables which can take values in $\{0, 1\}$ (we assume two state variables). We associate with a, b and e probability distributions $P(a)$ and $P(b)$, and $P(e)$ with values $P(a = 1), P(a = 0), P(b = 1), P(b = 0)$, $P(e = 1)$ and $P(e = 0)$ and conditional probability for c, depending on a and b, $P(c \mid a, b)$, and similarly $P(d \mid c, e)$. We therefore have the set of numbers, for $i = 0$ and $i = 1$

$$P(c = i \mid a = 1, b = 1)$$
$$P(c = i \mid a = 1, b = 0)$$
$$P(c = i \mid a = 0, b = 1)$$
$$P(c = i \mid a = 0, b = 0)$$

Therefore we have

(*1) $$P(c = i) = \sum_{x,y=0,1} P(c = i \mid a = x, b = y)P(a = x)P(b = y)$$

Equation (*1) gives us $P(c)$, and of course we have $P(a, b, c) = P(c \mid a, b)P(a)P(b)$. We similarly have numbers for $P(d = i \mid c = 1, e = 1), P(d = i \mid c = 1, e = 0), \ldots$ and we have

(*2) $$P(d = i) = \sum_{x,y=0,1} P(d = i \mid c = x, e = y)$$

Equation (*2) gives $P(d)$, and of course we have $P(a, b, c, d, e) = P(d \mid c, e)P(c)P(e)$.

The above gives us a traditional two state Bayesian net based on Figure 1. Our notion of a network, however, requires values $V^0(x)$ for $x = a, b, c, d, e$ and so we can let $V^0(x) = P(x)$, for $x = a, b, e$ but we must also add probabilities $V^0(c)$ and $V^0(d)$. These may be different from the calculated Bayesian probabilities $P(c)$ and $P(d)$. So our Bayesian modal network based on Figure 1 is the system with V^0 just defined.

Conversely, every Bayesian modal network based on an acyclic graph with assignment V^0 and with given conditional probabilities can be viewed as a traditional Bayesian network provided we consider only V^0 applied to endpoints (points with no arrows leading into them) and compute the probabilities for the rest of the network.

Let us now compute $V^1(c)$ in Figure 1. We need to transmit the values $P(a)$ and $P(b)$ to node c and let it interact with $V^0(c)$. We know the result of the transmission is $P(c)$. Let $V^1(c)$ be $P(c) \oplus V^0(c)$, being some combination of probabilities yet to be defined. We need to define a new pair of numbers $(z, 1 - z)$ out of $(P(c = 1), P(c = 0))$ and $(V^0(c = 1), V^0(c = 0))$. Let $\oplus$ be, for example, the Dempster–Shafer combination (*3) below.[1]

$$(*3) \qquad (u, 1 - u) \oplus (v, 1 - v) = \left(\frac{uv}{uv + (1 - u)(1 - v)}, \frac{(1 - u)(1 - v)}{uv + (1 - u)(1 - v)} \right)$$

We can therefore let

$$(*4) \qquad P(c) \oplus V^0(c) = (P(c = 1), P(c = 0)) \oplus (V^0(c = 1), V^0(c = 0))$$

The above is a proper two state Bayesian modal network.

---

[1]The formula for the Dempster–Shafer combination is

$$(\sharp 1) \qquad (a, b) \oplus (c, d) = \left(1 - \frac{(1 - a)(1 - c)}{1 - (ad + bc)}, 1 - \frac{(1 - b)(1 - d)}{1 - (ad + bc)} \right)$$

We require $a + b \leq 1$ and $c + d \leq 1$. When $a + b = 1$ and $c + d = 1$, formula ($\sharp 1$) reduces to (*3).

There is another way of looking at (*3):

Let $x_1, \ldots, x_n$ be n Boolean variables, assuming values in $\{0, 1\}$. Let P_1, P_2 be two probability distributions over the space of elements $(x_1 = 0, 1, \ldots, x_n = 0, 1)$. Then we can have a new composite probability $P = P_1 \otimes P_2$ by letting for $e = (e_1, \ldots, e_n) \in \{0, 1\}^n$.

$$(\sharp 2) \qquad P(x_1 = e_1, \ldots, x_n = e_n) = \frac{P_1(x_i = e_i) \cdot P_2(x_i = e_i)}{\sum_{e \in \{0,1\}^n} P_1(x_i = e_i) P_2(x_i = e_i)}$$

In the case of a single variable x which can receive values $P_1(x = 0) = u, P_1(x = 1) = 1 - u, P_2(x = 0) = v, P_2(x = 1) = 1 - v$ we get

$$(\sharp 3) \qquad \begin{aligned} P(x = 0) &= \frac{uv}{uv + (1-u)(1-v)} \\ P(x = 1) &= \frac{(1-u)(1-v)}{uv + (1-u)(1-v)} \end{aligned}$$

which is the same as (*3).

Let us now introduce a modality $\square$ into the system, as well as a stock of atomic propositional variables $\{q_1, q_2, \ldots\}$. We regard the nodes of the network as worlds, and we say that propositional variables get values in these worlds. We have to say that for each atomic q and for each node $x(x = a, b, c)$ we have an assignment $h(x, q) = q_x$ which is a probability distribution (i.e. q_x^1 for $x = 1$ and q_x^0 for $x = 0$ and $q_x^1 + q_x^0 = 1$). This assignment can now be extended to more complex formulas (built up from the atoms q_i and the connectives $\square$ and perhaps $\neg$ and $\wedge$) in the traditional way. For any Boolean combination A of $q_1, \ldots, q_n$, we can calculate $h(x, A)$ from $h(x, q_i)$.

Let us see how to calculate $h(x, \square q)$? For this, let us look at the network and calculate $h(c, \square q)$. We can compute the probability of c by using $P(c \mid a, b)$ from $h(a, q)$ and $h(b, q)$.

The value we get is $P_{\square q}(c) = \sum\limits_{a,b=0,1} P(c \mid a, b) \cdot h(a, q) \cdot h(b, q)$.

This value is not necessarily equal to $h(c, q)$. The way we view the situation is that $h(c, q)$ is the value assigned for q at c and $P_{\square q}(c)$ is the calculated value at c. We let $P_q(c) \oplus h(c, q)$ be the value of $\square q$ at c, i.e. $h(c, \square q)$. The idea here is that $h(c, \square q)$ is calculated through the net from the immediate descendants of c.

The remaining question is now what do we take as value of $h(a, \square q)$ and $h(b, \square q)$ and $h(e, \square q)$?

We let it be the network $P(a)$ and $P(b)$ and $P(e)$ respectively.

It is clear that if we want to turn a Bayesian net into a logic, we need not assume that the net is an acyclic graph. For example we can have the situation in Figure 2.

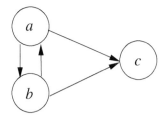

Figure 2. A Cyclic Network

We need $P(c \mid a, b), P(a \mid b)$ and $P(b \mid a)$ to be given as part of the network. We start with assignments $h(a, q), h(b, q)$ and $h(c, q)$ and compute the following values:

- $h(a, \Box q) = (h(b, q)P(a \mid b) \upharpoonright a) \oplus h(a, q)$

- $h(b, \Box q) = (h(a, q)P(b \mid a) \upharpoonright b) \oplus h(b, q)$

- $h(c, \Box q) = (P(c \mid a, b)h(a, q)h(b, q) \upharpoonright c) \oplus h(c, q)$

where $P(x_1, \ldots, x_n, y) \upharpoonright y$ denotes the probability distribution P restricted to y, i.e. it is $\sum\limits_{x_1,\ldots,x_n=0,1} P(x_1, \ldots, x_n, y)$.

We can now compute by induction the values $\lambda x h(x, \Box^n q)$:

- $h(a, \Box^{n+1} q) = (P(a \mid b)h(b, \Box^n q) \upharpoonright a) \oplus h(a, \Box^n q)$

- $h(b, \Box^{n+1} q) = (P(b \mid a)h(b, \Box^n q) \upharpoonright b) \oplus h(b, \Box^n q)$

- $h(c, \Box^{n+1} q) = (P(c \mid a, b)h(a, \Box^n q)h(b, \Box^n q) \upharpoonright c) \oplus h(c, \Box^n q)$.

REMARK 5. We feel we must stop here to reassure our Bayesian network researcher who probably has had his tolerance stretched to its limits. He probably feels by now that our Bayesian network modality is probably a useless generalization and might even distort the good work being done by traditional Bayesian networks in [6, 7]. The last straw is probably the network of Figure 2 where the acyclic condition is discarded!

Can we say anything to reassure our reader? Consider the cyclic figure 3 below:

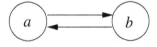

Figure 3.

Imagine we are dealing with two school teachers, a and b, teaching at different schools. Such schools often have headlice epidemics. If a catches headlice she will pass it on to b. Similarly b can pass on the headlice to a. Of course, a and b get cleaned up at their respective schools, but the timings may be such that they keep infecting one another. Thus we do need in this model the probabilities $P(a), P(b), P(a \mid b)$ and $P(b \mid a)$. The network modality □ reflects one cycle of this repeated infection. The reader will notice that Figure 3 does not really represent a cyclic Bayesian net but rather the two traditional nets, to be used alternatively as events unfold. Perhaps this is enough to reassure Bayesians.

3   Fuzzy Network Modalities

Ordinary modal logic, say modal logic **K**, is complete for Kripke semantics of the form (S, R, h), where S is the set of possible worlds and $R \subseteq S^2$ is the accessibility relation. h is the assignment, giving value 0, 1 to atoms in each world. Write h as a function: $h(t, q) \in \{0, 1\}, t \in S, q$ atomic. We can regard S as the nodes of a network where we have an arrow from t to s just in case sRt holds. Consider now a fixed atomic q and the situation in Figure 4. In this network, s is a possible world and $t_1, \ldots, t_n, \ldots$ are all the worlds

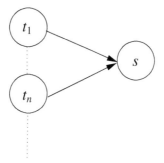

Figure 4. Accessible Worlds

accessible to it, i.e.

$$\{t_1, t_2, \ldots\} = S_s = \{t \mid sRt\}.$$

We know that

$$s \vDash \Box q \text{ iff for all } t \in S_s, t \vDash q \text{ iff } \min_i h(t_i, q) = 1.$$

Let $x_i = h(t_i, q)$, $h = h(s, q)$ and let $\mathbf{f}(y, \bar{x}_i) = \min_i (x_i)$. Then $(S, \mathbf{f})$ forms a network as discussed.

We retrieve the modal logic modality as a network modality as follows:

- For every t, q, let

  - $V(t, q) = h(t, q)$.

- Proceed by induction to define $V(t, A)$ for any wff A and any t.

  - $V(t, A \wedge B) = \min\{V(t, A), V(t, B)\}$
  - $V(t, \neg A) = 1 - V(t, A)$
  - $V(t, A \vee B) = \max\{V(t, A), V(t, B)\}$
  - $V(t, A \Rightarrow B) = \min(1, 1 - V(t, A) + V(t, B))$
  - $V(t, \Box A) = \mathbf{f}(V(t, A), \bar{V}_n(t_i, A))$, where $\bar{V}_n(t_i, A)$ abbreviates $(V_n(t_1, A), \ldots)$

  where $t_1, t_2, \ldots$ are all the nodes in S_t, i.e. all nodes with arrows leading into t.

The beauty of the above definition is that we can change the function h into an assignment into $[0, 1]$ and give a fuzzy value $\rho(a, b) \in [0, 1]$ for every a, b such that $(a, b) \in R$, turning the logic into fuzzy modal logic. We can now change the definition of $\mathbf{f}, h$ in the network accordingly and get fuzzy modal logic. Let from the network:

- $\mathbf{f}(y, \overline{(x_i, \varepsilon_i)}) = \inf_i\{\varepsilon_i \Rightarrow x_i\} = \inf_i\{\min(1, 1 - \varepsilon_i + x_i)\}$.

We define

- $V(t, \Box A) = \mathbf{f}(V(t, A), \overline{(\rho(t, t_i), V(t_i, A))})$, for t_i such that $(t, t_i) \in R$.

EXAMPLE 6 (General abstract argumentation network). In this example the network has the form $\mathbf{m} = (\mathcal{A}, \text{Attack}, V)$, where $\mathcal{A}$ is a set of arguments, Attack $\subseteq \mathcal{A}^2$, is the relation of what argument attacks what (we indicate the fact that $(a, b) \in$ Attack by $a \to b$) and V is an evaluation function into $[0, 1]$ with domain $\mathcal{A} \cup$ Attack. V gives the strength of an argument and the transmission rate of the attack.

A typical situation is depicted in Figure 5.

We have $\mathcal{A} = \{a, b, c\}$, Attack $= \{(a, c), (b, c)\}$ and $V(a) = x, V(b) = y, V(c) = z, V((a, c)) = \varepsilon$ and $V((b, c)) = \eta$.

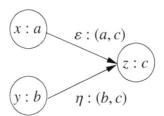

Figure 5. An Argumentation Network

In our papers [2, 3], we proposed several options for calculating the value of attacks, among them is one where the new value is $V'(c)$, taking into account the attack from (a) and (b):

$$
\begin{aligned}
V'(c) \quad &= V(c)(1 - V(a)V((a,c)))(1 - V(b)V((b,c))) \\
&= z(1 - \varepsilon x)(1 - \eta y).
\end{aligned}
$$

The idea behind these values is that when $(u : d)$ attacks $(v : e)$ with transmission δ, as in Figure 6, then the value transmitted is δu and it reduces the original value v of e in proportion, so the new value is $v(1 - \delta u)$. If there are several attacks on e then they are all done in parallel. Thus if $(u_i : d_i)$ attack $(v : e)$ with strengths δ_i, respectively, the new value of e is $v \prod_i (1 - \delta_i u_i)$.

Let $\mathbf{f}(v, \overline{(u_i, \delta_i)}) = v \prod_i (1 - \delta_i u_i)$.

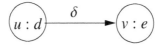

Figure 6. A Transmission Factor

Clearly now if we are given a general network $(\mathcal{A},\ \text{Attack}, V)$, we can define a modality for a language with □ using $\mathbf{f}$. See Example 12 below.

Here, too, it is advisable to forestall a possible confusion. According to the argumentation network approach every argument is open to attack. This is not to say that every argument that attacks an argument is successful. Openness to attack is a dialectical fact, not a normative one. The attack modeled in Figure 6 does have normative force, however. This is measured by the degree to which an attacking argument reduces the value of the attacked argument. However, the diminished normative force of a successfully

attacked argument is only relative to the presumed normative force of the
attacking argument.

4   Abstract Network Modality

We now introduce network modalities in an abstract setting.

DEFINITION 7.

1. Let S be a set of states. Let S^* be defined as follows:

   - $x \in S^*$ if $x \in S$
   - If $x, y \in S^*$ so is (x, y).

2. A network N (based on S) is a subset $T \subseteq S^*$ such that the following
   holds:

   - $(x, y) \in T$ implies $x \in T$ and $y \in T$

3. A valuation V on a network T is a function from T into a space Ω of
   values. (Ω can be the set $\mathbb{R}$ of real numbers.)

4. A functional $\mathbf{f}$ is a a function from pairs of the form $(x, \{(u, v)\}), x, u, v \in$
   Ω into Ω, i.e. $\mathbf{f} : \Omega \times 2^{\Omega \times \Omega} \mapsto \Omega$.

5. An abstract valuation network is a system $(T, \Omega, V, \mathbf{f})$.

EXAMPLE 8. Figure 7 is a network with values in some Ω.

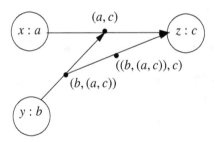

Figure 7. Abstract Network

The network has the nodes a, b, c. The node (a, c) is the connection between
a and c (think of it as $a \rightarrow c$) and $(b, (a, c))$ (or $b \rightarrow (a \rightarrow c)$) is a connection

from b to c. We displayed the values from Ω for a, b, c but not for the other nodes.

DEFINITION 9.

1. Let $(T, \Omega, V, \mathbf{f})$ be an abstract valuation network. Define $V^n(t), t \in T, n \geq 0$ as follows:

   (a) $V^0(t) = V(t)$

   (b) $V^{n+1}(t) = \mathbf{f}(V^n(t), \{(V^n((s, t)), V^n(s)) \mid (s, t) \in T\})$

DEFINITION 10. Let $\mathbb{L}$ be a propositional logic with connectives $\sharp_1, \ldots, \sharp_k$ of $m_1, \ldots, m_k$ places respectively. Let $\mathbf{e}_1, \ldots, \mathbf{e}_n$ be function on Ω with $m_1, \ldots, m_k$ places, respectively. For each wff A of $\mathbb{L}$ define a valuation V_A as follows:

1. $V_q(t) = $ arbitrary function $h(t, q)$ for q atomic.

2. $V_{\sharp_i(A_1, \ldots, A_{m_i})}(t) = \mathbf{e}_i(V_{A_1}(t), \ldots, V_{A_{m_i}}(t))$

DEFINITION 11. A network modal model for a logical algebra $\mathcal{A}$ with values in Ω has the form $(T, \Omega, h, \mathcal{A}, \mathbf{e})$. We define $V_a^n(t), a \in \mathcal{A}, t \in T, n \geq 0$ as follows:

1. $V_q^n(t)$ is defined as in Definition 9 for $V = V_q = \lambda th(t, q)$.

2. $V_{\sharp(A_1, \ldots, A_k)}^0(t) = \mathbf{e}_\sharp(V_{A_1(t)}^0, \ldots, V_{A_k}^0(t)))$

3. $V_{\square A}^n(t) = V_A^{n+1}(t)$.

EXAMPLE 12 (Argumentation networks (continued)). We continue Example 6 here. Recall that these networks have the form $(\mathcal{A}, \text{Attack})$ with $\mathcal{A}$ a set of atomic arguments and $\text{Attack} \subseteq \mathcal{A}^2$, a binary relation telling us which arguments attacks which argument.

Let $\Omega = \{0, 1\}$ and let the initial value V of all arguments and all attacks be 1.

Define $\mathbf{f}$ as follows

$$f(y, (x_i, \varepsilon_i)) = y \cdot \prod_i (1 - x_i \varepsilon_i)$$

$$= \begin{cases} 1 \text{ if } y = 1 \text{ and } x_i \varepsilon_i = 0 \text{ for all } i \\ 0 \text{ otherwise.} \end{cases}$$

The above definition does not allow attacks on arrows as we have in Figure 7 of Example 8, e.g. we cannot have connections of the form $a \to (b \to c)$.

If we adopt $\mathbf{f}$ and Ω for a general network as in Definition 11, then we can have argumentation networks like Figure 7. What would be the meaning of the modality? The modality tells us how far in the network we go to establish whether an argument is defeated or not. Consider Figure 7 and the node c.

Step 0 — no modality
Value at c is 1.

Step 1 — $\square^1$
c is attacked by $(b, (a, c))$ and by a. The connection (a, c) is attacked by b and is therefore made invalid. However, the value of c is 0, since the value of $(b, (a, c))$ is still 1.

Step 2 — $\square^2$
>From now on, the values don't change. See [2, 3].

5   Argumentation Fuzzy Logic Łℋ

We observe from previous sections the following features for network modalities.

1. We are dealing with networks that have nodes and relations between nodes that are used to propagate some values. These values require some numerical algebraic calculations.

2. We need a logic to talk about the properties of such networks.

3. The propagation aspect can be viewed as a modality.

4. Fuzzy modal logic is a logic with both numerical capability and modality.

In view of (1)–(4) above, it is reasonable for us to seek a good fuzzy modal logic with a clear proof theory/axiom system, capable of expressing the network examples of Section 1.

Let us approach this task in stages.

We begin by looking at traditional Łukasiewicz modal logic. The language has $\Rightarrow, \neg$ and $\square$. Values are in $[0, 1]$ and the tables for $\neg, \wedge$ and $\Rightarrow$ (at a world t).

(1*) $V_t(A \Rightarrow B) = \min(1, 1 - V_t(A) + V_t(B))$

(2*) $V_t(\neg A) = 1 - V_t(A)$

(3*) $V_t(A \wedge B) = \min(V_t(A), V_t(B))$

The modality is given values through the translation into classical logic. We have generally

(4*) $t \vDash \square A$ iff $\forall s(tRs \rightarrow s \vDash A)$.

Reading "$t \vDash B$" as "$V_t(b)$" and reading "$\rightarrow$" as "$\Rightarrow$" and "$\forall$" as "$\wedge$" we let

(5*) $V_t(\square A) = \bigwedge_{\{s|tRs\}} (V(t, s) \Rightarrow V_t(A))$

where $V(t, s)$ is the fuzzy value of tRs holding.

If we look at our argumentation example, we need the following connective $*$ for multiplication:

(6*) $V_t(A * B) = V_t(A)V_t(B)$

To accommodate the way values are propagated in argumentation networks we need the following:

(7*) $V_t(\square A) = V_t(A) \prod_{\{s|tRs\}} (1 - V_s(A)V(t, s))$

This corresponds to a possible world modality of the form

$t \vDash \square A$ iff $\forall s \neg (tRs \wedge s \vDash A)$

If we read "$\wedge$" as $*$ "$\neg$" as $\neg$ we get

(8*) $V_t(\square A) = \prod\limits_{\{s|tRs\}} (1 - V_s(A)V(t,s))$ and we let $\square A$ be

(9*) $\square A = \text{def} A \wedge \square A$.

Note that if R is reflexive we get the additional factor $(1 - V_t(A)V(t,t))$.

So we see from the above discussion that we need a fuzzy logic with at least $\neg, \wedge$ and $*$.

Such a logic exists, we quote from [1].[2]

DEFINITION 13. The propositional fuzzy logic Łℐ has the connectives $\perp$ for falsity, Łukasiewicz $\Rightarrow$ and product $\rightarrow_\pi$ and product $*$ with the following tables

1. $V(\perp) = 0$

2. $V(A \Rightarrow B) = \min(1 - V(A) + V(B))$

3. $V(A \rightarrow_\pi B) = \begin{cases} 1 \text{ if } V(A) \leq V(B) \\ V(B)/V(A) \text{ if } V(A) \geq V(B) \end{cases}$

4. $V(A * B) = V(A)V(B)$

Using the above the following connectives are definable, we write the function which are their tables.

5. $\neg_Ł x = 1 - x$

6. $\neg_\pi x = \begin{cases} 1 \text{ if } x = 0 \\ 0 \text{ if } x > 0 \end{cases}$

7. $\delta(a) = \begin{cases} 1 \text{ if } x = 1 \\ 0 \text{ if } x < 1 \end{cases}$

8. $x \otimes y = \max(0, x + y - 1)$

9. $x \oplus y = \min(1, x + y)$

10. $x \ominus y = \max(0, x - y)$

11. $x \wedge y = \min(x, y)$

---

[2]In a system with $\neg, \wedge, *$, the $\Rightarrow$ and $\rightarrow_\pi$ of Definition 13 below are definable.

12. $x \vee y = \max(x, y)$

13. $x \rightarrow_G y = \begin{cases} 1 \text{ if } x \le y \\ y \text{ if } x > y \end{cases}$

THEOREM 14. *There exists a Hilbert axiomatisation of* $Ł \prod$ *with the connectives* $\{\bot, \Rightarrow, \rightarrow_\pi, *\}$.

Proof. See [1]   ■

REMARK 15. Quantifiers can be added. The value $V(\forall x A(x))$ is taken as $\inf_x \{V(A(x))\}$.

[1] also provides axiomatization for the predicate case. $\exists x A(x)$ is definable using Supremum. $V(\exists x A(x)) = \sup_x \{V(A(x))\}$.

6   Discussion

We have considered a number of examples of networks arising in computer science and related areas and introduced the notion of network modality to provide connection between, and uniform approach to computation or analysis over, such networks. This is the beginnings of a unified treatment addressing the traditional formula based non-classical logics as well as reasoning directly with networks. We hope that the concept of network modality will show the respective communities the symbiotic relationship between their approaches.

The aim of this section is to persuade the reader that this is indeed the case and the new concept of network modality is indeed useful.

Whenever a new generalisation is introduced, we must ask ourselves the following methodological questions:

1. Are there enough similarities between the areas to justify at least theoretically the introduction of the new concept?

2. Is the new concept intuitive and natural? Does it match natural aspects resident in applications?

3. Is there a benefit from the point of view of each area in studying the new concept? Can new ideas be imported from neighbouring areas by looking at how this new concept manifests itself across areas?

4. Can we get new and interesting technical results using the new concept?

We can indeed answer these questions by summarising the main points of network modalities. The basic situation we study is described in Figure 8 $a_1, \ldots, a_n$ are nodes connected to node b. There are values $x_1, \ldots, x_n, y$

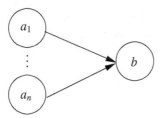

Figure 8.

associated with the nodes $a_1, \ldots, a_n, b$ respectively. We write $x_i = V^0(a_i), y = V^0(b)$. This is the initial position. A transmission occurs and a new value $V^1(b) = \mathbf{f}(y, x_1, \ldots, x_n)$ emerges at b.

We note the following:

1. The idea that there are values attached to nodes arises from modal logic or from ordinary network theory (see [5]).

2. The idea that a transmission occurs and the values change as a result of the transmission arises from transport networks or from argumentation networks or from neural networks.

3. Modal logic does not look at a possible world model as a network but mathematically it is very easy to do so. From teh strictly mathematical point of view, possible worlds can be understood in any number of different ways. When we view modal logic in this way, then fuzzy values become very natural to consider. Modal logic also suggests the concept of modality as a symbol for the transmission.

4. Bayesian nets give us the idea of the function $\mathbf{f}$. All other nets transmit individually from a_i to b, for each i separately and the results aggregate. Bayesian nets are the only ones where the transmission is done

in parallel (the conditional probability $P(b \mid a_1, \ldots, a_n)$ is the transmission function). So we import from other networks the idea that P is a 'transmission' and then export back the idea that the 'transmission' should be done in parallel and not individually. Now we import back into Bayesian nets the idea that we need to give a probability value at node b and need to define how to compose an old probability value with a new one! (See Footnote 1, page 87).

5. Now that we have the basic idea of $V^1(b) = \mathbf{f}(V^0(b), V^0(a_1), \ldots, V^0(a_n))$ we can import from modal logic the idea of regarding $V^1(b)$ as $b \models \Box V$ and $V^0(b)$ as $b \models V$. We can therefore consider now $b \models \Box^m V$ as $V^m(b)$ which we understand as a transmission starting from distance m from b. Figure 9 illustrates the distance:

Figure 9.

Notes (1)–(5) clearly show that the concepts are natural and fruitful and also show that the concept is just a union of features appearing naturally in the different research areas.

For those readers who are drawn to new results and new theorems, here is a list of such opportunities.

1. The Bayesian network modality presents a new way of doing probabilistic modal logic. The way in which probability and modality (and logic) have been connected to one another so far is by either making the predicates probabilistic (i.e. the probability that x is red) or making the value at a possible world probabilistic (q holds at a world t with some probability). There is nothing like what we have here. We also get various possibilities of completeness theorems and axiomatisations.

2. Abstract argumentation networks can benefit by allowing arguments to attack jointly (we learn this from Bayesian nets). This captures an important aspect of real life attack and defence.

3. Fuzzy logic can get new ways of introducing fuzzy modality with lots of opportunities for axiomatisations.

4. Passing information backwards is done naturally in Bayesian nets. If we try and do it systematically in neural nets it becomes abduction (the backwards propagation kind, rather than the more discriminating G-W kind). This is new to neural nets. In temporal logic it becomes planning. See Example 2

5. All in all we can see a lot of benefit and cross fertilisation in our point of view.

7 Concluding Remark

There is a joke (of sorts) about abstraction: "At the right level of abstraction anything can be interpreted as anything else." Since abstract comparisons are suppressors of difference, it is not hard to see the joke's point. This raises two questions about any proposed abstraction. One is whether it has been achieved in a technically competent way. The other is whether its gain in systematicity is worth the loss of what it suppresses. The networks sketched here operate at a fairly high level of abstraction. Of course, they are not so abstract as to fall within the ambit of the joke; we have already remarked that they won't do for category theory. Still, our fondness for networking does raise the issue of how much good it does at what cost. Perhaps it is early days for a definitive answer to this question. But, unless we are mistaken, progress with the opportunities listed just above will point us in the direction of an approving answer.

BIBLIOGRAPHY

[1] Petr Cintula. The Ł $\prod$ and Ł $\prod \frac{1}{2}$ propositional and predicate logics. In *Fuzzy Sets and Systems*, **124**, 289–302, 2001.

[2] H. Barringer, D. Gabbay and J. Woods. Temporal dynamics of Support and Attack Networks: From Argumentation to Zoology: In *Mechanizing Mathematical Reasoning, Essays in Honor of Jorg B. Siekmann on the Occasion of His 60th Birthday*, LNCS 2605, pp 59-98, Springer, 2005.

[3] H. Barringer, D. Gabbay and J. Woods. Argumentation and Ecology Networks: Temporal Dynamics of Support and Attack. Draft paper. 2007.

[4] S. Maclane. *Categories for the working mathematician*. Springer verlag, 1971.

[5] R. K. Ahuja, T. L. Magnani and J. B. Orlim. *Network Flow*, Prentice-Hall, 1993.

[6] F. V. Jensen. *an introduction to Bayesian Networks*, UCL Press, 1996.

[7] J. Pearl. *Probabilistic reasoning in intelligent systems: networks of plausible inference*. Morgan Kaufmann, 1988.

[8] R. Fagin, J. Halpern and N. Meggido. An analysis of first-order logic of probability. *Artirficial Intelligence*, bf 46, 78–128, 1990.

[9] D.M. Gabbay and J. Woods. *The Reach of Abduction: Insight and Trial*. Elsevier, 2005.

ProfilPro : Reconstitution automatique d'un profil professionnel à partir des documents du Web

Michaela Geierhos, Sandra Bsiri

Résumé. Les informations biographiques et professionnelles en particulier relatives à une personne sont souvent distribuées dans diverses sources documentaires disponibles sur le Web. Un besoin informationnel de cet ordre requière alors la consultation de différents segments dans différents documents susceptibles de contenir l'information recherchée. Nous proposons dans cet article un système de reconstitution automatique du profil professionnel d'une personne à partir des multiples sources publiées sur Internet. Ce système est rendu effectif par la modélisation des structures syntaxiques de certains verbes prédicatifs à sémantique professionnelle au moyen de grammaires locales. Les résultats probants obtenus ont été testés sur un corpus de test constitué à partir d'articles du quotidien « Financial Times ».

1 Introduction

Dans une ère où les employeurs sont en quête permanente de nouvelles recrues qui soient compatibles avec leurs entreprises, leurs technologies et leurs environnements de travail, les portails professionnels comme « LinkedIn »[1], « XING/ OpenBC »[2] ou encore « ZoomInfo »[3] gagnent en popularité et servent de plus en plus souvent d'intermédiaires entre les personnes privées et les compagnies en besoin de personnel, et ce, à travers les profils professionnels stockés.

---

[1] http://www.linkedin.com
[2] http://www.xing.com
[3] http://www.zoominfo.com

Des liens sociaux orientés affaires s'étendent par la simple adhésion d'une nouvelle personne au réseau. Celle-ci est amenée lors de son enregistrement à mentionner ses coordonnées et à entrer son profil professionnel ; informations qui seront alors accessibles et consultables par tous les utilisateurs membres de ce réseau. Le fait que chaque membre doivent introduire manuellement les informations le concernant et qu'il soit ainsi le seul responsable du contenu publié, de sa pertinence et de son actualité rend le potentiel information-nel disponible – plus de 12 million de profils professionnels à ce jour sur « LinkedIn » – assez fiable et intéressant pour les utilisateurs.

Face à cet état des choses, il s'agit dans cet article de présenter une ap-proche pour la reconstitution automatique de profils professionnels à partir des documents du Web. Pour assouvir un besoin informationnel sur un per-sonnage de notoriété mondiale, un internaute est le plus souvent contraint de passer par un système de recherche d'information, de lancer une requête à partir du nom de la personne et de l'information biographique profes-sionnelle d'intérêt, de parcourir ensuite les multiples documents résultats, susceptibles de contenir l'information recherchée, pour enfin rassembler les différents passages associés à son besoin et retracer ainsi la biographie sou-haitée. Cette méthode est très coûteuse du faits que les documents élec-troniquement indexés par les moteurs de recherche, ne sont pas analysés sur un plan sémantique. C'est alors à l'utilisateur que revient la tâche de reconnaître les différents segments pertinents dans les documents et de les remettre dans un ordre chronologique correct.

Afin de répondre à ce besoin, nous proposons une approche permettant au moyen des grammaires locales [8, 9] de capturer l'information sémantique professionnelle relative à une personne. Cette méthode se base sur l'analyse de la structure syntaxique des verbes prédicatifs et de leurs contextes.

Les relations prédicatives étudiées dans ces travaux spécifient les relations professionnelles mettant en jeux des entités de la classe ⟨Personne⟩, des enti-tés de la classe ⟨Organisation⟩ et des entités de la classe ⟨Nom de profession⟩. Nous nous intéressons aux segments où le verbe est l'élément de la phrase qui porte la sémantique principale de l'énoncé. A l'aide de cette méthode, nous sommes en mesure de reconstituer le profil professionnel chronologique d'une personne dont les données sont réparties dans diverses sources élec-troniques publiées sur Internet.

L'extraction automatique des données biographiques et plus particulièrement des informations professionnelles contenues dans les diverses ressources
textuelles diffusées sur le Web est une tâche complexe, fortement dépendante
du sous-langage et des phénomènes linguistiques associés. Il existe très peu
d'auteurs qui aient reconnu la complexité du problème [20, 19] et qui se
soient intéressés à l'identification des indicateurs spécifiques internes et externes utiles à la reconnaissance des évènements biographiques [1, 4].
Bien qu'une étude approfondie élaborée par [14] montre l'importance des
faits biographiques dans la génération automatique de résumés, les quelques
nomenclatures disponibles sont loin d'être complètes et sont malheureusement souvent inconsistantes.

Les travaux présentés dans cet article ne prétendent pas à une description
exhaustive des contextes biographiques mais proposent une méthode pour
la reconnaissance automatique des informations professionnelles par le biais
de la description de certains indicateurs sémantiques permettant de repé-
rer les évènements biographiques professionnels liés à une personne. A côté
de l'enrichissement automatique d'une nomenclature de faits biographiques
professionnels, les contextes externes décrits nous ont permis d'augmenter
considérablement et d'une manière automatique les différents dictionnaires
thématiques dont nous usons dans les grammaires locales.

Dans cet article nous présentons notre approche de modélisation et de reconnaissance automatique des informations biographiques professionnelles,
au moyen de grammaires locales. La section 2 décrit en détail l'architecture globale du système ProfilPro élaboré. La section 3 détaille les verbes
prédicatifs à sémantique professionnelle étudiés permettant l'extraction des
informations recherchées relatives à une personne. La section 4 présente les
résultats expérimentaux et la section 5, le bilan atteint et les perspectives
du système ProfilPro.

2   Approche et conception

L'idée de génération automatique de profils n'est pas révolutionnaire,
« ZoomInfo » [4] – premier moteur de recherche sur le marché pour les infor-
mations des affaires – s'est déjà lancé dans la réalisation d'un tel concept.
Son analyse se restreint néanmoins à la reconnaissance des entités nommées

---

[4]http://www.zoominfo.com/About/company/technology.aspx

– personnes, organisations, professions – sans établir de liens sémantiques
entre un nom d'entreprise et un nom de personne trouvés sur une même
page et sans faire d'analyse détaillée permettant d'associer à une même
personne plusieurs noms de professions reconnues. Vu l'aspect commercial
du moteur de recherche, le détail de la technologie utilisée reste secret, c'est
pourquoi ces affirmations relèvent de la simple observation sur des exemples
de requêtes comme la suivante :

Results 1-5 of 5 people	Sort By:	Default (Web Popularity) ▾
Name	Title	Company
Guenthner, Franz ˘	Dissertation Director	
Guenthner, Franz ˘	Professor	Ludwig-Maximilian University
Guenthner, Franz ˘		Universitat Munchen
Guenthner, Franz ˘		Universitï¿½t Mï¿½nchen
Guenthner, Franz ˘	Consultant	Fast Company

FIGURE 1. Résultats de la requête « Franz Guenthner » sur ZoomInfo

La recherche de *« Franz Guenthner »* dans ZoomInfo retourne les 5 profils de la figure 1. Ceux-ci affichent 5 profils différents pour la même entité
⟨Personne⟩ égale à *« Franz Guenthner »*. Il est bien entendu courant que
différentes personnes portent le même nom et prénom, cependant, lorsqu'on
observe ces résultats, il est évident, qu'au moins 4 des 5 entrées référencent
une seule et même personne. Ceci car la profession de cette personne est
reconnue pour être une fois *« Professor »* et une autre fois *« Dissertation
Director »* et qu'en relation avec le nom de l'organisation associée reconnue
« Ludwig-Maximilian University », *« Universität München »* ou *« Uni-
versitat Munchen »* il est déductible qu'il s'agit du nom de l'université
de Munich et qu'un problème de codage lié à des caractères spéciaux est
survenu. Ainsi ces 3 appellations n'ont pu être associées à la même « Organisation » et ont été par conséquent stockées dans la base de données
comme représentant 3 entrées distinctes.

Si on observe de plus près le cinquième résultat repris à la figure 2, on
remarque qu'il est encore une fois question du même *« Professor Franz
Guenthner »*. On y voit aussi que les informations rendues dans le tableau sont extraites à partir du site Web de l'entreprise *« FAST Search &
Transfer »* mais que les coordonnées de cette dernière ne coïncident pas

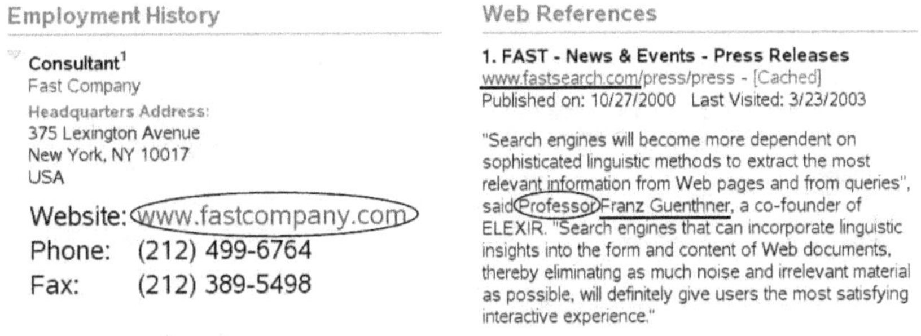

Employment History

Consultant[1]
Fast Company
Headquarters Address:
375 Lexington Avenue
New York, NY 10017
USA

Website: www.fastcompany.com
Phone: (212) 499-6764
Fax: (212) 389-5498

Web References

1. FAST - News & Events - Press Releases
www.fastsearch.com/press/press - [Cached]
Published on: 10/27/2000   Last Visited: 3/23/2003

"Search engines will become more dependent on
sophisticated linguistic methods to extract the most
relevant information from Web pages and from queries",
said Professor Franz Guenthner, a co-founder of
ELEXIR. "Search engines that can incorporate linguistic
insights into the form and content of Web documents,
thereby eliminating as much noise and irrelevant material
as possible, will definitely give users the most satisfying
interactive experience."

FIGURE 2. Profil de « Franz Guenthner » sur ZoomInfo

avec celles disponibles sur l'URL source ; ce qui laisse penser que les informations sur l'entreprise n'ont pas été extraites automatiquement, mais proviennent d'une sources distincte.

Ces insuffisances sont la motivation principale pour les travaux présentés dans cet article dont la réalisation est basée sur des analyses linguistiques, d'ordre syntaxique et sémantique, qui nous permettent de gagner en précision, de générer des profils professionnels plus adéquats, d'obtenir une meilleure désambiguation des entités nommées et de retourner des informations plus actualisées sur les organisations à partir d'extractions dans les documents du Web.

La figure 3 présente l'architecture globale du système que nous avons élaboré pour répondre aux besoins exprimés ci-dessus. Le système baptisé **ProfilPro** pour « Profil Professionnel » se décompose en trois phases :

1. Découverte des documents pertinents

2. Extraction des informations professionnelles

3. Reconstitution du profil professionnel

Dans la première étape, il s'agit de filtrer les pages Web en relation sémantique avec le monde des affaires à travers des requêtes dans un un méta-moteur de recherche. Une fois les documents trouvés, vient la seconde phase d'analyse et d'extraction des informations spécifiques à l'emploi par

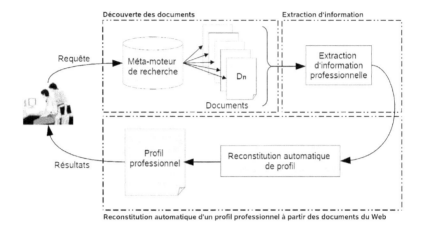

FIGURE 3. L'architecture de système

le biais de grammaires descriptives des verbes prédicatifs exprimant les relations professionnelles. La troisième phase consiste alors à structurer les
informations professionnelles pertinentes reconnues en fonctions des entités
nommées extraites (ex. lieu de travail, type de contrat, date d'embauche), et
produire ainsi un profil professionnel chronologique pour chaque personne
reconnue.

Le concept linguistique des grammaires locales nous a semblé adéquat pour
répondre à nos besoins d'extractions, car elles permettent de décrire avec
précision la variabilité syntaxique des énoncés contenant des informations
biographiques professionnelles pertinentes.

Les grammaires locales que nous considérons sont représentées sous forme de
réseaux récursifs de transition ou de graphes [15] [17], dont la manipulation est facilitée par les logiciels libres Intex[5] et Unitex[6]. Ces grammaires
sont dites locales, car elles ne prétendent pas décrire la totalité des phrases
grammaticalement correctes d'une langue mais se contentent de décrire de
manière détaillée et exhaustive le comportement local de certaines unités
de sens autant sur un plan sémantique [5] que syntaxique [3]. La figure 4
de la section 3 montre un exemple d'une grammaire locale développée pour

---

[5]http://www.nyu.edu/pages/linguistics/intex/
[6]http://www-igm.univ-mlv.fr/~unitex

reconnaître les constructions verbales exprimant la date d'embauche d'une personne dans un texte donné.

L'« information biographique professionnelle » décrit un ensemble de relations entre deux classes d'objets dont le sujet est toujours représenté par une entité de la classe ⟨Personne⟩ qui à son tour se subdivise en la sous-classe ⟨Nom Propre⟩ et la sous-classe ⟨Rôle Social⟩. Le second intervenant d'une telle relation peut alternativement appartenir aux classes ⟨Lieu⟩, ⟨Date⟩, ⟨Organisation⟩, ⟨Branche⟩, ⟨Matière⟩ ou ⟨Profession⟩.

Les classes d'objets sont « des classes sémantiques construites à partir de critères syntaxiques » [7, 12]. Ce sont des classes définies par des prédicats définitionnels sémantiquement homogènes de type verbes, adjectifs ou noms auxquels correspondent des domaines d'arguments. Ainsi *« lapin, souris, chien, chat »* sont des membres de la classe ⟨Animal⟩ et *« ingénieur, instituteur, second de cuisine »* des éléments de la classe ⟨Profession⟩.

La classe d'objets ⟨Profession⟩ étudiée par [2], est p. ex. l'ensemble des noms simples et composés pouvant être réalisés comme second argument des prédicats *« gagner sa vie comme »* et *« exercer la profession de »*. La pertinence de l'analyse contextuelle et par conséquent la qualité du système d'extraction automatique des informations professionnelles est d'autant plus satisfaisante que l'on dispose de bases de connaissances riches en entrées lexicales. Ainsi, plus les classes d'objets sont riches en instances, plus les extractions sont pertinentes et les analyses contextuelles nécessaires à la levée d'ambigüité rudimentaires. Par exemple, si le nom et le prénom d'une personne sont déjà des instances de la classe ⟨Nom Propre⟩, le système d'extraction peut sans difficulté l'identifier comme tel s'il le rencontre dans un texte.

Or, étant donné qu'une personne n'est pas obligatoirement introduite par son nom complet dans les textes, il s'avère indispensable de constituer une source lexicale pour les prénoms, une seconde pour les noms de familles et une troisième pour les titres, afin de reconnaître les séquences synonymiques (telles que *« George Bush »* , *« Président Bush »* et *« Pr. George W. Bush »*) comme la même instance de la classe ⟨Personne⟩.

A travers une observation minutieuse des textes appartenant à notre domaine d' étude, nous avons été en mesure d'identifier les classes d'objets qui semblent à priori nécessaires au bon déroulement de l'extraction de l'information biographique professionnelle exprimée dans les documents à connotation économique et financière. Nous résumons ces différentes classes dans le tableau 1 de la page suivante.

Classe d'objets	Sous-classe d'objets	Balise sémantique	Abré-viation	Exemples pour des instances de classe d'objets
Nome Propre	Titre	⟨Title⟩		Lord, PhD, Mr.
	Prénom	⟨FirstName⟩	⟨FN⟩	Marie-Luise, Ben
	Nom de Famille	⟨Surname⟩	⟨SN⟩	Oltay-Smith
	Nom de Personne (Complet)	⟨LongName⟩	⟨LN⟩	Henna Nordqvist
Rôle Social	Famille	⟨Human⟩	⟨Hum⟩	daughter, aunt
	Profession	⟨JobDescriptor⟩	⟨JD⟩	kitchen helper
	Habitant	⟨Citizen⟩		Parisian, Texan
Secteur d'activité	Matière	⟨Discipline⟩		art history
	Branche	⟨Sector⟩		e-commerce
Organisation			⟨ORG⟩	Deutsche Bahn AG
	Type d'organisation	⟨CompanyDescriptor⟩	⟨CD⟩	car manufacturer
	Nom d'organisation	⟨Company⟩		Fujitsu Siemens
	Forme juridique d'entreprise	⟨LegalForm⟩	⟨LF⟩	ltd, inc, plc, AG, GmbH, b.v., S.A., s.a.r.l., LLC
Lieu			⟨GEO⟩	Dallas, Texas
	Pays et Continent	⟨Nation⟩ ⟨Continent⟩		South America, Germany, Europe
	Ville	⟨City⟩		's-Gravenhage
Date			⟨DATE⟩	3rd July 2003
	Mois	⟨Month⟩ ⟨MonthAbbr⟩		May, June, July
	Jour de semaine	⟨DayOfWeek⟩		Saturday, Sunday

TABLE 1. Bref aperçu des classes d'objets et leurs structures

Ce tableau 1 présente un aperçu de la structure des différentes classes d'objets identifiées. Une structure qui reprend la distribution lexicale des dictionnaires dont la somme des entrées dépasse, à ce jour, les 10 millions d'unités lexicales. Chacune de ces unités est représentée dans le dictionnaire accompagnée d'une étiquette sémantique correspondante au nom de la classe d'objets associée. Les noms des classes les plus fréquemment utilisées ont été remplacés par des abréviations pour faciliter l'usage des dictionnaires dans les grammaires locales.

3 Extraction des informations professionnelles relatives à une personne

Nous exposons dans cette section notre approche pour la reconnaissance automatique de l'information biographique professionnelle basée sur la description, au moyen des grammaires locales, des contextes internes et externes de certains verbes prédicatifs spécifiques.

La découverte des constructions synonymiques associées aux verbes initiaux a été possible par une méthode de Bootstrapping [13, 10] permettant d'enrichir les contextes internes par la détection de contextes externes spécifiques et inversement.

L'accent est mis dans cette étude linguistique sur les relations professionnelles qui jouent un rôle prépondérant dans l'actualité économique et financière. Les grammaires développées à cet effet retracent les relations les plus fréquentes pouvant exister entre une personne, son activité professionnelle et son employeur. Nous avons étudié un total de 95 prédicats, englobant les structures verbales exprimant la date d'embauche, la date de départ, le type de l'activité exercée et la position hiérarchique dans l'entreprise dont nous présentons un échantillon dans le tableau 2 de la page suivante. Une description plus détaillée de ces structures est présentée dans [6].

Les relations professionnelles représentent le sous-ensemble le plus important dans l'ensemble plus large des « relations biographiques publiques », il existe, en effet, une multitude de manière d'exprimer un rapport professionnel en combinant seulement une entité de la classe ⟨Nom de profession⟩ et une entité de la classe ⟨Contrat de travail⟩ par exemple.

Dans ce contexte, il a été question de décrire sous forme de grammaires locales les structures « prédicats-arguments »de certains verbes ou locutions verbales en relation directe avec les contrats de travail. Comme nous l'avons déjà précisé au niveau de l'introduction, cette étude se limite aux relations

Schéma initial	Formes synonymiques	Classe d'objets comme sujet	Classe d'objets comme objet
Obtention d'emploi			
X was appointed (as) P	X was adopted as P	X : Personne	P : Profession
	X was commissioned as P	X : Personne	P : Profession
	X was designated as P	X : Personne	P : Profession
	X was elected as P	X : Personne	P : Profession
	X was installed as P	X : Personne	P : Profession
	X was named as P	X : Personne	P : Profession
	X was nominated as P	X : Personne	P : Profession
	X was selected as P	X : Personne	P : Profession
X joint O as P (of B) in D	X became member of O as P (of B) in D	X : Personne	P : Profession O : Organisation B : Branche D : Date
Occupation d'un poste			
X was employed as P	X was engaged as P	X : Personne	P : Profession
	X was hired as P	X : Personne	P : Profession
	X was recruited as P	X : Personne	P : Profession
X was paid as P by O	X drew salary by O	X : Personne	P : Profession O : Organisation
X worked as P for O	X served as P for O	X : Personne	P : Profession O : Organisation
	X jobbed as P for O	X : Personne	P : Profession O : Organisation
	X laboured as P for O	X : Personne	P : Profession O : Organisation
Licenciement			
X was dismissed as P	X was fired as by O/P	X : Personne	P : Profession O : Organisation
	X was dismissed as P	X : Personne	P : Profession
	X was removed as P of O	X : Personne	P : Profession O : Organisation
Succession			
X was replaced as P by Y	X was succeeded as P by Y	X : Personne	P : Profession Y : Personne
	X was followed as P by Y	X : Personne	P : Profession Y : Personne
Démission			
X resigned as P of O	X quitted as P of O	X : Personne	P : Profession O : Organisation
	X left job as P of O	X : Personne	P : Profession O : Organisation
Départ en retraite			
X retired as P in D	X stopped working as P	X : Personne	P : Profession
	X stopped work as P in D	X : Personne	P : Profession O : Organisation
	X gave up work as P in D	X : Personne	P : Profession O : Organisation
	X reached retirement age in D	X : Personne	D : Date

TABLE 2. Nomenclature d'information professionnelle

professionnelles entre une entité de la classe ⟨Personne⟩, une entité de la classe ⟨Nom de Profession⟩ et une entité de la classe ⟨Organisation⟩, informations indispensables pour l'établissement du profil professionnel d'un individu.

La prise de fonction, le type de contrat, le licenciement, la démission, le départ en retraite, sont autant d'étapes par lesquelles une personne passe tout au long de sa carrière et que nous détaillons dans la suite de cette section.

3.1 Prise de fonction

Il existe certaines positions pour lesquelles des verbes particuliers sont employés pour exprimer le recrutement d'une personne à ce poste. Ainsi on dira qu'un juge, un abbé ou un PDG sont nommés au poste de juge, d'abbé ou de PDG alors qu'on dira qu'un président est élu et que ses ministres sont choisis.

Ainsi pour chaque position, et dans la langue écrite en particulier, on a tendance à employer des verbes sémantiquement riches et adaptés à la position décrite. Les verbes de la liste suivante sont un échantillon de verbes spécifiques à certains postes mais sans pour autant être spécifiques à des domaines d'activités restreints.

- *to be adopted*
- *to be appointed*
- *to be chosen*
- *to be commisssioned*
- *to be designated*
- *to be elected*
- *to be engaged*
- *to be installed*
- *to be named*
- *to be nominated*
- *to be selected*
- *to be voted in*

Dans le contexte de ce que nous avons appelé les « relations de nomination » , il est courant de désigner par exemple le successeur à la tête d'un ministère ou d'un groupe lors de réunions officielles, pour être en mesure d'analyser également de tels segments dans les textes, nous avons développé une sous grammaire qui repère les relations de succession comme l'illustrent les concordances suivantes :

```
is expected to be appointed as successor to <JD>finance director</JD>
                    <LN>Manfred Gentz</LN>
Hart had been appointed as the <JD>Forest manager</JD> <DATE>in July
       2001</DATE> as successor to <LN>David Platt</LN>
      Schily has appointed as <SN>Kersten</SN>'s successor
director of the Madrid-based offices, has been appointed as Mr
                 <SN>Herrero</SN>'s successor
is rumoured to be appointed as successor to <FN>Rolf</FN> <SN>Eckrodt</SN>,
   <JD>chairman</JD> of <ORG>Japanese carmaker Mitsubishi</ORG>
```

Dans ces concordances, on remarque que les entités de la classe ⟨Profession⟩
peuvent aussi figurer en position d'attributs au nom d'une personne bien que
leurs rôle primaire est de décrire la position occupée par une autre personne
dans une organisation. Les noms de profession composés n'étant pas dénom-
brables de par la complexité que peut atteindre leur structure syntaxique
interne, nous avons construit une quantité importante de grammaires locales
qui utilise d'une part l'information codée dans les dictionnaires des noms
de profession simples et composés et qui décrit d'autre part les contextes
externes gauches et droit pouvant introduire les noms de profession dans les
textes étudiés.

Les adjectifs, les adverbes et les locutions nominales spécifiant les noms
de profession ont été étudiés en détail pour ainsi augmenter la couverture
des grammaires. Les concordances suivantes montrent des exemples de ces
adjectifs.

```
Deputy Prime Minister Viktor Khristenko has been appointed as <JD>acting
                    prime minister</JD>
   is expected to be appointed as <JD>general production co-ordinator</JD>
      the finance director of Pearson PLC, has been appointed as a
                 <JD>non-executive director</JD>
```

Un moyen d'augmenter la performance d'extraction des noms de profession
est d'y associer des attributs comme « acting » ou « join » que nous avons
identifié et modélisé dans un dictionnaire électronique des attributs adjectivaux. Des grammaires décrivant la variabilité syntaxique interne des noms
de profession ont également été développées. Elles permettent de reconnaître
des séquences comme les suivantes :

```
after being appointed as <GEO>Netanya</GEO>'s <JD>coach</JD>
```

```
Arif Khan had been appointed as <LN>Hizb-ul Mojahedin</LN>'s <JD>divisional
                              commander</JD>
Craig Moore has been named as <GEO>Australia</GEO>'s <JD>captain</JD>
a former police chief constable, was appointed as <LN>Tony Blair</LN>'s
                        <JD>chief drugs fighter</JD>
```

Comme on peut le voir au niveau de la grammaire locale de la figure 4, deux grammaires supplémentaires ont été développées pour décrire les contextes externes droits de la construction verbale « *to be appointed* » et de ses synonymes.

Des sous-graphes additionnels ont été nécessaires pour reprendre les contextes exprimant les raisons (*dismissal, resignation*) pour lesquelles un poste est de nouveau à pourvoir ou décrivant la date de prise de fonction.

Dans de telles situations, on inclus dans le groupe des relations profession- nelles, les cas où une entreprise ou une personne recrute une personne. Il s'agit alors d'une relation prédicative qui peut faire intervenir 2 entités de la classe ⟨Personne⟩. Ce type de relations est pris en compte dans ces travaux et est représenté par la description de constructions verbales telles que les suivantes :

- *to enrol so.*
- *to employ so.*
- *to engage so.*
- *to enlist so.*
- *to hire so.*
- *to put so. on the payroll*

- *to recruit so.*
- *to sign (up) so.*
- *to take so. into employment*
- *to take on*
- *to retain so.*
- *to secure the services of so.*

Des exemples de concordances extraites sur un corpus de test et correspon- dant à ce type de relations sont :

```
is pleased to announce that it has hired <LN>Jeri Silverman</LN> as a
                        <JD>consultant</JD>
```

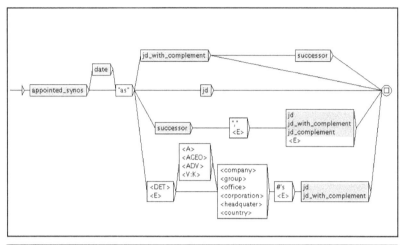

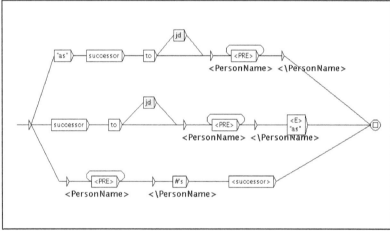

FIGURE 4. Le grammaire local de « to be appointed as » (cf. ci-dessus) avec
le sous-graphe de « successor » (cf. ci-dessous)

```
Mr Stewart has recruited <LN>Lynne Peacock</LN> as <JD>business development
                        director</JD> at NAB Europe
      Hansen has retained <LN>Colin Charvis</LN> as <JD>captain</JD>
   has signed on <JD>legendary boxer</JD> <LN>Muhammad Ali</LN> as a
                        <JD>spokesman</JD>
```

Nous avons pu observer que les constructions verbales les plus usuelles dans

nos corpus pour exprimer le recrutement d'une personne par une entreprise
sont :

- *to join*
- *to become a member of*

Du fait de leur nombre restreint, celles-ci ont été décrites dans une grammaire principale commune qui permet de localiser le nom du poste, le nom
de la personne embauchée et le nom de l'organisation qui embauche. Pour
prétendre à une couverture importante dans la reconnaissance des noms
des organisations, nous avons construit des grammaires qui décrivent les
contextes internes et externes associés aux noms des organisations dans le
sous-langage économique et financier.

D'autres informations comme le siège social, la date de prise de fonction
ainsi que la durée du contrat ont également été étudiées et modélisées dans
des grammaires qui nous permettent de reconnaître des séquences telles
que :

```
Jim Sweeney will also be joining <ORG>AmeriQuest</ORG> as <JD>Vice
                        President</JD>
is joining the <ORG>Selfridges board</ORG> as <JD>deputy chairman</JD>
    and join <ORG>Reuters</ORG> as <JD>non-executive chairman</JD>
    But Mr Stewart, who joined <ORG>BSkyB</ORG> <DATE>in 1996</DATE>
 He joined <ORG>Caledonian Insurance Services Limited</ORG> <DATE>in
                        November</DATE>
Trevor Williams FCIS (42) joined <ORG>Imperial Tobacco</ORG> <DATE>in
                        1996</DATE>
Mr Rothschild, who joined <ORG>Tower Hotels</ORG> <DATE>in 1992</DATE>
```

3.2   Contrat de travail

Le fait qu'un individu soit recruté par une entreprise et qu'il y occupe un
poste peut être exprimé de différentes manières, nous avons observé aussi
bien des phrases déclaratives actives résumant la mission et les tâches de
l'employé que des constructions au passif dans lesquelles le contrat de travail de l'employé est décrit.

Le prédicat « *to be employed* » est un exemple typique d'une telle phrase au
passif. Son équivalent actif via le verbe « *to employ* » a été étudié dans le

paragraphe 3.1. Puisqu'il implique l'action de recrutement. Cette variante au passif exprime le fait qu'une personne est en train de commencer à travailler pour une entreprise, ce qui induit que la phase de recrutement est déjà passée et que l'individu en question se trouve dans une phase professionnelle active.

Tous les verbes synonymes du graphe « *to employ* » à l'actif ont été étendu par les constructions passives correspondantes.

- *to be enrolled*
- *to be employed*
- *to be engaged*
- *to be enlisted*
- *to be hired*
- *to be put on the payroll*

- *to be recruited*
- *to be signed (up)*
- *to be taken into employment*
- *to be taken on*
- *to be retained*
- *to have an employment*

Quand une personne est employée dans une entreprise, elle est généralement rémunérée pour les tâches qu'elle y effectue. Ce fait est souvent exprimé au passif à travers les prédicats suivants :

- *to draw salary*
- *to be paid*

Dans la grammaire correspondante à ces prédicats, seul la préposition « *as* » suivie par une entité de la classe ⟨Profession⟩ est admise. Ainsi seule les phrases mettant en relation une personne rémunérée pour une mission sont acceptées.

```
Corman, who is paid as a <JD>consultant</JD>, holds 650,000 options
```

De plus des variations syntaxiques additionnelles à la locution « *to draw salary as* » (*wages, pay, earnings, fee, fees*) sont ajoutées comme synonymes « *salary* » pour améliorer les résultats de reconnaissance dans les textes.

Quand il s'agit maintenant de spécifier le secteur d'activité d'une personne, il est intéressant de s'intéresser à la relation « *to work* ». Celle-ci implique que la personne occupe actuellement un poste ou rempli une mission.

Il existe évidemment d'autres verbes qui expriment le même fait :

- *to work*
- *to labour*
- *to operate*
- *to toil*
- *to job*
- *to labor*
- *to serve*

3.3 Fin d'un contrat de travail

La rupture d'un contrat de travail peut être due à différentes causes telles qu'un licenciement, un départ en retraite, une démission ou encore un accident de travail par exemple. La liste suivante recense les constructions verbales exprimant la rupture d'un contrat de travail par licenciement :

- *to decapitate so.*
- *to decruit so.*
- *to disband so.*
- *to discard so.*
- *to discharge so.*
- *to dismiss so.*
- *to displace so.*
- *to eject so.*
- *to expel so.*
- *to fire so.*

- *to give so. one's notice*
- *to lay (off)*
- *to make so. redundant*
- *to oust so.*
- *to pay so. off*
- *to release so.*
- *to relieve so.*
- *to remove so.*
- *to throw so. out*

Tous ces prédicats ont été analysés et modélisés dans la grammaire locale des licenciements. Il s'agit pour tous ces verbes de constructions, qui rendent compte de relations, où une entité de la classe ⟨Organisation⟩ ou de la classe ⟨Personne⟩ met fin au contrat de travail d'un employé, également entité de la classe ⟨Personne⟩. Cette information peut être également exprimée au actif comme le montrent les exemples suivants et dans lesquels on reconnaît alors que le nom de l'entreprise qui licencie est omis.

```
      The <JD>Russian president<JD> was expected to dismiss <LN>Mikhail
Kasyanov</LN> as <JD>prime minister</JD> but not until after the March 14
                            election.{S}
  that the decision to fire <LN>Mikhail Brudno</LN> as <JD>interim head</JD> of
     refining and marketing operations was dictated by the company's aim
     executive Sir Geoff Mulcahy (left), has fired <SN>Numis</SN> as
                <JD>adviser</JD> on its pounds 50m flotation.{S}
      led by Fidelity International, ousted <LN>Michael Green</LN> as
                <JD>chairman-designate</JD> four months ago.{S}
Disney has stepped up his campaign to remove <LN>Michael Eisner</LN> as
              <JD>chief executive</JD> of Walt Disney
```

Dans les compagnies de grandes envergures, il est courant qu'un changement de pouvoir ait lieu. Cette relation de remplacement est en général exprimée par le prédicat « *to be replaced* ». Il est nécessaire de reconnaître d'une part le nom du poste à pourvoir, et d'autre part, des informations comme la date de la mutation, le nom de l'organisation et le nom du successeur comme le montre les concordances suivantes :

```
    <LN>KEN BATES</LN> has been replaced as <JD>chairman</JD> of <ORG>Chelsea
                              Village</ORG>
   <SN>Sanderson</SN> was replaced as <JD>captain</JD> <DATE>last night</Date>
                        by <LN>Pete Anglesea</LN>
      <LN>M. Le Pen</LN> was replaced as <JD>head</JD> of the NF list in the
                   Provence region by Guy Macary
   He will be replaced as <JD>chief executive</JD> by <LN>Barry Elson</LN>
```

De même pour la rupture d'un contrat par démission, nous avons étudié des prédicats comme :

- *to resign*
- *to quit*
- *to leave job*

Dans les graphes développés, nous avons enrichi ces constructions verbales par des synonymes du mot « *job* » tels que *jobs, post, posts, employment, employments, service, position, positions, office, offices* et *work*. Nos grammaires reconnaissent aussi des séquences telles que :

```
     Rauf Denktas said he had considered resigning as a <JD>negotiator</JD>
   his daughter Lea Rose, 23, who had quit her job as a <JD>housemaid</JD> in
                             <GEO>Manila</GEO>
    Chancellor Gerhard Schroder has resigned as <JD>chairman</JD> of the
           <ORG>Social Democratic Party</ORG> <ORG>(SPD)</ORG>
     Martin Stewart is to quit as <ORG>BSkyB</ORG>'s <JD>chief financial
                              officer</JD>
```

Pour ce qui est du départ en retraite, des prédicats comme « *to retire s.o., to stop s.o. working, to stop work, to be retired, to give up work, to be stopped working, to stop work, to reach retirement age* »ont été étudiés et modélisés dans des grammaires locales qui reconnaissent des phrases telles que :

```
<JD>Minister</JD> <LN>Yoshiro Hayashi</LN>, who retired as a <JD>
               awmaker</JD> <DATE>last year</Date>
<LN>Denis Hurley</LN> retired as <JD>Archbishop</JD> <DATE>in 1992</Date>
<FN>Luzviminda</FN> <SN>Tancangco</SN> who retired <DATE>on Feb. 2</Date>
<LN>Denis Brosnan</LN> retired as <JD>Chairman</JD> and <JD>Director</JD> of
               the Group
```

4   Évaluation : Qualité des schémas prédicatifs

Afin d'évaluer la qualité d'extraction des schémas prédicatifs décrits dans notre grammaire, nous avons annoté manuellement un corpus de test de 4 500 phrases constitué d'articles du quotidien Financial Times du mois de juin 2004. Nous avons choisi ces articles de telle sorte que le maximum des prédicats étudiés (cf. tableau 2) soient représentés.

Le tableau 3 résume les résultats obtenus pour l'extraction des différentes informations professionnelles. On peut y lire une précision moyenne atteinte de 96.3 % et un rappel moyen de 87.7 %.

Schéma initial	Précision	Rappel
X was appointed as P	96.9 %	92.1 %
X joint O as P (of B) (in D)	97.8 %	88.4 %
X was employed as P	94.1 %	87.9 %
X was payed as P (by O)	91.6 %	88.0 %
X worked as P (for O)	96.2 %	90.6%
X was dismissed as P	95.8 %	89.5 %
X was replaced as P (by Y)	98.4 %	95.6 %
X resigned as P of O	98.8 %	94.0 %
X retired as P (in D)	97.2 %	63.3 %
En moyenne	96.3 %	87.7 %

TABLE 3. Résultats d'évaluation sur le corpus de test

Ce tableau 3 restitue néanmoins uniquement les résultats obtenus pour 62 prédicats sur un total de 95 prédicats verbaux étudiés à ce jour. On peut par exemple observer que les variations syntaxiques du prédicat « *X retired as P (in D)* » sont loin d'être complètement décrites puisque nous obtenons un rappel de 63.3 % pour ces constructions. En effet la grammaire correspondante à ce prédicat reconnaît des phrases comme :

> <FN>Ian</FN> <SN>McLeish</SN> **retired as** <JD>manager</JD> with effect from <DATE>31 December 2003</DATE>.

mais aussi des segments de phrases, où seule une partie de l'information recherchée est reconnue comme dans la concordance :

> David Selwood, 69, who **retired as <JD>resident judge</JD> of <GEO>Portsmouth</GEO>** crown court last week on health grounds.

Ces concordances partiellement reconnues sont prises en compte pour le calcul du rappel et de la précision comme étant des résultats négatifs. Du fait de l'insertion de l'âge entre l'entité ⟨Personne⟩ et la phrase relative contenant le prédicat étudié, la reconnaissance n'a pas été possible car cette forme syntaxique n'avait pas été apprise antérieurement. A cet état, on peut justifier notre choix de l'utilisation des grammaires locales pour la modélisation de nos patrons d'extraction, méthode qui nous permet d'avoir des règles visiblement lisibles et compréhensibles et qui facilite par conséquent la maintenance et la mise à jour de nos grammaires.

Une possibilité d'améliorer ces résultats est de construire des grammaires indépendantes des prédicats synonymes des constructions verbales initiales et dont la structure syntaxique décrite actuellement se limite à celle des prédicats initiaux. A ce jour, seule la variante syntaxique de type « *X served as P* » est modélisée comme sous-grammaire du prédicat initial « *X worked as* ». Pour aspirer à une couverture plus large des structures syntaxiques et sémantiques du verbe « *to serve* », il est indispensable de lui consacrer une grammaire propre. C'est pourquoi il n'est pas étonnant que l'évaluation d'un tel prédicat sur le corpus de test atteigne une précision de 97.1 %, semblable à celle du prédicat « *to work as* », mais que le rappel en revanche soit très bas et n'atteigne que les 33.8 %. Cette observation est valable pour tous les prédicats synonymiques acquis par Bootstrapping dans la phase d'apprentissage. Ce résultat n'est en aucun cas une surprise, il confirme seulement que les prédicats sémantiquement semblables usent de structures syntaxiquement différentes pour paraphraser un même événement.

Dans une perspective d'amélioration des performances de notre système, nous nous sommes ainsi lancés dans le développement d'autres grammaires autonomes pour les structures prédicat-argument synonymiques.

La performance du système **ProfilPro**, présenté dans cet article, est très dépendante de la qualité des extractions, car c'est au moyen des informations extraites dans les différentes pages Web que le profil d'une personne est reconstitué. L'exemple de la figure 5, article en anglais publié sur Wikipédia[7], montre quels segments du texte ont été reconnus par nos grammaires. Le profil généré à partir de ces extractions est présenté dans le tableau 4. Malheureusement, on peut aussi y voir qu'un des segments (barré dans le texte de la figure) qui aurait dû appartenir aux résultats, n'a pas été reconnu par nos grammaires dans l'état actuel. Ce type d'erreurs diminue évidemment le contenu informationnel du nouveau profil à constituer, dû dans cet exemple à la présence du mot « Bar »qui n'avait pas encore été recensé dans nos dictionnaires des toponymes.

Date	X	Information profession-nelle	Nom de profession	Employeur	Lieu d'emploi
1969–1972	Robertson	served	chief counsel of the Committee's litigation offices	Lawyers' Committee for Civil Rights Under Law	Jackson, Mississippi
			director		Washington, D.C.
1972–1994[8]			president of the District of Columbia[9]		
1994	James Robertson	was appointed	United States District Judge		
12/20/2005	Robertson	resigned	Foreign Intelligence Surveillance Court position		

TABLE 4. Profil professionnel de « James Robertson »

Cet exemple de reconstruction d'un profil à partir d'un document donne une idée du déroulement général de notre système, qui cherche les informations non pas dans un seul document, mais dans plusieurs en parallèle, ce qui lui permet de valider les informations trouvées dans plusieurs sources

---

[7] http ://en.wikipedia.org/wiki/James_Robertson_(judge)

[8] Du fait de la date manquante, l'indication *« while in private practice »* est interprétée comme se déroulant avant la sortie à la retraite, c'est-à-dire à la période avant 1994, reconnue pour être une période active sur un plan professionnel.

[9] L'information à reconnaître aurait du être : *« president of the District of Columbia Bar »*.

James Robertson (judge)

From Wikipedia, the free encyclopedia

James Robertson (born 1938) is a judge for the United States District Court for the District of Columbia. {S}
<FN>James</FN> <SN>Robertson</SN> was appointed a <JD>United States District Judge</JD> by <JD>President</JD> <LN>Bill Clinton</LN> <DATE>in 1994</DATE>. {S}
Chief Justice William Rehnquist later placed him on the Foreign Intelligence Surveillance Court.{S}
<DATE>On December 20, 2005</DATE>, <JD>Judge</SN> <SN>Robertson</SN> resigned his <JD>Foreign Intelligence Surveillance Court position</JD>. {S}
After graduating from Western Reserve Academy in Hudson, Ohio, he graduated from Princeton University in 1959 and received an LL.B. from The George Washington University Law School in 1965 after serving in the U.S. Navy. {S}
From 1965 to 1969, he was in private practice with the law firm of Wilmer, Cutler & Pickering. {S}
<DATE>From 1969 to 1972</DATE>, <SN>Robertson</SN> served with the <ORG>Lawyers' Committee for Civil Rights Under Law</ORG>, as <JD>chief counsel</JD> of the <ORG>Committee's litigation offices</ORG> in <GEO>Jackson, Mississippi</GEO>, and as <JD>director</JD> in <GEO>Washington, D.C.</GEO> {S}
Robertson then returned to private practice with Wilmer, Cutler & Pickering, where he practiced until his appointment to the federal bench. {S}
While in private practice, he served as <JD>president of the District of Columbia</JD> ~~Bar, co-chair of the Lawyers' Committee for Civil Rights Under Law, and president of Southern Africa Legal Services and Legal Education Project, Inc.~~ {S}
Judge Robertson resigned from the Foreign Intelligence Surveillance Court, sending a letter to United States Chief Justice John G. Roberts announcing his resignation with no explanation. {S}
The Washington Post reported the resignation was related to the Bush administration's surveillance of international communications and phone calls sent or received in the United States, without judicial warrants. {S}
The disclosure of this classified program to the New York Times' is being investigated by the United States Department of Justice. {S}

FIGURE 5. L'analyse et l'extraction d'information professionnelle

différentes.

5   Conclusion et perspectives

L'extraction automatique de l'information biographique professionnelle est une tâche très complexe qui dépend fortement des connaissances acquises sur le domaine à analyser. Nous avons montré dans cet article l'intérêt des grammaires locales comme formalisme de représentation des variabilités syntaxiques des structures prédicatives verbales à sémantique « professionnelle »pour l'extraction automatique d'information et pour l'acquisition automatique de terminologie nouvelle.

Nous avons donné un aperçu général du système **ProfilPro**, et décrit les différentes phases de son fonctionnement, pour insister en particulier sur la phase d'extraction d'information, dans laquelle nous présentons les modèles de connaissances et la découverte de nouvelles locutions synonymiques à partir d'un ensemble initial de verbes prédicatifs sélectionnés. Nous avons pour finir, commenté les résultats expérimentaux obtenus sur un corpus annoté du « Financial Times ». Les informations biographiques ne se limitant pas aux informations professionnelles. Elles peuvent inclure des relations d'ordre privé comme l'amour ou la passion, des relations d'ordre publique comme la naissance, le mariage ou la mort et des relations d'ordre casuel comme une fracture, une découverte etc. Notre objectif à long terme est alors de procéder sur un plan semblable pour modéliser les structures prédicats-argument de toutes les relations biographiques faisant intervenir une entité de la classe ⟨Personne⟩ et une relation biographique, pour nous permettre d'enrichir le système **ProfilPro** et être capable de reconstituer automatiquement non seulement le profil professionnel mais le profil biographique entier d'une personne, en introduisant par exemple, sa date de naissance, sa date de mariage, de divorce, de décès et faciliter de la sorte aux internautes de retrouver toutes les informations biographiques d'intérêt sur une personne de notoriété mondiale.

Ce type de nomenclature peut être utile à plusieurs domaines applicatifs comme les systèmes de résumés automatique, les systèmes de classification automatique, ou alors les systèmes de question-réponse, application déjà testée avec nos modèles dans une coopération décrite en détail dans [18] et dont les premiers résultats sont très prometteurs.

BIBLIOGRAPHIE

[1] Eugene Agichtein and Luis Gravano. « Snowball : Extracting Relations from Large Plain-Text Collections ». *Proceedings of the Fifth ACM International Conference on Digital Libraries*, 85-94, San Antonio TX, USA, 2000.

[2] P-A. Buvet and P-Y. Foucou. « Classes d'objets et recherche sur le web ». *Linguisticæ Investigationes*, 23 :219-228, John Benjamins, 2001.

[3] Matthieu Constant. « Description d'expressions numériques en français ». *Revue Informatique et Statistique dans les Sciences humaines 36, Actes des troisièmes journées INTEX*, 119-135, Anne Dister, Liège, Belgique, 2000.

[4] Pablo Duboué and Kathleen McKeown and Vasileios Hatzivassiloglou. « ProGenIE : Biographical descriptions for Intelligence Analysis ». *Proceedings of the NSF/NIJ Symposium on Intelligence and Security Informatics*, 2665 :343-345, Springer, Tuscon Arizona, USA, June 2003.

[5] Cédrick Fairon. « Structures non-connexes. Grammaire des incises en français : description linguistique et outils informatiques ». Université Paris 7, Thèse de Doctorat, 2000.

[6] Michaela Geierhos. « Grammatik der Menschenbezeichner in biographischen Kontex-

ten ». Centrum für Informations- und Sprachverarbeitung (CIS), Ludwig-Maximilians-Universität, Munich, 2007.

[7] Gaston Gross. « Classes d'objets et description des verbes ». *Langages*, 115, Larousse, Paris, 1994.

[8] Maurice Gross. « Local grammars and their representation by finite automata ». *Data, Description, Discourse : Papers on the English Language in honour of John McH Sinclair*, 26-38, Micheal Hoey, Harper-Collins, London, 1993.

[9] Maurice Gross. « The Construction of Local Grammars ». *Finite-State Language Processing*, 329-354, E Roche and Y. Schabés, MIT Press, Cambridge MA, 1997.

[10] Maurice Gross. « A bootstrap method for constructing local grammars ». *Contemporary Mathematics : Proceedings of the Symposium, University of Belgrad*, 229-250, Belgrad, 1999.

[11] Laurent Kevers. « L'information biographique : modélisation, extraction et organisation en base de connaissances ». *Verbum ex machina. Actes de la 13e conférence sur le Traitement automatique des langues naturelles (Cahiers du Cental 2)*, 680-689, P. Mertens and C. Fairon and A. Dister and P. Watrin, Presses universitaires de Louvain, Louvain-la-Neuve, 2006.

[12] D. Le Pesant and M. Mathieu-Colas. « Introduction aux classes d'objets ». *Langages*, 131 :6-33, Larousse, Paris 1998.

[13] Jean Senellart. « Locating noun phrases with finite state transducers ». *Proceedings of the 17th International Conference on Computational Linguistics*, 1212-1219, Montréal, 1998.

[14] K. Sparck-Jones. « What might be in a summary ? ». *Information Retrieval '93 : Von der Modellierung zur Anwendung*, 9-26, G. Knorz and J. Krause and C. Womser-Hacker, Universitätssverlag Konstanz, 1993.

[15] Max Silberztein. « Dictionnaire électroniques et analyse automatique de textes - Le systèm e INTEX ». Paris, Masson, 1993.

[16] Sébastien Paumier. « Manuel d'utilisation d'Unitex ». `http://wwwigm.univmlv.fr/~unitex/`, 2004.

[17] W. A. Woods. « Transition network grammars for natural language analysis ». *Commun. ACM*, Vol.13, Number 10, Pages 591-606, ISSN 0001,0782, ACM, New York, 1970.

[18] Christian Schömmer. « Grammatikentwicklung im Rahmen lokaler Grammatiken. Eine semantische Suchmaschine für biographische Prädikate ». Ludwig-Maximilians-Universität, Rapport de DEA, Munich, 2007.

[19] I. Davis and D. Galbraith. « BIO : A vocabulary for biographical information ». `http://purl.org/vocab/bio/`, 2004.

[20] Masahide Kanzaki. « Who's who description vocabulary ». `http://www.kanzaki.com/ns/whois`, 2003-2007.

Principes d'une grammaire adéquate

GASTON GROSS[1]

1 Etat de la linguistique

Si l'on compare la linguistique à d'autres sciences qui ont pour objet le
domaine humain, on se rend compte qu'il n'existe aucun consensus sur la
nature même du domaine ni sur les fondements de la discipline. La philologie
se consacre souvent à l'histoire de mots isolés sans lien avec le système
général de la langue ; les tenants de la psychomécanique tentent de calquer
le fonctionnement de la langue sur celui de l'esprit ; les premiers tenants
de la grammaire distributionnelle jetaient le discrédit sur la sémantique,
prétextant qu'elle ne pouvait faire l'objet d'aucune étude sérieuse ; autour de
la cognition, on fait semblant de rendre compte du mécanisme du cerveau ;
d'autres linguistes réduisent les langues naturelles aux relations logiques.
Or, un très grand nombre de relations exprimées par les langues naturelles
n'ont rien à voir avec les conditions de vérité. Une phrase, par exemple,
peut être d'une acceptabilité parfaite et ne pas correspondre à une vérité
empirique comme *Le froid dilate les métaux*. Ce que je critique ici, ce n'est
point l'existence des différentes théories en question, ce qui est le propre de
tous les domaines de connaissance, c'est le fait qu'un consensus théorique
n'ait jamais pu être dégagé sur des bases minimales acceptées par l'ensemble
de la communauté et sur le fond même de la discipline.

A l'heure actuelle, personne n'a peur de se faire soigner à l'étranger lors d'un
voyage, car il existe un socle de connaissances et de pratiques sur lesquelles
s'entend l'ensemble du corps médical. C'est qu'au 19e siècle s'est instaurée
une réflexion approfondie sur le statut de la médecine comme connaissance.
Des réflexions théoriques de premier plan ont été mises au point comme
L'Introduction à la médecine expérimentale de Claude Bernard. Un tel livre
n'existe pas encore en linguistique. Cette absence de consensus est, à mes

---

[1]CNRS-LDI (UMR 7187)- Université Paris 13

yeux, l'une des causes de la perte de prestige de cette discipline depuis vingt ou trente ans. Contrairement aux années 70, les manuels scolaires ne se réfèrent plus à la linguistique, la discipline a perdu là un marché, qui était avide et consentant. A l'autre extrémité du domaine, la traduction automatique, du moins aux USA, se fonde sur les statistiques comme si l'ensemble des phrases n'étaient somme toute que la répétition les unes des autres. Là aussi, on constate une démission devant l'analyse des langues naturelles. Or, le besoin d'un traitement automatique des langues se fait sentir de plus en plus.

2 Prolégomènes à une linguistique comme science expérimentale

Pour qu'il y ait un jour consensus sur les conditions d'une linguistique ex-périmentale, il est nécessaire que soient réunies un certain nombre de condi-tions préalables. Il est indispensable tout d'abord que l'on admette que la langue constitue un objet d'étude objectif et que l'on puisse y dégager des faits, puis des règles qui s'imposent à tous les chercheurs, condition indispen-sable à toute science expérimentale. Un mot sur la notion de « fait ». Il est dangereux de comparer des sciences qui ont un degré de développement dif-férent. Depuis plus de trois siècles les données se sont été accumulées dans les sciences physiques de sorte qu'on peut adopter une démarche plus théorique que dans notre discipline. Or, force est de constater que des pans entiers des langues, même de grande culture, n'ont pas fait l'objet de descriptions suf-fisantes, comme par exemple les interactions de classes sémantiques dans le cadre des subordonnées circonstancielles ou la typologie des adverbes ou encore les relations entre aspects et détermination des prédicats nominaux.

Or, toutes les grandes disciplines scientifiques expérimentales sont passées par ce stade d'accumulation et de classement des faits. M. Gross [3] a sou-ligné que les travaux de Newton doivent beaucoup aux descriptions mé-thodiques de Tycho Brahé. A ce sujet, une remarque s'impose : décrire une langue c'est décrire la totalité de la langue. On connaît la remarque de Chomsky à propos du projet de M. Gross d'entreprendre le recensement des suites figées : « On ne va tout de même pas collectionner les papillons ! », ce qui fait sourire un zoologiste. Pourquoi ce qui vaut en zoologie serait-il malvenu en linguistique ? Certes certains sujets sont philosophiquement plus alléchants que d'autres, mais tous les faits linguistiques doivent être décrits, si l'on prétend au traitement automatique des langues. A ceux qui n'ont à la bouche que la notion de théorie au détriment des faits linguistiques, F. Guenthner a l'habitude de rappeler cette phrase amusante : « Don't confuse me with the facts ! »

Si l'on s'entendait sur le fait que la langue doit être considérée comme un objet d'étude au même titre que les autres domaines de connaissance, plus compliqué certes que beaucoup d'autres, du fait de son extrême complexité, on devrait admettre que l'on ne peut décrire que ce qui est codé et donc qui peut faire l'objet d'une constatation commune. Cela n'exclut pas les faits pragmatiques, à condition qu'ils soient inscrits dans la langue : une phrase comme *Paul n'est pas encore arrivé* implique qu'il est censé arriver. Cette implication est codée au même titre qu'une relation explicite. Sur cette base, on doit poser une seconde condition : que l'on mette au point des règles falsifiables et donc reproductibles. Un exemple éclairant de ce qu'il faut bannir, c'est l'explication de la valeur des modes en français signalée par les grammaires scolaires. On y explique que l'indicatif est le mode du réel et le subjonctif celui du virtuel. Or, les contre-exemples abondent. *Si j'étais riche* est bien un indicatif mais n'est pas un réel et *Qu'il ait eu raison est une évidence* comprend bien un subjonctif mais traduit un réel, comme le montre la principale. Une description est adéquate quand elle est reproductible. On peut considérer que l'informatique vient au secours de cette exigence, du fait que la génération constitue les conditions d'une réelle falsification.

Cette démarche exige que l'on ait recours à une métalangue rigoureuse. On sait que les catégories grammaticales sont toutes ambiguës. On ne peut rien dire de sérieux de la notion de verbe en général si on ne sépare pas les verbes prédicatifs des verbes supports, aucune description des noms n'est possible si on ne distingue pas les noms prédicatifs des noms élémentaires, le terme d'adjectif correspond à une dizaine de constructions différentes. La première condition d'une description adéquate consiste donc à jeter un regard critique sur les parties du discours, telles qu'elles nous ont été transmises par la tradition. Cette observation est d'une grande conséquence, car il s'agit des outils fondamentaux de la pratique linguistique. La matière première du linguiste, ce sont les mots et les mots sont traditionnellement classés en catégories grammaticales. Mais elles ont été élaborées à un moment où une description rigoureuse et reproductible n'était pas envisagée. Cela a eu pour conséquence que l'on n'analysait dans les exercices scolaires que les suites qui ne mettaient pas en cause le statut des parties du discours. Et comme, en outre, le figement et son corollaire les mots composés constituaient un domaine inconnu, la plupart des suites de cette nature étaient ou négligées ou classées sous le terme vague d'« expression », ce qui constitue un aveu d'échec du point de vue de l'analyse. Ainsi une suite comme *à la mode* sera définie comme un groupe prépositionnel, alors qu'il s'agit d'un adjectival, c'est-à-dire ici d'un prédicat d'état, dont le comportement est exactement le même que celui d'un adjectif : il peut être attribut, apposition ou épithète ; il peut être au comparatif et au superlatif ; il est pronominalisé en *le* et non pas en *y*, comme on s'y attendrait avec des groupes nominaux introduits par la préposition *à*.

3   La fiction des niveaux d'analyse

C'est un truisme de dire que, quand il parle, le locuteur exprime un message global, intégrant le lexique, la syntaxe et la sémantique. On pourrait objecter à cette observation que l'analyse de la langue ne doit pas être confondue avec son utilisation et qu'on peut pour des raisons méthodologiques séparer ces trois niveaux. Cette démarche est sanctionnée par la tradition qui réserve le lexique aux dictionnaires et la syntaxe aux livres de grammaire. Quant à la sémantique, elle est généralement réservée à des ouvrages scientifiques de nature spéculative. Or, cette séparation est une illusion méthodologique. On sait qu'un mot isolé est la plupart du temps ininterprétable. Il est impossible de répondre à une question comme : « Que signifie le verbe *conduire* ? ». Qu'on observe que ce verbe n'est jamais utilisé seul, en dehors d'une perspective lexicographique traditionnelle, qui crée ainsi la notion de *polysémie*. Mais cette notion n'est qu'un artefact induit par une certaine façon d'élaborer des dictionnaires et qui consiste à postuler qu'une entrée est constituée par un mot isolé. Or, ce verbe n'existe nulle part sans environnement dans le fonctionnement normal de la langue. C'est son environnement qui lui donne son statut. De ce point de vue la langue fonctionne comme la chimie. Dans la formule de l'eau ($H_2 0$), si l'on isole les éléments constitutifs, on détruit le composé, qui n'est pas réductible à chacun des deux éléments séparés. Il y a au moins une contrainte « syntaxique », c'est qu'il faut deux atomes d'hydrogène et un seul atome d'oxygène.

De même, il est aberrant de créer une entrée de dictionnaire *conduire*. Son environnement syntaxique fait partie de son identité même. Et cette identité ne peut pas être calculée en termes de catégories grammaticales. Par exemple, il ne suffit pas de dire que les arguments sont des substantifs et non des phrases. Il faut en premier lieu donner la suite la plus longue des arguments. Ainsi une phrase comme *Marie a conduit son fils* est-elle ininterprétable en l'absence d'un complément locatif obligatoire *Marie a conduit son fils à l'école*. Le sens est évidemment différent si le complément est un certain type d'humains collectifs comme *Paul conduit une entreprise*. Il ne suffit pas non plus de dire que ce verbe peut avoir comme objet un « inanimé concret », mais il faut spécifier qu'il s'agit d'un véhicule : *conduire une voiture, un autobus.* Un autre emploi est défini par le fait que le sujet est un événement et les compléments sont respectivement un humain et un nom de sentiment ou d'état psychologique *Cet accident les a conduits au désespoir.* Comme on le voit, il est impossible de séparer le lexique de la syntaxe, sous peine de ne pas reconnaître le mot lui-même. La notion de polysémie est une création d'une lexicographie morphologique. Dans leur fonctionnement réel, c'est-à-dire dans des phrases, les mots ne sont presque jamais polysémiques. Les confusions qui peuvent naître viennent de l'ambiguïté relevant d'une double lecture syntaxique. Ce qui nous venons de dire a pour conséquence que les unités élémentaires d'analyse ne sont pas les mots mais les phrases. Ces dernières sont les vraies entrées de dictionnaire. Et dans une phrase, les niveaux d'analyse sont des éléments constitutifs d'un même ensemble.

4   La langue comme l'ensemble des phrases simples

La première étape de la description d'une langue doit donc être le recensement et la description des phrases simples. Intervient alors une caractéristique des langues naturelles qu'il faut noter immédiatement. Il existe des phrases qui ne connaissent que des contraintes distributionnelles (et que nous appellerons des phrases libres) et des phrases figées. Tout prédicat exerce des contraintes sur ses arguments. Un verbe comme *plaire* a un sujet libre mais le complément est nécessairement un humain. Le prédicat *différent* ne donne pas des phrases naturelles si on choisit aléatoirement deux substantifs quelconques pour ses positions argumentales *?Un vélo est différent d'une dissertation.* Une phrase libre est donc celle où le prédicat accepte tous les substantifs des classes d'arguments qui le définissent. Ainsi le verbe *rédiger* accepte n'importe quel humain en position de sujet et n'importe quel substantif de la classe des <textes> en position de complément.

Nous n'identifions pas les restrictions distributionnelles au figement. Ce dernier peut affecter les arguments, le prédicat ou les deux. Si le figement concerne les arguments, c'est-à-dire si on est en présence de noms composés, le figement est local et peut parfaitement fonctionner avec un prédicat libre comme dans *Le général en chef a rédigé un bulletin de victoire.* Le figement peut aussi affecter le prédicat : on peut avoir alors un verbe figé *casser sa pipe*, un nom prédicatif *un voyage d'affaires*, un adjectif *tout feu tout flamme*. Dans ce cas, les arguments peuvent être des noms simples ou des noms composés. La relation entre ces séquences figées peut être libre comme dans *Le président de séance a mis sur le papier une déclaration d'intention.* Les éléments constitutifs sont figés mais la relation entre le prédicat et les arguments est libre. Enfin, il existe des phrases où la relation entre le prédicat et un des arguments est figée comme dans *La moutarde lui est montée au nez* pour le sujet ou *Paul mange les pissenlits par la racine* pour l'objet. Quant au figement complet, qui met en jeu à la fois le prédicat et les deux arguments, il est nettement plus rare. On peut penser aux proverbes ou aux phrases toutes faites *Un tiens vaut mieux que deux tu l'auras ; Paresse est mère de tous les vices.*

La liste des phrases simples d'une langue doit être établie sur ces bases. Ce recensement systématique doit se faire en prenant en compte les formes morphologiques des prédicats du premier ordre : verbes, noms, adjectifs et prépositions.

5   La notion d'emploi

L'indication du schéma d'arguments que nous venons d'évoquer n'est qu'une première étape dans la description d'une phrase élémentaire. Nous avons dit que l'indication du schéma d'arguments permet de déterminer le sens de chaque phrase simple. En effet, c'est une constatation empirique qu'un prédicat donné muni de la suite la plus longue de ses arguments, définis à l'aide des classes d'objets, n'a pas plusieurs interprétations. Le verbe *rédiger* dans *Paul a rédigé cette lettre* a rigoureusement le même sens que dans *Luc a rédigé cet avant-propos.* Cependant les phrases simples définies comme nous venons de le faire ont d'autres propriétés qu'il convient de décrire. Nous allons prendre le cas des prédicats nominaux, car ils sont plus éclairants pour la définition de la notion d'emploi que nous allons définir. Si on connaît le schéma d'arguments du prédicat *rédaction*, correspondant nominal de *rédiger*, on doit avoir d'autres informations pour générer les phrases susceptibles d'être construites autour de lui. Il faut d'abord être en mesure de séparer cette interprétation du mot de l'emploi non prédicatif, interprété comme résultatif par rapport au premier et correspondant à un travail scolaire : *Ta rédaction est pleine de fautes.* Les opérateurs appropriés seraient *lire, corriger, annoter*, etc. Soit maintenant l'emploi prédicatif, dont le schéma d'argument serait *rédaction (Humain, texte).* Pour être en mesure de générer une phrase simple, il faut disposer d'autres informations : il faut savoir conjuguer le prédicat nominal à l'aide du verbe support adéquat, ici *faire, effectuer* ou *procéder à* et en même temps connaître les déterminants possibles entre le verbe support et le prédicat nominal, à savoir l'article défini *le* suivi ou non d'un modifieur : *Paul a procédé à la rédaction (définitive) de cette lettre*, ou l'article *un-modif* : *Paul a procédé à une rédaction rapide de cette lettre.*

Il faut en outre connaître les verbes supports aspectuels : Inchoatif : *entamer, aborder, débuter, lancer, esquisser, ébaucher, attaquer* ; Itératif : *reprendre* ; Progressif : *poursuivre, prolonger, continuer, développer* ; Terminatif : *achever, parachever, terminer, suspendre, interrompre, abandonner, achever, arrêter, prolonger.* Le substantif prédicatif *rédaction* est aussi caractérisé par des opérateurs appropriés, ici essentiellement adjectivaux : *définitive, initiale, finale, hâtive, rapide, précise, claire et nette, cursive*, etc.

Ainsi, nous appelons *emploi de prédicat* l'ensemble de toutes les informations nécessaires à la génération comme phrase d'un prédicat muni de son schéma d'arguments et de toutes les modifications que ce schéma d'arguments peut subir, comme en outre les restructurations : passif, détachement ou extraction des arguments, interrogation, négation, etc. Toutes ces informations doivent figurer dans un article de dictionnaire, à la suite de l'entrée constituée par le schéma d'arguments. Ces informations peuvent être très différentes pour une même racine prédicative. Ainsi le prédicat *regard* correspond-il à deux emploi différents dans *Paul a un regard profond* ou *Paul a jeté un regard sur ce travail.* Le premier emploi correspond à un prédicat de propriété et le second à un prédicat de perception. Tous les paramètres que nous venons de passer en revue sont différents pour ces deux emplois d'un même substantif morphologique. Nous sommes maintenant en mesure de décrire avec plus de précision en quoi consiste la description d'une langue : il s'agit de décrire dans un premier temps les emplois de tous les prédicats du premier ordre.

Cette description permet de prédire la forme de toutes les phrases simples et de toutes les restructurations qu'elles peuvent subir. Si on ajoute à cela l'enchâssement, c'est-à-dire le fait qu'un prédicat puisse avoir comme argument une autre phrase, c'est-à-dire un autre prédicat, on aura rendu compte d'une très grande partie des textes, à l'exception de ce qui est circonstanciel.

6   Les structures circonstancielles

Sur ce point, la plupart des descriptions sont inadéquates, qu'elles soient traditionnelles ou modernes. Il faut tout d'abord faire une observation sur la terminologie. On appelle complément circonstanciel par opposition à subordonnée circonstancielle, les structures qui impliquent un substantif et non une phrase. Ainsi, *avec un marteau* et *par dépit* sont des compléments circonstanciels respectivement dans les phrases suivantes *Paul a cassé la vitre avec un marteau* et *Paul est parti par dépit.* Or ces deux compléments sont assimilés par erreur. Il existe un principe très général qui dit qu'il y a autant de phrases qu'il y a de prédicats. Or, le substantif *dépit* est un prédicat nominal, nous dirons donc que *par dépit* n'est pas un complément mais une phrase, équivalente sémantiquement approximativement à *parce qu'il a du dépit*. On doit analyser de la même façon les compléments de manière qui comprennent tous des prédicats nominaux. Nous traiterons donc comme subordonnées toutes les suites qui comprennent un prédicat nominal. Cette observation est importante pour la description systématique des langues. Si on revient à l'autre exemple, on doit signaler un autre principe d'analyse : un complément constitue un argument quand il est induit par le prédicat de la phrase. Ainsi, un complément de prix est induit par le prédicat *vendre* : *J'ai vendu ce vélo à Jean pour 200 euros*. Nous dirons donc que le complément de prix est ici un argument du verbe *vendre*, qu'il fait partie de sa valence. Il en est ainsi de *avec un marteau* qui est induit par le verbe *casser*, qui implique l'objet avec lequel on casser. Cet objet peut être une partie du corps comme *avec son poing, avec son coude*.

Reste alors à analyser les subordonnées dites circonstancielles. Celles-ci ne sont pas facultatives, car leur suppression change le message : *Il est parti parce qu'il s'ennuyait* dit autre chose que *Il est parti* et signifie *l'ennui qu'il éprouvait l'a fait partir*. La seconde observation porte sur le statut du connecteur, qui est rattaché traditionnellement à la subordonnée. *Dans il est resté chez lui parce qu'il pleut*, la locution conjonctive n'appartient pas à la phrase *il pleut*, où il ne joue aucun rôle, car la phrase est en elle-même saturée et ne peut donc pas recevoir d'arguments, sauf des intensifs *Il pleut des cordes*. La locution n'appartient pas non plus à la principale, qui est saturée elle aussi. Ces observations nous poussent à attribuer une fonction à ce relateur. Il s'agit en fait d'un prédicat du second ordre dont les arguments sont la principale et la subordonnée. La phrase de base repose sur l'emploi prédicatif de la préposition *par* : *Qu'il soit resté chez lui est par le fait qu'il pleut*, à quoi est appliquée une transformation principale.

Nous analysons donc les phrases complexes comportant une principale et un subordonnée circonstancielle comme un prédicat du second ordre ayant comme arguments les deux phrases qu'il relie. A la différence des prédicats du premier ordre, dont on n'a proposé de classification sémantique que très récemment, les prédicats du second ordre de ce type ont été classés traditionnellement du point de vue sémantique en une dizaines de grands groupes bien connus : la cause, le but, la conséquence, la concession, la condition, etc. Cette classification suscite deux remarques : les subordonnées ne constituent pas des ensembles disjoints et il existe des subordonnées qui ne sont pas prévues dans la classification.

Tout d'abord, il existe un assez grand nombre de connecteurs qui sont à cheval sur deux classes différentes. Par exemple, la conjonction *quand* exprime le temps dans *Quand je suis rentré, il pleuvait* et la cause dans *Quand on chauffe un métal, il se dilate.* Il en est de même de *lorsque* dans ces phrases. De même, la locution *chaque fois que* exprime l'itération *Chaque fois qu'il est venu à Paris, il est allé au Louvre.* Mais la corrélation peut aussi exprimer la cause *Chaque fois que le niveau de vie baisse, il y a des manifestations de rues.* On voit qu'il existe une interprétation causale de la corrélation. La conjonction *si* est elle aussi à cheval entre deux types de circonstancielles. Passons sur son interprétation conditionnelle. Dans la phrase *Si tu chauffes de l'eau à 100°, elle bout.* Les exemples de ce type sont très nombreux (cf. R. Pauna [4]).

D'autre part, certains types de relations n'ont pas d'identification ou alors sont pris en charge par d'autres classes. Ainsi un complément comme *Nous sommes partis par un soleil éclatant* est-il analysé comme un complément de temps, alors qu'il exprime une condition météorologique. De même, les subordonnées introduites par *chaque fois que* expriment l'itération et non le temps, comme on le dit habituellement.

Une description adéquate des relateurs dits circonstanciels, qui constituent des prédicats du second ordre, est en tous points identique à celle qui caractérise les prédicats du premier ordre. Leur regroupement devrait se faire sur la base de critères sémantiques rigoureux. Ne figureraient dans un même ensemble que les connecteurs qui ont les mêmes propriétés définitionnelles. On ne devrait pas être étonné que le nombre de classes sémantiques de ces prédicats soient en grand nombre, pas plus qu'on ne s'étonne du grand nombre de classes de prédicats du premier ordre. On gagnerait ainsi en précision.

7   Une linguistique comparée d'un nouveau type

La notion d'emploi permet d'envisager des études contrastives de façon nouvelle. Tout d'abord, cette notion met en évidence la complexité interne des langues. Il s'agit en évoquant un schéma d'arguments de penser à toutes les propriétés potentielles qu'il peut avoir et d'y penser en même temps. Cette vue globale des emplois permet de fonder la traduction sur des bases plus rigoureuses. Prenons un exemple. Nous avons montré (Gross-Prandi [1]) que la finalité en français pouvait être décrite à l'aide de classes d'objets. Si on laisse de côté la préposition *pour*, on constate que le but s'exprime à l'aide de quatre classes d'objets : a) les noms de lieux orientés *dans le but de*, b) des noms de perception *en vue de*, c) une classe de substantifs appropriés dont le classifieur pourrait être *intention* et d) certains types de prédicats de sentiments *avec le désir de, de peur de*. Cette description est plus fine que celle qui consiste à énumérer la liste des connecteurs de but sans autre classification. Nous voyons que la finalité ne constitue pas une relation sémantique homogène mais qu'elle est rendue (outre *pour*) par quatre classes de prédicats qui n'ont pas tous le même comportement linguistique : on peut parler à juste titre de quatre types de buts différents.

Cette description de la finalité est faite à partir du français. Voyons si une autre langue procède aux mêmes découpages conceptuels. En tous cas, les dictionnaires actuels ne perçoivent pas ces classes. Un dictionnaire comme le *Langenscheidts Handwörterbuch Französisch* (2000) propose pour traduire le substantif *but* les mots *Ziel, Zweck* et *Absicht*. Mais si l'on veut traduire de façon plus rigoureuse, en prenant en compte la classification du français, il convient de trouver l'équivalent dans cette langue qui s'en rapproche le plus, métaphore comprise. Le correspondant allemand de *but* est *Ziel* à la fois dans son sens local *Paris ist das Ziel unserer Reise* et dans le sens final *dans le but exclusif de faire qc : mit dem einzigen Ziel etw zu tun*. Mais le dictionnaire *Pons* propose deux autres traductions *nur zu dem Zweck etw zu tun, nur in der Absicht etw zu tun*. *Zweck* n'est évidemment pas un substantif de sens locatif. Il n'a pas comme *Ziel* et *but* une syntaxe de locatif.

Sans but précis : ohne bestimmtes Ziel

Qq atteint son but : jd erreicht sein Ziel

Qq se donne pour but de faire qc : Jd hat sich zum Ziel gesetzt, etw zu tun

Etre encore loin du but : noch weit vom Ziel entfern sein

Qq se fixe un but : jd setzt sich ein Ziel

Poursuivre un but : ein Ziel verfolgen

Se fixer un objectif : sich ein Ziel setzen

Atteindre son but : am Ziel sein

Cette syntaxe locative n'est pas possible avec *Zweck* ou *Absicht* : **noch weit (vom Zweck, von der Absicht) entfern sein ; *(sein Zweck, seine Absicht) erreichen ; *einen Zweck verfolgen ; *(am Zweck, an der Absicht) sein*. On peut faire des remarques analogues avec les adjectifs. Ceux qui sont clairement locatifs ne vont qu'avec *Ziel*, à l'exclusion de *Absicht* ou *Zweck* : *le but final, das Endziel ; un but inaccessible, ein unerreichbares Ziel, *ein unerreichbarer Zweck, *eine unerreichbare Absicht*. On voit donc que la métaphore locative joue en allemand comme en français et que *Ziel* semble être la meilleure traduction du substantif *but*.

La métaphore visuelle traduite par le français *vue* et *perspective* n'ont pas de traduction littérale. Il y a bien la traduction *im Hinblick auf etw* mais le complément est un substantif et non une phrase (**im Hinblick etw zu tun*). Le dictionnaire *Pons* traduit par *mit dem Ziel etw zu tun*, ce qui n'est pas un substantif de perception et Sachs-Villate évite la difficulté en traduisant par *um...zu*. Le mot *perspective* peut être mieux traduit *avec la perspective de gagner de l'argent, mit der Aussicht viel Geld zu verdienen*.

Pour ce qui concerne les substantifs d'opérations de l'esprit comme *intention* la traduction la plus commune est *Absicht*. Observons que dans *Absicht* il y a la racine *sehen* et que le mot comprend donc, au moins étymologiquement, une référence à la perception.

Avec l'intention de VW : mit der Absicht etw zu tun

Avec les meilleures intentions du monde : mit der besten Absicht

Avoir l'intention de faire qc : die Absicht haben, etw zu tun

Ce n'était pas intentionnel : das war keine Absicht

Dans l'intention de : in Absicht etw zu tun

Dans une bonne intention : in einer guten Absicht

Il n'entre pas dans mes intentions de VW : es liegt nicht in meiner Absicht etw zu tun

Intentionnellement : mit Absicht, absichtlich

Qc est intentionnel : etw ist Absicht

Sans intention : unabsichtlich

Le français *dessein* est traduit de la même façon :

A dessein : absichtlich, mit Absicht

Avoir de noirs desseins : finstere Absichten haben

Avoir le dessein de faire qc : die Absicht haben etw zu tun

Dans le dessein de : in (mit ?) der Absicht etw zu tun

Les prédicats de sentiments ne posent pas de problèmes épineux de traduction. L'expression *de peur que* reçoit une traduction presque littérale *aus Angst davor dass*. Le substantif *Wunsch* qui correspond au français *désir* a lui aussi une syntaxe similaire *avoir/avec le désir de faire qc, (den Wunsch haben, mit dem Wunsch) etw zu tun*. Les verbes ne posent pas non plus de problèmes de traduction *éprouver un désir, einen Wunsch hegen ; (exprimer, formuler) un désir, einen Wunsch (äussern, aussprechen)*. La traduction de *pour* la plus naturelle est *um ... zu*. Ce terme implique lui aussi que les deux sujets soient coréférents.

8   Etude des domaines

Ce que nous venons de dire à propos de la langue générale s'applique trait pour trait aux langues spécialisées. Observons que tous les domaines de connaissance peuvent s'exprimer à l'aide de la langue. Les livres techniques utilisent les mêmes procédés que la langue générale. L'unité d'analyse est aussi la phrase, qui est définie comme un prédicat entouré de ses arguments. La syntaxe y est la même. On ne connaît pas de domaine impliquant une organisation spécifique de la phrase. Certes, le vocabulaire est propre à chaque domaine. Mais ce vocabulaire trouve place dans le cadre de phrases. De plus, la plus grande partie des textes spécialisés sont constitués de la langue générale. Pour ce qui est de la réalisation de dictionnaires techniques, la méthode est la même. Il s'agit de décrire les emplois des prédicats et de donner pour les arguments les opérateurs appropriés.

9   Rôle de la linguistique

La description qui vient d'être faite permet de faire de la linguistique une science expérimentale. Elle essaie à chaque pas d'adopter des procédures contrôlables et qui permettent de mettre au point des analyses reproductibles. Elle est centrée sur la notion d'emploi, qui est, à mes yeux, la plus importante dans la description des langues naturelles. La linguistique ainsi conçue permet bien des applications. Il est évident qu'elle permet d'améliorer l'enseignement tant de la langue maternelle que des langues étrangères. Elle fournit en particulier les moyens de mettre au point une traduction automatique adéquate qui ne soit pas seulement un recours aux statistiques, comme on semble s'y résoudre actuellement. Elle permet de rechercher de l'information dans les textes, de façon efficace. La notion de prédicat approprié permet de sélectionner dans les textes le sens du mot en contexte. Cette optique implique une description de la langue par étapes au fur et à mesure que les descriptions s'accumulent mais, comme la théorie est homogène, les données sont compatibles entre elles.

Ces pages en l'honneur de Franz Guenthner sont le reflet des très nombreuses discussions que nous avons eues, lui et moi, depuis plus de quinze années. Elles ont eu lieu à Paris et mais aussi à Munich, où j'ai fait tant de séjours agréables et productifs. Toutes les idées qui sont exprimées ici ont été soupesées et examinées de tous les points de vue de la langue. Je suis heureux d'avoir eu cette coopération intellectuelle riche et intense, qui est pour moi aussi importante que celle que j'ai eue autrefois avec Maurice Gross.

BIBLIOGRAPHIE

[1] Gross G et Prandi M. 2004, *La finalité*, Duculot, Bruxelles.
[2] Gross G . 1996, *Les expressions figées en français*, Orphys, Paris.
[3] Gross G . 1975, *Méthodes en syntaxe*, Hermann, Paris.
[4] Pauna R . 2007, *Les causes événementielles*, Thèse Université Paris 13.
[5] Harris Z . 1976, *Notes du cours de syntaxe*, Seuil, Paris.

Coordinations as second-class constituents

HANS LEISS[1]

ABSTRACT. We propose to interprete coordinated expressions in natural language not by reductions to coordinated sentences, but as artificial expressions of pseudo-categories that result from a factoring of grammar rules. By way of examples, we show that factoring of quantified expressions can be given an interpretation where the quantifier simultaneously binds shared arguments of predicates in different coordinates of a coordination.

1 Introduction

Coordinations pose well-known problems for linguistic description, parsing and interpretation. Coordinators like *and, or, both-and, either-or, but-not, neither-nor* combine expressions of various like categories, as in *up and down, men and women, the power and the glory, to win or to lose, to search and destroy*, sometimes they combine expressions of different category, as in *famous and in great trouble, very ambitious and of great intelligence*, or *in front of or behind*, and often combine elliptic expressions or 'non-constituents', as in *she was reading a book, her husband a magazine and the child a comic*.

For linguistic description, coordinations pose problems like the following: May coordinators combine expressions of arbitrary category or only those of a subclass of *conjoinable* categories? Is the lexical description of coordinators polymorphic and symmetric in their argument categories? Do the coordinations of expressions of different categories have a syntactic category of a special kind? Are there restrictions in the distribution of coordinated

---

[1]Centrum für Informations- und Sprachverarbeitung, Universität München, Oettingenstr.67, D-80538 München. `leiss@cis.uni-muenchen.de`

expressions, so that we need special grammar rules to allow for occurences of coordinated expressions?

For parsing, coordinations pose problems –besides those of the categorial status– of scope ambiguities, as in *(european (men and women))* versus *((european men) and woman)* or in coordinations of coordinated expressions, and the problems arising from parsing elliptical expressions. For interpretation, there are at least the questions: Can we assign a meaning to a noun phrase conjunction that works both in combination with a distributive predicate, as in *John and Mary are ambitious*, but also in combination with a symmetric predicate, as in *John and Mary don't know each other*, or how do we define a meaning of coordinated noun phrases that depends on the context? How do we distinguish between cases when a constituent may be distributed to the parts of a coordination and those when it cannot, for example, in the combination of a noun phrase subject and a coordinated verb phrase?

We will address some of these problems. In section 2, we consider symmetric constituent coordination and propose to describe these not with lexical description of coordinators, but by treating coordinators as iteration operators on categories. This means that for coordinator j and category C we introduce a category C^j (similar to Kleene's C^*) and end-recursive context-free rules whose form depends on j. This can be extended to asymmetric coordinations by letting C be a disjunction of categories, $(C_1 \mid C_2)$. In section 3, we extend this treatment to non-constituent coordination by letting C be a sequence $\vec{C}$ of categories. A coordination of category $\vec{C}^j$ may occur as an artificial constituent where a sequence $\vec{C}$ of ordinary constituents might appear. In section 4 we sketch how an interpretation for a given base grammar can be extended to coordinations of base grammar constituents. Although coordinations often seem to arise as a side effect of factoring out common context expressions, the value of an expression of the form $\alpha C^j \beta$ can only in simple cases be reduced to the coordination $(\alpha C \beta)^j$ of its coordinates in the same context. We show how such reductions for base cases can be adapted to cases where quantifiers in the context α_β bind into the coordination C^j and cannot equivalently be expressed by separate quantifiers in the coordinates of C^j. The apparent factoring of binders into the common context α_β and the coordination C^j of the remnant pseudo-constituents are essential for expressing certain quantification patterns in natural language.

2   From symmetric coordination to coordination as iteration

The basic, binary, form of a coordination is the infixation of a *coordinator*, like *and*, *as-well-as*, *or*, between two expressions, here called its *coordinates*. If these are of the same category (or, as some authors [2] demand, of the same structure), the coordination is *symmetric*, otherwise *asymmetric*.

Symmetric coordination

Usually, symmetric coordination is supposed to give an expression of the same category as the coordinates. For the special case of conjunction, this is expressed as a context-free grammar rule

(1) $C \rightarrow C$ *and* C

or, in categorial grammar, as a lexical type assignment to the coordinator, *and* : $C\backslash C/C$. In fact, we need a schema of such rules or type assignments, where C is a category variable, or a (possibly infinite) list of instances of the schema, one for each category C that 'admits coordination'. Clearly, there are both lexical and phrasal categories that admit coordination, viz. *on and off*, *here and there*, *warm or hot*, *wait and see*, and *NP and NP, VP and VP, S and S*.

However, symmetric coordination is not as simple as rule (1) suggests; grammatical categories have to be equipped with features to reflect more information about expressions. We distingish between *classification features* and *form features*: classification features like gender for noun phrases or subcategorization frame for verbs are inherent and invariable, whereas form features like case for noun phrases and tense for verbs and (atomic) sentences parameterize the forms of an expression.[2]

If we take such features into account (as part of the category), then only in special cases do the coordinates really have the *same* category, and even if the do, the combined expression may have different features.

EXAMPLE 1. In conjunctions of common nouns, both nouns have to agree in case and (perhaps) number, but not in gender; and while the coordi-

---

[2]I use upper indices for form features and lower indices for classification features, except for subcategorization frames, which are shown in brackets.

nated expression shares case and number with its coordinates, it cannot be reasonably assigned a gender at all:

$$(men_{masc}^{nom,pl} \text{ and } women_{fem}^{nom,pl})_{?}^{nom,pl}$$

If the two nouns are singular in number, the conjunction is plural:[3]

Musik und Gesang sind nicht mein Fach.

And if two noun phrases of different number are conjoined, the conjunction is plural.

So, rule (1) needs to be corrected by admitting slight modifications C', C'' and C''' of C:

(2) $C''' \rightarrow C'$ *and* C''

What these slight modifiactions are, has to be specified for each C separately.

If two expressions with different values of a *classification* feature can be coordinated, then the coordination does not have the feature at all (unless we give it an artificial default value), as example 1 shows. It may even be possible to coordinate expressions with different values of a governing feature, at least if the governed expression is ambiguous in its form:

EXAMPLE 2. In German, one can coordinate prepositions that govern different cases, when they are combined with nouns without an article and the forms for these cases do not differ:

$$mit_{[dat]} \text{ und } ohne_{[acc]} \text{ } Komplementierer^{dat|acc} \quad ([2], \text{ p.6}).$$

So we may 'extract' expressions of different morphological form if only their phonological forms agree:

$$mit_{[dat]} \text{ } [Komplementierer^{dat}] \text{ und } ohne_{[acc]} \text{ } Komplementierer^{acc} \text{ } .$$

We can even extract common parts of noun composita, as in

---

[3]Most German examples are taken from Süddeutsche Zeitung, 1.-7. Juli 2006

Anmelde-, Publikations- und Ausstellungsgebühren .

On the other hand, if we can coordinate two expressions with the same value
for some classification feature, this does not imply that the coordination also
has this feature with the same value:

EXAMPLE 3. The forms of plural noun phrases in German do not depend
on gender, hence plural noun phrases should not carry a gender feature.
The only reason I am aware of in favour of such a feature is that anaphoric
expressions may differ depending on the gender of the plural noun phrase
they refer to, cf. *eine/einer/eines von ihnen.* For example, *Ich habe zwei
Bücher$_{neut}$ und drei Zeitungen$_{fem}$ gekauft. Eine^{fem,sg}|Eines^{neut,sg} von ihnen
habe ich noch nicht gelesen.* refers to the second (resp. first) conjunct of
the noun phrase *zwei Bücher und drei Zeitungen.*

If two expressions of the same category with different values of a *form*
feature can be coordinated, then there are two cases: either the form feature
is subject to agreement or goverened, in which case the coordination needs
some value for this feature, or the feature is not governed or an agreement
feature, in which case it does not make sense to assign a feature value to
the coordination.

In the first case, we may have three different values u, v, w of the same
feature,

$$C^u \to C^v \text{ and } C^w,$$

where u need not be v or w, even if $v = w$, as the conjunction of two singular
noun phrases to a plural noun phrase shows. Note that this occurs even
with values of agreement features.

EXAMPLE 4. A coordination of two atomic sentences with different tense
(or diathesis) cannot reasonably be assigned a tense (or diathesis): certain
features occur at atomic expressions of a category only. On the other hand,
if tense is goverened or constrained, as in

während φ und ψ

by the subjunctor, then the tense values of the two conjuncts have to obey
the constraint of the subordinator. It is tempting to assign this constrained

value to the coordination as well, i.e. restrict sentence coordination to

$$S^t \to S^t \ and \ S^t \qquad (t : tense),$$

so that the constraint imposed by the subordinator could be expressed in the grammar rule as

$$S \to während_{[t]} \ S^t, \ S^t \ .$$

But assigning the coordination a value for the feature in this special case conflicts with the general case of omitting the feature if the coordinates may assign different values to it.[4] So it seems that we need a way to impose the constraint to the coordinates. This could be accomplished by considering S^t not as a category term showing a value t of its tense feature, but by considering $(\cdot)^t$ as an operator that assigns t to the tense feature of an *atomic* argument S, and recursively operates on the conjuncts S_1 and S_2, if its argument is a conjunction $S_1 \ and \ S_2$.

EXAMPLE 5. Note also that the subject-verb agreement in number does not obey this condition: if the subject is the conjunction of singular noun phrases, it has to be plural.

$$S \to NP^{nom,pl} \ VP^{pl}$$

Here we cannot interpret $(\cdot)^{pl}$ as applying a feature value assignment to its conjuncts recursively.

There seems to be no general rule as to whether the context or the coordination adapts its features: in subject-verb agreement, the verb adapts to the number of the subject.

Scope ambiguities

There are ambiguities related to the complexity of the coordinates. In particular,   coordination   rules   for   (possibly   modified)   nouns   and

---

[4]Instead of omitting the feature, one might give it a special value for coordinations with differing values at the coordinates. However, this value should not be the pair of values of the coordinates, since these may themselves be coordinations and we would end with trees of unbounded depth as feature values.

noun phrases like

$$NP^{pl} \quad \rightarrow \quad N \ and \ N \mid A^{pl} \ N^{pl}$$
$$NP^{pl} \quad \rightarrow \quad NP \ and \ NP \mid N^{pl}$$

lead to ambiguities in expressions of the form $A^{pl} \ N^{pl} \ and \ N^{pl}$ (which would not be reduced by separating unmodified nouns N from modified nouns $\overline{N}$):

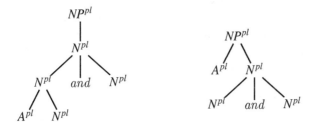

Sometimes, morphological properties of German adjectives admit a single reading, as in

> *Konzeptionelle Arbeiten und Grafik-Design werden bei dem Design-preis eher selten ausgezeichnet.*

where $A^{nom,pl} \ N^{nom,pl}_{fem} \ and \ N^{nom,sg}_{neut}$ has only the analog to the left hand side reading since the adjective in singular would be *konzeptionelles*.

Syntactic ambiguities also arise between phrase and complement coordination, for example

$$((N^{pl,nom}_{[p]} \ P_{[acc]} \ N^{pl,acc}) \ oder \ NP^{pl,nom})$$

versus

$$(N^{pl,nom}_{[p]} \ P_{[acc]} \ (N^{pl,acc} \ oder \ NP^{pl,acc})),$$

which may only be resolvable on semantic grounds; clearly in favour of the left hand analysis for

> *So tummeln sich in den Jahrbüchern auch Fernbedienungen für*
> *Deckenventilatoren oder medizinische Hilfsmittel zur periodischen*
> *Blasenentleerung.*

Another kind of ambiguity occurs when different coordinators interact, as in *N and N or N* with two different bracketing, viz. (*N and N*) *or N* and *N and* (*N or N*). While this does not seem to occur very often, a similar coordination with the *same* coordinator *does* occur, and in these cases, the binary coordination rules lead to spurious ambiguities which do not reflect different meanings, and slows down the parsing. These can be avoided by giving up the binary coordination rule in favour of variants of the following *n*-ary coordination with varying $n \geq 2$.

Iteration

Symmetric coordinators like *and* and *or* can be extended to combine $n + 2$ argument expressions of the same category, where, for example, all but the last two arguments are separated by a comma and only the last two by the coordinator. Thus, we can view *and*, say, as an operator[5] analogous to Kleene's *, defining for a category C a *coordination category* C^{and} by end-recursive context-free rules like

(3) $C^{and} \rightarrow C, C^{and} \mid C$ *and* C

(where ',' is a terminal symbol) similar to the rules for iteration, i.e.

$C^* \rightarrow C\ C^* \mid \epsilon$.

Note that C^{and} is a complex category expression with subexpression C. Other coordinators like *neither-nor* have slightly different defining rules, like

(4) $C^{neither-nor} \rightarrow$ *neither* C, C^{nor}
(5) $C^{nor} \rightarrow$ *nor* $C, C^{nor} \mid$ *nor* C .

The various occurrences of C in these rules may show the 'slight differences' in features discussed above for symmetric coordinations. Note that when

---

[5] We write operators as upper indices, just like form features, hoping that no confusion will arise.

all the coordinates are separated by the *same* coordinator, the spurious
ambiguities raised by a binary coordination rule can be avoided by using
iteration rules like

(6) $C^{and'} \to C \text{ and } C^{and'} \mid C \text{ and } C$.

These force *and* to be right-associative, provided the coordinations are not
subsumed under the simple expressions, i.e. the rules for C are not like

(7) $C \to \ldots \mid C^{and} \mid C^{and'} \mid \ldots$.

Thus, the iteration rules (6) are better suited to parsing than the binary
symmetric ones.

Omitting the comma separating the initial coordinates of an $n + 2$-ary coordination C^j with single-word coordinator j, the rules represent the flat
structures on the left by those on the right:

Similarly, coordinations with a split-coordinator i-j like *neither-nor* give
representations like

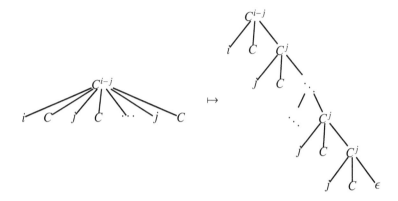

REMARK 6. There are situations when conjunctions of conjunctions must not be 'flattened' to a single conjuction. Some languages have variants of *and* such as *both-(and also)*, which allow us to express the intended bracketing: for German, we can do this using[6]

$$NP^{sowohl-(als\ auch)} \quad \rightarrow \quad sowohl\ NP^{und}\ als\ auch\ NP^{und}$$
$$NP^{neben-auch} \quad \rightarrow \quad neben\ (NP^{dat})^{und}\ auch\ (NP^{dat})^{und}$$

to cover examples like

> *Ringen fordert neben Kraft und Technik auch Strategie und Intelligenz.*

Apparently, only *und* and *oder* are used to coordinate coordinations with the same coordinator.

A coordinator variant can ease parsing: using *beziehungsweise* instead of *oder* in

> *Der Verein konnte glaubhaft versichern, dass alle anderen entweder verletzt (...) oder bei einer gewissen Weltmeisterschaft zugange sind beziehungsweise waren und erst Ende Juli in München erwartet werden.*

---

[6]Here, '(' and ')' are meta-, not terminal symbols. By the way, *neben-auch* seems to be a binary coordinator that can combine only nouns and noun phrases, while most coordinators work for different categories.

makes the remaining *oder* identifiable as part of an *entweder-oder*.

Since the coordination categories like C^{and} are different from their simple counterparts C, we do not automatically have (7). Besides the advantage for parsing, this also has the effect that nestings of different coordinators have to be cared for by specific grammar rules resp. categories like $(C^{or})^{and'}$. Although this complicates the grammar, I consider it an advantage, since most coordinators except *and* and *or* seem to occur on top level only, and nestings of depth 3 or more are artificial. In fact, since a grammar has only finitely many rules, the nestings of coordinators in a grammar is bounded, while the length of coordinations is not.

Moreover, we cannot simply close a category under coordination by adding (7), because coordinated expressions in general do not have the same features as the simple ones. In order to fine-tune where coordination of C-expressions may occur, we may replace occurrences of C in the right hand side of given grammar rules by $(C \mid C^{and})$; for this to work, agreement with and government of features of C and C^{and} have to be suitably adapted.

Asymmetric coordination

Since we consider coordinators as operators j building from categories C coordination categories C^j with specific iteration rules, we can apply coordination not only to simple categories, but also to complex ones, and in particular, to the disjunction of two categories, $(C_1 \mid C_2)$, as in

$$(C_1 \mid C_2)^{and} \quad \rightarrow \quad (C_1 \mid C_2), (C_1 \mid C_2)^{and} \mid (C_1 \mid C_2) \text{ and } (C_1 \mid C_2).$$

The iteration rules then cover *asymmetric coordinations* like C_1 *and* C_2, where the coordinates may be of different category:

EXAMPLE 7. (*NP and AP*)-coordination:

  a) *Er ist eines der führenden Mitglieder von Einiges Russland und als Chef des außenpolitischen Ausschusses der Duma stets auch auf internationaler Bühne präsent.*

  b) *Heute ist sie 41 und als Schauspielerin und TV-Moderatorin bekannt.*

In b), the *NP and AP*-coordination *41 und als ... bekannt* becomes an *AP and AP*-coordination if we consider *41* as an ellipsis of *41 Jahre alt*, but this would be harder to parse.

Clearly, asymmetric coordination can be used only in specific contexts. For example, the conjuction NP^{nom} and AP can be used predicatively, in the context of a few verbs $v_1, \ldots, v_k$ like *to be, to become, to seem* (see also [9]), which can be expressed (for conjunctions of length ≥ 2) by

$$(8) \quad S \quad \rightarrow \quad NP^{nom} \; (v_1 \mid \ldots \mid v_k) \; (NP^{nom} \mid AP)^{and}$$

The coordination category $(NP^{nom} \mid AP)^{and}$ here has a functional flavor, as it groups together expressions of different category on the basis of their common predicative function. This also happens in the following

EXAMPLE 8. *(AP and VP^{inf})*-coordination:

> *Raketen mit Festbrennstoff sind sehr mobil und schwer zu bekämpfen.*

Another frequently occurring asymmetric coordination combines expressions of the same adverbial function, like $(Adv \mid PP)^{or}$ in *tomorrow or within five days*, which, however, are not restricted to a small set of contexts. See also [11].

3   Non-constituent coordination or coordination as abbreviation

So far, we have looked at the internal structure of coordinations, most of the time assuming that the coordinates are expressions of a given syntactic category. Asymmetric coordinations, however, show that not only the categorial status of the constituents, but also their syntactic function and the context of the coordination determine what can be coordinated.

Coordinations form a well-known problem for constituent theories of syntactic structure. Two cases in question are the following, with alternative schemata for structures, using + for a binary coordinator and $[\gamma]$ for an omitted part:

- *forward-reduction*, where two conjoined expressions share a left part: $(\gamma\alpha + [\gamma]\beta), \gamma(\alpha + \beta)$

  John gave a book to Bill and [John gave] a record to Max. [3], p.169

  Er muss bei Behörden nie wieder anstehen und [er muss] im Restaurant nie wieder bezahlen.

- *backward-reduction*, where two conjoined expressions share a right part: $(\alpha[\gamma] + \beta\gamma), (\alpha + \beta)\gamma$

  every second [student] or at least every third student

  Allerdings erheben wir nicht, (was mit Touristen [ins Land kam] und was mit Geschäftsleuten oder in Containern ins Land kam).

Problematic with, say, forward reduction, is that an analysis with elison in the right conjunct, $(\gamma\alpha + [\gamma]\beta)$, involves expressions $[\gamma]\beta$ with empty constituents and poses the problem how to restrict the use of empty constituents $[\gamma]$ to coordination contexts exhibiting γ; an analysis by simultaneous leftward extraction without elisions, $\gamma(\alpha + \beta)$, poses the problem of constituent status (and category) of the extracted part γ, the conjunction $(\alpha + \beta)$ and the conjuncts α and β; an analysis by simultaneous extraction with elisions, $\gamma([\gamma]\alpha + [\gamma]\beta)$, has to deal with both problems. Moreover, the shared part γ may not be strictly identical in the overt and implicit occurrences.

Transformational grammar claimed that every coordination is obtained from a coordination of sentences by recursively applying tree transformations, such as the following for forward reduction:

left peripheral extraction transformation (when subtrees with root C are isomorphic):

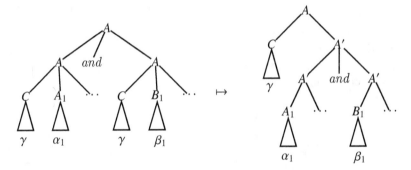

Even if the problems with the constituency status and category of the extracted and coordinated parts are put aside, this approach cannot work: on the one hand, transformations are to be meaning-preserving, but on the other hand, a subexpression's contribution to the meaning may depend on its occurrence position, but occurrences are changed by transformations. For example, merging a quantified noun phrase may change the meaning of a sentence:

some people are rich and some people are poor ≠ *some people are rich and poor.*

Note that this counter-argument does not depend on how the expressions are structured.

Under the analysis as simultaneous extractions without elisions, the reductions are left- resp. right *factorings* with respect to string concatenation · and coordination +:

$$(9) \quad \gamma \cdot (\alpha + \beta) \simeq (\gamma \cdot \alpha) + (\gamma \cdot \beta) \qquad (\alpha + \beta) \cdot \gamma \simeq (\alpha \cdot \gamma) + (\beta \cdot \gamma)$$

While + on the right hand side coordinates constituents, it coordinates *non-constituents* α and β on the left, in particular, if these are *sequences of expressions*. Constituent theories of syntax have the problem that $(\alpha + \beta)$ on the left is not a constituent in a reasonable sense.[7] The problem vanishes when using more flexible notions of syntax, such as categorial grammar. In particular, Dowty[3] and Steedman[12] extended Lambek's[8] calculus of syntactic types by type raising and function composition rules,

$$\frac{X}{(Y/X)\backslash Y} \text{ (T)} \qquad \text{and} \qquad \frac{X\backslash Y \quad Y\backslash Z}{X\backslash Z} \text{ (C)},$$

in order to get a better treatment of coordination. With these rules, non-constituents like a sequence of two object *NP*'s can be coordinated as follows, where $TV := VP/NP$ and $DTV := TV/NP$ and the type X in the coordinator has to be instantiated to $DTV\backslash VP$:

$$
\begin{array}{c}
\cfrac{
\cfrac{
\cfrac{\cfrac{Bill}{NP}\text{ (T)} \quad \cfrac{a\ book}{NP}\text{ (T)}}{DTV\backslash TV \qquad TV\backslash VP}
}{DTV\backslash VP}\text{ (C)} \quad
\cfrac{and}{X\backslash X/X} \quad
\cfrac{
\cfrac{\cfrac{Max}{NP}\text{ (T)} \quad \cfrac{a\ record}{NP}\text{ (T)}}{DTV\backslash TV \qquad TV\backslash VP}
}{DTV\backslash VP}\text{ (C)}
}{\cfrac{give}{DTV} \qquad DTV\backslash VP}
\\[2pt]
VP
\end{array}
$$

However, these rules tend to overgenerate and are still not able to account for all coordinations. This lead Houtman[6] to the conclusion that for an

---

[7] Beavers and Sag[1] use extraction *with* elisions, yet deny constituent status.

adaequate treatment of coordination, some notion of constituent has to be reintroduced into categorial grammar.

Therefore, we return to constituent structures. Despite the fact that the transformational reduction theory of coordination does not work in general, there is some plausibility in seeing the coordination reductions as factorings (9) or distribution laws. Clearly, $\simeq$ in (9) cannot be string- or treeequivalence under equality of meaning. But the passage from the right to the left can be interpreted as a test for grammaticality: in order that the left hand side be grammatical, the 'expanded' right hand side has to be grammatical. We will, however, take α, β, γ to be sequences of categories rather than concrete expressions.

Let us make this idea concrete. For a coordinator j and a sequence $\vec{A}$ of categories, we may add a coordination-category $(\vec{A})^j$ to group coordinations of sequences of expressions of categories $\vec{A}$ into (artificial or) *second-class phrases*. For these categories, we may write coordination rules generalizing those for phrasal coordination. For example, we might want to have local trees like

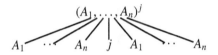

in analogy to the termination rule in (3). As for constituent coordination, one has to admit slight modifications of features in the copies A_j of the same category, but we will ignore this aspect below.

These coordination-categories $(\vec{A})^j$ may occur in grammatical structures only where a corresponding sequence of categories may occur, i.e. whenever

is an admissible local tree, so is

Note that the set of syntactic structures remains inductively definable, and each syntactic structure is an ordered tree. Semantic evaluation may do case analysis on the syntactic structure and actually inspect the coordinated constituent (see section 4).

REMARK 9. If one does *not* want to combine such sequences $\vec{C}$ into an artificial phrase, then their coordination seems to need context-*sensitive* rules like

$$C_1 \cdots C_n \to C_1 \cdots C_n \ and \ C_1 \cdots C_n \ .$$

The main drawback of such rules is that they destroy the notion of constituent.

We now formulate the idea in terms of context-free grammars. Suppose a context-free base grammar is given. It provides us with a notion of constituents for the expressions in its language, and we assume that conjoinability is not part of this notion. We extend the base grammar by adding constituent and non-constituent coordination categories and expressions; the latter are constituents with respect to the extended grammar only.

DEFINITION 10. Let $G = (N, \Sigma, P, S)$ be a context-free grammar and j a terminal symbol. An *extension of G by symmetric coordination rules for j* is a grammar $G^j = (N^j, \Sigma, P^j, S)$ where

1. N^j extends N by *coordination categories* $(\beta)^j$ such that $\beta \in (N \cup \Sigma)^+$,

2. P^j extends P by the following rules, for each $(\beta)^j \in N^j \setminus N$:

   (a) at least one *occurrence* or *initial rule* $A \to \alpha(\beta)^j\gamma$ such that $A \to \alpha\beta\gamma \in P$,

   (b) a *termination rule* $(\beta)^j \to \beta\,j\beta$, and, optionally,

   (c) a right-recursive *iteration rule* $(\beta)^j \to \beta\,(\beta)^j$.

We call $(\beta)^j$ a *constituent coordination category* if $|\beta| = 1$, and a *sequence-* or *non-constituent coordination category* otherwise.

REMARK 11.

1. The definition of G^j gives a *formal* notion of coordination, defined not in terms of tree or string transformations, but in terms of grammar

rule transformations. i.e. metarules. A coordination category $(\beta)^j$ is a non-terminal of G^j that has no parts to which the rules of G could be applied. By construction, the coordinates of a $(\beta)^j$-coordination are constituents of categories β in G-expressions that can appear in the same context as the coordination.

A number of variations are possible; for example, for each $(\beta)^j$ and category A, we might want to add *all* occurrence rules $\{A \to \alpha(\beta)^j\gamma \mid A \to \alpha\beta\gamma \in P\}$ to G^j, or none.

2. As the definition is just formal, not *every* rule $A \to \alpha\beta\gamma$ of G will give linguistically relevant coordination categories $(\beta)^j$. Linguistic investigations have to sort out the *conjoinable* β; however, unlike Keenan and Faltz[7], we do not expect that these can be identified by semantic properties and come from underlying boolean domains. Many β with $|\beta| = 1$ may in fact be conjoinable, but probably less so for $|\beta| > 1$. But, for example, $NP \to (Det\,AP)^{und}\,N$ as well as $NP \to Det\,(AP\,N)^{und}$ make sense in German, viz. *der gute und der böse Nachbar, die warmen Tage und lauen Abende.*

3. For fixed G, the combination of all G^j, $j \in \Sigma$, with maximal sets of occurrence rules, is a context-free, hence finite, grammar. But it does not yet admit double coordinations as in $A \to \alpha(\beta)^j\gamma(\delta)^k\eta$, or nested ones. By iterating the extension finitely many times, we cannot 'close' a base grammar under coordination; we can only add restricted nestings of coordinators and restricted sequences in sequence coordination.

In applications to natural language, we allow some liberty in the formulation of iteration and termination rules by inserting terminals such as commata between the coordination categories, as in the rules *neither-nor* in (4). We might relate the coordinations to sentence coordination of G by demanding that G has a rule $S \to S\,j\,S$ and that $A = S$ in the definition. We do not exclude that β in $(\beta)^j$ consists of nonterminals of Σ, so we can account for coordinations like *day by day* etc.

Concerning constituent coordination, it is tempting to think that instead of adding a symmetric coordination rule like $(AP \to AP\,and\,AP)$ to G we can add the coordination category $(AP)^{and}$ and its associated rules (without iteration). However, the latter generates less than the former, since all the AP's in an $(AP)^{and}$-expression have to be non-coordinated; to compensate for that, we can add $AP \to (AP)^{and}$ as well.

REMARK 12. A traditional category like *VP* may be well-motivated for English, but is questionable for German, where objects as well as adverbials can equally well be in the initial position of a sentence. Yet, even if one rejects constituent categories *VP* $(= NP^{nom} \backslash S)$, $NP^{acc} \backslash S$ or $Adv \backslash S$, coordinations of this kind of expressions are frequent, and sequence coordination categories in sentence rules $S \to NP^{nom}$ $(V^{fin} \ldots)^{and}$ or $S \to NP^{acc}$ $(V^{fin} \ldots)^{and}$ or $S \to Adv$ $(V^{fin} \ldots)^{and}$ introduce them perhaps adequately as second-class categories, in coordinations only.

EXAMPLE 13. The special case of the introduction of symmetric sequence coordination with $\gamma = \epsilon$,

base grammar	extended grammar
$A \to \alpha\beta$	$A \to \alpha(\beta)^{and}$

,

is sufficient for many cases of non-constituent coordination in English: for the example

> *I explained the definitions to the undergraduates and the proofs to the graduates.*

we would have a rule like $S \to NP^{nom} \ V^{fin}_{[nom,acc,to]}$ $(NP^{acc} \ PP^{to})^{and}$ in the extended grammar.

EXAMPLE 14. The more general case used in the definition, i.e.

base grammar	extended grammar
$A \to \alpha\beta\gamma$	$A \to \alpha(\beta)^{and}\gamma$

,

is quite common in German: for the examples

> *Das sind Leute ohne Prinzipien, die (heute Kommunisten, morgen Antikommunisten und übermorgen Faschisten) sein können.*
>
> *Sie sollen (bis Ende September vorbereitet und ab Oktober umgesetzt) werden.*

the extended grammar would have rules

$$S_{rel} \to Pron_{rel} \ (Adv \ NP^{nom})^{und} \ Aux^{fin}_{pred} \ Aux^{inf}_{modal} \ .$$
$$S \to Aux^{fin}_{modal} \ (Adv \ V^{part})^{und} \ Aux^{inf}_{pass} \ .$$

An extension to asymmetric coordination is straightforward: if G has several A-rules $A \rightarrow \alpha\beta_1\gamma, \ldots, A \rightarrow \alpha\beta_n\gamma$ with the same context α_γ, we add a coordination category $(\beta_1 \mid \ldots \mid \beta_n)^j$ that may occur in just this context:

DEFINITION 15. Let $G = (N, \Sigma, P, S)$ be a context-free grammar and j a terminal symbol. An *extension of G by asymmetric coordination rules for j* is a grammar $G^j = (N^j, \Sigma, P^j, S)$ where

1. N^j extends N by *coordination categories* $(\beta_1 \mid \ldots \mid \beta_n)^j$ with pairwise distinct $\beta_i \in (N \cup \Sigma)^+$,

2. P^j extends P by the following rules, for each $(\beta_1 \mid \ldots \mid \beta_n)^j \in N^j \setminus N$:

    (a) at least one *occurrence* rule $A \rightarrow \alpha(\beta_1 \mid \ldots \mid \beta_n)^j\gamma$ such that $A \rightarrow \alpha\beta_1\gamma \mid \ldots \mid \alpha\beta_n\gamma \in P$,

    (b) *termination rules* $(\beta_1 \mid \ldots \mid \beta_n)^j \rightarrow \beta_1 j\beta_1 \mid \ldots \mid \beta_1 j\beta_n \mid \ldots \mid \beta_n j\beta_1 \mid \beta_n j\beta_n$, and,

    (c) optionally, *iteration rules* $(\beta_1 \mid \ldots \mid \beta_n)^j \rightarrow \beta_1 (\beta_1 \mid \ldots \mid \beta_n)^j \mid \ldots \mid \beta_n (\beta_1 \mid \ldots \mid \beta_n)^j$.

We call $(\beta_1 \mid \ldots \mid \beta_n)^j$ an asymmetric *constituent* coordination category when $|\beta_1| = \ldots = |\beta_n| = 1$.

Written with grammar rules in extended Backus-Naur-form, these conditions are exactly those of definition 10 with β replaced by the alternative $(\beta_1 \mid \ldots \mid \beta_n)$.

The essence of all this is: the introduction of coordination consists of 'extracting' a common prefix- and suffix-factor in several A-rules of the grammar G and admitting the alternative of infix-factors to be iterated:

base grammar	extended grammar
$A \rightarrow \alpha\beta_1\gamma \mid \ldots \mid \alpha\beta_n\gamma$	$A \rightarrow \alpha(\beta_1 \mid \ldots \mid \beta_n)^j\gamma$

In particular, this gives an interpretation for the both-sided reduction from right to left in

$$(10) \quad (\alpha \cdot \beta_1 \cdot \gamma) + (\alpha \cdot \beta_2 \cdot \gamma) \simeq \alpha \cdot (\beta_1 + \beta_2) \cdot \gamma,$$

of which the equivalences (9) for forward- and backward reduction are special cases. Although the factoring is with respect to sentential forms, it is convenient to speak of factoring out word sequences in applications.

EXAMPLE 16. In the following two asymmetric coordinations, the common auxiliary verb is factored out, while the participles of the main verbs are different in the two conjuncts (so these are not *VP*-coordinations):

> *Die dort vermuteten Dickhäuter hatten jedoch bereits (mit dem Führungsduo Kontakt aufgenommen und danach das Weite gesucht).*

> *Um möglichst große politische Aufregung zu verursachen, hatte die nordkoreanische Führung ihre neue Taepodong-2-Rakete (im vollen Blickfeld amerikanischer Spionagesatelliten aufgetankt und dann mehrere Wochen auf der Abschussrampe stehen lassen), bevor sie schließlich als dritte Rakete abgefeuert wurde.*

The first would have an *S*-rule with right hand side like

$$NP^{nom}\ V_{aux}^{fin}\ (Adv\ PP^{mit}\ NP^{acc}\ V_{[nom,mit,acc]}^{part}\ |\ Adv\ NP^{acc}\ V_{[nom,acc]}^{part})^{und}$$

while in the second the common object noun phrase is also left-factored, roughly as in

$$Adv\ V_{aux}^{fin}\ NP^{nom}\ NP^{acc}\ (Adv\ V_{[nom,acc]}^{part}\ |\ Adv\ Adv\ V_{[nom,acc]}^{part})^{und}\ Adv$$

It seems clear that one does not consider the alternatives as constituents in a traditional sense.

REMARK 17. Similar rules have been proposed in GPSG-style metarules. Dowty[3], p.176, mentions

$$[_{VP}\ X\ Y] \Rightarrow [_{VP}\ X\ Y_1\ and\ Y_2\ ]$$

where X and Y range over the prefix and suffix of the sequences of immediate constituents of a verb phrase. He abandoned such rules, since the verb phrase in examples like

> *John went to Chicago on Monday and New York on Tuesday.*

is not split into sequences X, Y of constitutents: the preposition *to* is part of X and Y begins with the remaining *NP* of the PP^{to}-constituent. To cover this example, we can extend our approach by using the base grammar's local tree

$$S(NP^{nom} V^{fin}_{[nom,to]} PP^{to}(P^{to} NP) Adv)$$

(of depth 2) as a justification to introduce the rule (local tree of depth 1)

$$S \rightarrow NP^{nom} V^{fin}_{[nom,to]} P^{to} (NP\, Adv)^{and}$$

in which the coordination category operates on a subsequence of the frontier of the given local tree, even though it is not a subseqence of immediate constituents. A similar approach might be needed for examples where word components are factored, as in

> *Im Spielort Dortmund wurden nach Polizei-Angaben 37 Personen (fest- oder in Gewahrsam) genommen.*

A drawback of the proposed extension is that, in the first example, the resulting rule does not provide the verb with a *PP*-object constituent any more.

REMARK 18. (Coordination and parsing) A careful description of a grammar involves deciding which constituent categories C admit coordination, i.e. call for an addition of coordination categories C^j and the corresponding rules. Can we do better in parsing than adding the coordination rules and use a traditional parser? Earley [4] suggested to handle iteration categories C^* by closing the chart under

$$\frac{i \xrightarrow{A \rightarrow \alpha \cdot C^* \beta} j}{j \xrightarrow{C^* \rightarrow \cdot CC^*} j} \,(CC^*) \qquad \frac{i \xrightarrow{A \rightarrow \alpha \cdot C^* \beta} j}{i \xrightarrow{A \rightarrow \alpha C^* \cdot \beta} j} \,(\epsilon)$$

In this way, iteration rules are used *implicitly*, without adding them to the grammar. We can add similar closure rules for each coordinator. Also, we can ignore the rules for C^j during parsing when the coordinator j is not in the input sentence: since j occurs in the termination rule and the iteration rule finally has to call the termination rule, *both* rules are useless for such inputs.

For simplicity, occurrence rules contain a single occurrence of a coordination category only. In general, one needs several and nested ones, as in the example from remark 6

> *dass alle anderen ((entweder verletzt (...) oder bei einer gewissen Weltmeisterschaft zugange sind beziehungsweise waren) und (erst Ende Juli in München erwartet werden)).*

which is a form of $((V^{part})^{entweder-oder} \ V_{aux}^{fin} \mid VP)^{und}$. These can be handled by iterating the grammar extension by coordinations. With several non-nested coordination categories on the right hand side of a rule, like a coordinated subject and object in a simple sentence, an ambiguity of relative scope of the coordinators arises. To avoid a discussion on how to cope with the ambiguities in the semantics, we have excluded them in the definition of G^j.

4   Semantics

We have mentioned that concieving coordinations as meaning-preserving transformations of coordinated sentences does not work. The above proposal does not make any semantic claims. It only restricts the internal structure of (sequence) coordinations to be right-recursive iterations, and restricts the coordinations to occur where the given grammar admits a corresponding (sequence of) constituent(s). But doesn't the fact that the same coordinator can be used to coordinate expressions of different category suggest that there should be *some* common meaning? For example, isn't the claim of Keenan and Faltz[7] plausible that the boolean coordinators work for a number of categories besides sentences just because the semantic domains corresponding to these categories are suitable Boolean algebras?

To me it seems not. For example, the conjunction of two adjectives is not always the intersection of their extensions: in *No number is even and odd* it perhaps is, but in *Many even and odd numbers are squares* it is not. The meaning of a coordination seems to depend strongly on its context.

For simplicity, let us focus on symmetric constituent coordination. We suggest that the meaning of a coordination of category C^j depends on its context as far as the context is specified by the occurrence rules for C^j. More precisely, a coordination of category C^j evaluates to a formal collection of values of its coordinates, but this collection is used in different ways occording to the occurrence rules for C^j and their associated rules of the base grammar.

DEFINITION 19. Let G be a context-free grammar, interpreted by an evaluation $[\![\cdot]\!] : trees(G) \to \mathcal{M}$ that maps syntax trees t of G to values $[\![t]\!]$ in some model $\mathcal{M}$ in a bottom-up fashion, i.e. for each rule $r := (A \to A_1 \cdots A_n)$ there is an n-ary function f_r such that if t branches at the root according to rule r into subtrees $t_1, \ldots, t_n$, then $[\![t]\!] = f_r([\![t_1]\!], \ldots, [\![t_n]\!])$. Let G^j be an extension of G by symmetric constituent coordination. Then $[\![\cdot]\!]' : trees(G^j) \to \mathcal{M}'$ is an *extension* of $[\![\cdot]\!]$, if

1. $[\![t]\!]' = [\![t]\!]$ for each tree t of G, and

2. the value of a coordination of category C^j is the pair $\langle [v_1, \ldots, v_k], j \rangle$ consisting of the coordinator j and the list $[v_1, \ldots, v_k]$ of values of its coordinates.

Moreover, the extension $[\![\cdot]\!]'$ is *elementary*, if

3. for any occurrence rule $\tilde{r} = (A \to A_1 \ldots A_n C^j B_1 \ldots B_m)$ of G^j with its associated rule $r = (A \to A_1 \ldots A_n C B_1 \ldots B_m)$ of G, there is a functional $F_{r,n+1}$ such that for any tree $\tilde{t}$ of G^j that branches at its root according to $\tilde{r}$ into subtrees $t_1, \ldots, t_n, s, t'_1, \ldots, t'_m$, we have

$$
\begin{aligned}
[\![\tilde{t}]\!]' &= f_{\tilde{r}}([\![t_1]\!], \ldots, [\![t_n]\!], [\![s]\!], [\![t'_1]\!], \ldots, [\![t'_m]\!]) \\
(11) \quad &= f_{\tilde{r}}([\![t_1]\!], \ldots, [\![t_n]\!], \langle [\vec{v}], j \rangle, [\![t'_1]\!], \ldots, [\![t'_m]\!]) \\
&:= F_{r,n+1}(\lambda x. f_r([\![t_1]\!], \ldots, [\![t_n]\!], x, [\![t'_1]\!], \ldots, [\![t'_m]\!]), [\vec{v}], j)
\end{aligned}
$$

One can easily ensure the second condition by functions f for the iteration and termination rules for j, since the coordination categories C^j of G^j have such rules only. The point of this condition is that a coordinated second-class constituent gets a value from which we can extract the coordinator as well as the values of the coordinates. A boolean combination of the coordinates' values in some boolean algebra would in general not allow us to do so.

In the third condition, note that $[\![t_1]\!], \ldots, [\![t'_m]\!]$ are values of uncoordinated expressions of the base grammar. An elementary extension reduces the meaning of a coordination in a given context to the meanings of the different coordinates in the same context, with equivalences (10) as a special case. For coordination in natural language grammars, one should not expect (11) to hold, unless all the parameters $[\![t_1]\!], \ldots, [\![t'_n]\!]$ have first-order type, a case when (10) appears to be meaning preserving.

In the following examples, I informally use an interpretation for context-free grammars that resembles Montague grammar: $\mathcal{M}$ is a collection of typed domains, where types are built from the base type e of individuals and t of truth values using the function space constructor $\rightarrow$. The values of nouns, adjectives and intransitive verbs are of type $e \rightarrow t$, those of transitive verbs of type $e \rightarrow (e \rightarrow t)$, those of noun phrases (generalized quantifiers) of type $(e \rightarrow t) \rightarrow t$, and those of determiners are of type $(e \rightarrow t) \rightarrow ((e \rightarrow t) \rightarrow t)$. However, since our context-free grammars have no mechanism for binding pronouns by quantifiers, we treat quantifiers as binding the single (but possibly factored and hence shared) argument position where the noun phrase occurs. To interpret coordinations, $\mathcal{M}$ has to be extended by types τ^* of sequences $[v_1, \ldots, v_k]$ of objects of types τ, and by ordered pairs $\langle \vec{v}, j \rangle$ of such sequences and coordinators.

The first example shows how a coordinator may be interpreted differently at different occurrences.

EXAMPLE 20. Suppose we want to read conjoined adjectives in predicative function conjunctively, but in attributive function disjunctively. Assume the extended grammar has rules

$$\tilde{r}_1 = S \rightarrow NP^{nom}\ V^{fin}_{cop}\ (AP)^{and} \text{ and } \tilde{r}_2 = NP \rightarrow Det\ (AP)^{and}\ N,$$

and that the evaluation of the basic grammar for the correspondig rules uses

$$f_{r_1}(np, v, ap) = np(ap) \quad \text{and} \quad f_{r_2}(det, ap, n) = det(\lambda x(ap(x) \wedge n(x))),$$

which ignores the value v of the copula and reads attributive adjectives intersectively. To read the conjoined adjectives in $\tilde{r}_1$ conjunctively, define $f_{\tilde{r}_1}$ using

$$f_{\tilde{r}_1}(np, v, \langle [ap_1, \ldots, ap_k], and \rangle) = f_{r_1}(np, v, \lambda x(ap_1(x) \wedge \ldots \wedge ap_k(x)))$$

and to read the conjoined adjectives in $\tilde{r}_2$ disjunctively, define $f_{\tilde{r}_2}$ using

$$f_{\tilde{r}_2}(np, v, \langle [ap_1, \ldots, ap_k], and \rangle) = f_{r_2}(np, v, \lambda x(ap_1(x) \vee \ldots \vee ap_k(x)))$$

These definitions are elementary and give the conjoined adjectives the intended readings needed for *no number is even and odd* and *many even and odd numbers are squares*, respectivly. Note that $f_{\tilde{r}_1}$ gives the quantifier in the subject wide scope over the coordinator in the predicate, and therefore blocks the false reading *no number is even and no number is odd*.

Of course we can make finer differences by taking feature values of an occurrence rule into account. For example, we can split $\tilde{r}_2$ into two rules $\tilde{r}_2^{sg}$ and $\tilde{r}_2^{pl}$ and use different definitions for $f_{\tilde{r}_2^{sg}}$ and $f_{\tilde{r}_2^{pl}}$ to let the conjoined adjectives in attributive use be read disjunctively when the noun phrase is plural, but conjunctively when it is singular.

REMARK 21.

1. The above $f_{\tilde{r}_2}$ relativizes *many* in *many even and odd numbers* to the single set of all numbers, by passing the adjective value $\lambda x(even(x) \lor odd(x))$ to f_{r_2}. In order to obtain the reading *many even and many odd numbers* where *many* is relativized to two sets separately, we'd need to define $f_{\tilde{r}_2}$ via

$$F_{r_2,2}(g,[v_1,\ldots,v_k],and) = \lambda P.(g(v_1)(P) \land \ldots \land g(v_k)(P)).$$

   If we want to have both readings, the evaluation for the coordination occurrence rules is relational, even if the evaluation in the base grammar was functional.

2. The *np*-value just given has type $(e \to t) \to t$ and hence differs from the one of the coordinated noun phrase *many even numbers and many odd numbers*, which is the pair $\langle[np_1,np_2],and\rangle$ with $np_i = f_{r_2}(det,ap_i,n)$ for the obvious *det* and ap_i. We could make the difference vanish when the values are *used*. For example, for uses as subjects in r_1, we can do so by defining

$$f_{\tilde{r}_1}(\langle[np_1,np_2],and\rangle,v,ap) = f_{r_1}(np_1,v,ap) \land f_{r_1}(np_2,v,ap) .$$

   But it may be wiser to provide for identical values globally by putting

$$f_{\tilde{r}_2}(det,\langle[ap_1,ap_2],and\rangle,n) = \langle[f_{r_2}(det,ap_1,n),f_{r_2}(det,ap_2,n)],and\rangle,$$

   which amounts to interpret

   Det (AP$_1$ and AP$_2$) N $\simeq$ (*Det* AP$_1$ N) and (*Det* AP$_2$ N)

   by meaning equality. However, this seems possible only in a limited number of cases.

REMARK 22. In some cases, the context of use of the formal value $\langle[\vec{v}], j\rangle$ seems not sufficient to determine the effect of the coordinator j, but the individual values v_i play a role, too. For example, can the difference in

$$every\ colleague\ and\ friend \quad \neq \quad every\ collegue\ and\ every\ friend,$$
$$every\ man\ and\ woman \quad \simeq \quad every\ man\ and\ every\ woman,$$

be accounted for by different occurrence rules, with a coordination of relational nouns in the first case only, or does it depend on the specific nouns?

It is straightforward to extend definition 19 to symmetric sequence coordination. For an extension to asymmetric constituent coordinations of category $(C_1 \mid C_2)^j$, say, note that an occurrence rule $\tilde{r} = A \to \alpha(C_1 \mid C_2)^j\beta$ is associated with two rules $r_1 = A \to \alpha C_1\beta$ and $r_2 = A \to \alpha C_2\beta$ of G. Hence the evaluation function $f_{\tilde{r}}$ of (11) is to be defined by means of a functional $F_{r_1,r_2,n+1}$ with two function arguments, i.e.

$$f_{\tilde{r}}(\ldots, [\![t_n]\!], \langle[\vec{v}], j\rangle, \ldots) :=$$
$$F_{r_1,r_2,n+1}(\lambda x. f_{r_1}(\ldots, [\![t_n]\!], x, \ldots), \lambda x. f_{r_2}(\ldots, [\![t_n]\!], x, \ldots), [\vec{v}], j)$$

Moreover, the values in $[v_1, \ldots, v_k]$ can come from expressions of category C_1 or C_2, and we must be able to read off which is the case, hence which of the two functions can be applied. Therefore, $\mathcal{M}$ is to be extended by sum types, and each v_i is the pair $(\tilde{v}_i, 1)$ or $(\tilde{v}_i, 2)$ of a value and a tag.

The following example gives a non-elementary evaluation.

EXAMPLE 23. Consider asymmetric constituent coordinations like *He became neither a millionaire, nor famous, nor a good scientist.* Assume the extended grammar has a rule

$$\tilde{r} := \quad S \to NP^{nom}\ V_{cop}^{fin}\ (AP \mid NP_{indef}^{nom})^{neither-nor}$$

and the base grammar the corresponding rules r_1, r_2 for *AP*- resp. *NP*-predicative sentences, whose evaluation functions f_{r_1}, f_{r_2} were as expected, i.e. $f_{r_1}(np, v, ap) = np(ap)$ and $f_{r_2}(np_1, v, np_2) = np_1(\lambda x. np_2(\lambda z. z = x))$. We define

$$f_{\tilde{r}}(np, v, \langle[v_1, \ldots, v_k], neither\text{-}nor\rangle) = np(\lambda x(\neg v_1'(x) \wedge \ldots \wedge \neg v_k'(x))),$$

where, depending on whether $v_i = (ap_i, 1)$ or $v_i = (np_i, 2)$ is tagged as *AP-* or *NP*-value, $v'_i = ap_i$ resp. $v'_i = \lambda x.np_i(\lambda z.z = x)$ is of type $e \to t$. In effect, we reduce the non-constituent coordination to a corresponding implicit '*VP*-coordination'

$$S \to NP^{nom} \ (V^{fin}_{cop} \ AP \ | \ V^{fin}_{cop} \ NP^{nom}_{indef})^{neither-nor} \ .$$

Clearly, the definition of the v'_i mimicks how f_{r_1} and f_{r_2} use their third argument, and their common form $f_{r_i}(np, v, \_) = np(\ldots)$ is mimicked in the definition of $f_{\tilde{r}}$; so the value np of the left-factored subject is used once only and has wide scope over the coordination. This would not have been possible in a elementary definition.

The left-factored noun phrase in example 23 occupies the subject position common to all the verb phrases of the (implicit) verb phrase coordination. Hence, considered as an individual quantifier, the noun phrase binds all the individual subject arguments of the verbs in the coordinates simultaneously; there is no 'copying' of quantifiers involved.

In a similar way we can treat coordinations of 'partial sentences' in general, i.e. when several objects or adverbials are left-factored and their quantifiers are not copied to the coordinates. >From a semantic viewpoint, one can see non-constituent coordinations as a means to make such quantification patterns possible in natural language without using pronouns.

EXAMPLE 24. Consider a case of asymmetric sequence coordination like

er den Beweis (den Studenten vorgeführt, aber nicht verstanden) hat

$$S \to NP^{nom} \ NP^{acc} \ (NP^{dat} \ V^{part}_{[nom,acc,dat]} \ | \ V^{part}_{[nom,acc]})^{aber\_nicht} \ V^{fin}_{aux}.$$

Let $\tilde{r}$ be this rule, and for the associated rules r_i of the base grammar, assume Montague-style evaluation functions f_{r_i} with generalized quantifiers as arguments (and fixed quantifier scopes), i.e.

$$\begin{aligned} f_{r_1}(nom, acc, dat, g) &= nom(\lambda x_1.acc(\lambda x_2.dat(\lambda x_3.g(x_1, x_2, x_3)))), \\ f_{r_2}(nom, acc, g) &= nom(\lambda x_1.acc(\lambda x_2.g(x_1, x_2))) \end{aligned}$$

with *nom*, *acc*, *dat* as noun phrase meanings and g as verb meaning with arguments of type e. Then to define

$$f_{\hat{r}}(nom, acc, \langle [v_1, \ldots, v_k], aber\_nicht \rangle, v) =$$
$$nom(\lambda x_1.acc(\lambda x_2.(v'_1(x_1, x_2) \wedge \ldots \wedge v'_{k-1}(x_1, x_2) \wedge \neg v'_k(x_1, x_2))))$$

we coordinate the boolean values

$$v'_i(x_1, x_2) = \begin{cases} np_i(\lambda x_3.g_i(x_1, x_2, x_3)), & \text{if } v_i = ((np_i, g_i), 1) \\ g_i(x_1, x_2), & \text{if } v_i = (g_i, 2) \end{cases}$$

as the coordinator wants it, where the v'_i are extracted from the meanings of the coordinates v_i, following the definition of the corresponding f_{r_1} resp. f_{r_2}. (It is of course possible to provide an alternative evaluation $f_{\hat{r}}$ that shifts copies of acc, say, to the coordinates. But it seems unplausible that quantifiers in the coordination can get wide scope over those in the factored parts outside.)

Note that it is not essential that each coordinate has its own verb. Hence we can, in the same way, interpret non-constituent coordinations as they occur in argument clustering, i.e.

$$S \rightarrow NP^{nom} \; V^{fin}_{[nom,acc,to]} \; NP^{acc} \; (PP^{to} \; Adv)^{and} \; ,$$

for examples like *Mary sent a letter to Bill on Friday and to Peter on Saturday* of [1]; here, by the way, we would have to copy the generalized quantifier *a letter* to the coordinates.

Essentially, we use a three-step approach: first apply Montague-style quantifier extraction to the extracted factors, then reduce the coordination to a sentence coordination where the atomic predicates may contain the variables bound by the extracted factors, and finally apply the evaluation functions provided by the basic grammar for the corresponding sentences. The second step may involve quantifier extractions local to a coordinate.

We have sketched a bottom-up evaluation of expressions using a higher-order framework like Montague grammar. In the first-order framework of Peirce grammar used in [10], evaluation is not strictly bottom-up, because it needs to recur on the structure of the coordination to combine the values of the coordination-free subparts with those of the context.

5 Conclusion and open problems

We have proposed a treatment of coordination via a kind of metarules: coordinations are an extension of a given grammar by second-class constituents, i.e. iterations of groups of first-class constituents which may occur according to the extended grammar where the group of constituents may occur occording to the the given grammar. Coordinations are not related to uncoordinated expressions via meaning-preserving transformations, but rather come with their own evaluation mechanisms, which do not separately combine the meaning of the coordinates with the meanings of expressions in the context.

The proposal to treat coordinators as iteration operators is as such very simple, but details remain to be spelled out for each coordinator separately. For example, which features of the different coordinates have to agree, and which have to be features of the coordination? Another problem is that some coordinators like *but* involve a contrast between its coordinates, and it is difficult to make precise how this is actually marked by, say, negation, contrasting verbs or adjectives.

The symmetric sequence coordination categories resemble the product types in Houtman's[6] categorial grammar, but there seems to be no analog to the asymmetric coordinations. Our occurrence rules give a strong control on sequence coordinations at the price of extra grammar rules, while product formation and use is built into the type rules and cannot be further 'controlled'. Beavers and Sag's[1] treatment of coordination in Head Phrase Structure Grammar considers factoring as extraction with elisions; their mechanism of eliding like quantifiers in different coordinates and optionally merging their semantic counterparts is kind of converse to our proposal of interpreting a factored quantifier as bindings shared argument positions and optionally as different quantifiers.

We have assumed a context-free base grammar with continuous constituents. Can the proposal be extended to grammars with discontinuous constituents, such as multiple context-free grammars? For example, if we consider the finite and infinite parts of the verb in a simple sentence of German as two components of a discontinuous predicate constitutent, can we express in the grammar format how to coordinate partial verb phrases by factoring out the common component of the predicates?

BIBLIOGRAPHY

[1] John Beavers and Ivan A. Sag. Coordinate ellipsis and apparent non-constituent co-ordination. In Stefan Müller, editor, *Proceedings of the HPSG'04 Conference*, CSLI Publications, Stanford, 2004. https://csli-publications.stanford.edu/.

[2] Daniel Büring and Katharina Hartmann. Asymmetrische Koordination. *Linguistische Berichte*, 174:172–201, 1998.

[3] David Dowty. Type raising, functional composition, and non-constituent conjunction. In R.T.Oehrle et al. (eds.), editor, *Categorial Grammars and Natural Language Structures*, pages 153–197. D.Reidel, 1988.

[4] Jay Earley. An efficient context-free parsing algorithm. *Communications of the ACM*, 13(2):94–102, 1970.

[5] David Fowler. *The Mathematics of Plato's Academy*. Clarendon Press, Oxford, 2nd edition, 1999.

[6] Joop Houtman. *Coordination and Constituency*. PhD thesis, Groningen Dissertations in Linguistics 13, University of Groningen, 1994. ISSN 0928-0030.

[7] Edward L. Keenan and Leonard M. Faltz. *Boolean Semantics for Natural Language*. D. Reidel, 1985.

[8] J. Lambek. On the calculus of syntactic types. In R. Jacobson, editor, *Structure of Language and its Mathematical Aspects*, pages 166–178. Providence, 1961.

[9] H. Leiß. Polymorphic Constructs in Natural and Programming Languages. In J. van Eijck, editor, *Logics in AI. European Workshop JELIA'90, Amsterdam, The Netherlands, September 1990*, pages 348 – 365. Springer LNCS 478, 1990.

[10] Hans Leiß. The proper treatment of coordination in peirce grammar. In James Rogers, editor, *Proc. of Formal Grammar'05 and Mathematics of Language*, Edinburgh, 2005. CSLI.

[11] Ivan Sag, Gerald Gazdar, Thomas Wasow, and S. Weisler. Coordination and how to distinguish categories. In *Natural Language & Linguistic Theory*, volume 3, pages 117–171. 1985.

[12] Mark Steedman. Gapping as constituent coordination. *Linguistics and Philosophy*, pages 207–263, 1990.

A few lessons learned from rule-based machine translation[1]

Leonid L. Iomdin[2]

To Franz Guenthner, with respect and affection

In the last few years, skepticism about the prospects of rule-based machine translation has become almost overwhelming while statistical MT systems of all types are gaining popularity at a rapid rate. It seems that computational linguistics community has nearly written off RBMT as an endeavor that has no future. Indeed, if one views good old MT created by tremendous efforts of linguists writing dictionaries and rules as a purely practical goal, this stance is at least understandable: the quality of rule-based machine translation systems leaves much to be desired, and once a certain level of performance (coverage and/or recall) is reached, disproportionally more effort is required in order to achieve even a modest improvement.

In my opinion, however, rule-based MT is too valuable to be abandoned. There are two main groups of reasons in support of this. First, its potential is far from being exhausted: much can be done to amend the situation if linguistic rules are supplemented by other means. Second, any advanced MT system is a precious scientific resource that can, and must be put to good use by researchers, primarily linguists.

In this paper, I will strive to corroborate both of these statements by discussing a specific MT system which my colleagues and I have been actively

[1]This study was partly supported by the Russian Fund of Fundamental Research (grants No 08-06-00344,08-06-00373), to whom the author expresses his sincere gratitude.

[2]Laboratory of Computational Linguistics
Institute for Information Transmission Problems, Russian Academy of Sciences, Moscow, E-mail: iomdin@iitp.ru

developing for many years: it is the ETAP-3 system, primarily serving Russian-English and English-Russian language pairs (see, *inter alia*, Apresjan *et al.* 1989, 1992, 2003).

1   Interactive Disambiguation

I would like to start with an example of Russian-to-English machine translation, which appears to be quite instructive. An absolutely unambiguous sentence

(1)   *Для разгона студенческой акции полиция применила гранаты со слезоточивым газом.*

which means 'Police used tear gas grenades to disperse a student action', was translated by unassisted ETAP-3 as

(1a)   *The police have used the garnets with tear gas to accelerate the student share.*

The translation was highly inadequate: of four ambiguous Russian nouns in (1) – *разгон* 'acceleration' or 'dispersal', *акция* 'share, equity' or '(organized) action', *гранаты* (in plural) 'garnets', 'pomegranates' and 'grenades', and *газ* 'gas' or 'gauze', three nouns were interpreted incorrectly: *разгон*, *акция* and *гранаты*, which resulted in a regrettable absurdity.

At first glance, the blame for the failure rests entirely with the authors of ETAP-3. Indeed, in a situation where ambiguous language elements (lexical units) do not actually create any real ambiguity of the text to be translated (since some of the interpretations of these units are incompatible with each other and/or impossible in a given context) system developers failed to take account of such facts.

Let us, however, take a closer look at sentence (1). In order to avoid misinterpretations in the translation, ETAP-3 linguists would have to detect, and register, a number of lexical cooccurrence and semantic constraints. This task is however not as simple as it may seem. What information should we provide in the dictionary entry for e.g. the noun *разгон* in the sense of 'acceleration' (or for the cognate verb *разгонять* in the sense of 'accelerate') in order to veto their cooccurence with nouns like *акция* in the sense of 'organized action'? Of course we can specify that the complements of these lexical units must be words denoting physical objects. This will not exclude, however, the cooccurence of *разгон* 'acceleration' with *акция* in the sense of 'share or equity': quite the contrary, securities are documents printed on paper and as such are physical objects. Further on, we can restrict the lexical cooccurence of *разгон* in the other sense 'dispersal' by saying that it can only take complements denoting mass objects, which can be represented by *акция* as 'organized action' but not by security papers: this could facilitate the choice of the correct combination of senses of these two words. Note, however, that the meaning of *акция* as organized action (unlike that of *meeting, gathering, assemblage, procession* etc., or their Russian equivalents) does not in itself contain a semantic component 'mass object': an organized action can involve just a few people or even a single person. As a matter of fact, the very idea of a mass action in (1) is conveyed by a combination of words like *акция* and *разгон* in the appropriate senses. It must be added that even if we did resort to semantic features like 'mass action' (say, for words like *meeting*), our system of features would be too fine-grained to allow a systematic representation throughout the dictionary, and as such hardly implementable. Finally, what kind of knowledge could we use to exclude the existence of semiprecious stones like garnets or fruits like pomegranates filled with tear gas? This knowledge is clearly beyond linguistics proper and can only be learned from reality.

Of course one could offer a natural objection to the above deliberations: include a statistical component to your rule-based MT! Statistics (example-based MT, for instance) will help you choose the most appropriate combination of word senses that have to be disambiguated, like those in (1). It may well be the case. However, in order to fulfill the task properly, we must be sure that the database underlying the statistical system contains the respective combinations in statistically significant quantities. This is at the very least an arguable assumption. In any case, the most comprehensive system of statistical MT serving the Russian-to-English language probably available today, Google MT, offers the following translation for sentence (1):

(1b)   *To disperse student equities police used tear-gas bombs.*

One can certainly rejoice in the fact that this system correctly interpreted two of the three words that ETAP-3 could not disambiguate: *разгон* and *гранаты*. We can even forgive the system for substituting bombs for grenades. However, a closer examination reveals that the last word seems to be represented in Google MT by only one sense 'grenades' as evidenced by translations like

(2)   *Она съела два граната, персики и другие фрукты.*

(2a) *She ate two grenades, peaches and other fruits.*

(the correct translation should be *She ate two pomegranates, peaches and other fruits*), or

(3)   *Он интересовался гранатом*

(3a) *He asked grenades.*

(the correct translation should be *He was interested in the pomegranate* or *He was interested in the garnet* – here the ambiguity cannot be resolved without a broader context).

It should be added that in (2) the wordform *граната*, if taken to belong to the paradigm of the word sense 'grenade', disagrees in gender and number with the numeral and the verb and in (3) the wordform *гранатом* does not belong to the paradigm of this word sense at all!

Further, if we test the system for the word senses of *разгон*, we will see that it is probably also represented by a single sense; cf. the translation

(4)   *Разгон автомобиля до 80 километров в час.*

(4a) *Dispersal of the car to 80 kilometres per hour.*

(instead of *acceleration of the car*).

So, the ability of a statistical MT system to discriminate between word senses through contexts seems to be an exaggeration. This is confirmed by serious research in statistical NLP that states that the maximum degree of word sense disambiguation achieved on parallel corpora does not exceed 75% (see e.g. Tufiş *et al.* 2004).

In the meantime, much can be done within the rule-based MT system proper. For a couple of years now, ETAP-3 developers supplemented the system with a tool that enriches the system with human expertise. What I mean here is interactive disambiguation of word senses.

1.1   Disambiguation of Word Senses

The idea of human-assisted lexical disambiguation is far from being new. It was first put forward over 25 years ago: as evidenced by W. Hutchins (1984),

American MT systems, ALPS and Weidner in Provo, Utah, used interactive disambiguation of English in early 1980s. Since then, it has been applied by a number of research groups in a variety of NLP systems, including the LIDIA dialogue-based machine translation system by the GETA group in Grenoble; the multilanguage MT system SYSTRAN, and many others. (For details, see Boitet 2003).

The interactive disambiguation module of ETAP-3, first reported in Boguslavsky *et al.* 2005, adopts this approach. It consists in providing the human expert operating the MT system (normally, the translator) with clear and simple diagnostic descriptions of ambiguous lexical units, which could be resorted to at certain phases of text processing. The parsing and transfer algorithms have been adapted to accept the choices made by the expert and, accordingly, suppress other options that contradict these choices.

Several points in the algorithms have been specified at which the computer expects expert opinion. The main points are as follows: 1) in the parsing phase, immediately before the parser starts the selection of the top node (let it be reminded that ETAP-3 uses the syntactic dependency approach); 2) later in the same phase, immediately after all syntactic hypotheses generated by parsing rules have been checked; 3) in the transfer phase, immediately before translation options are to be chosen.

Currently, about 40,000 lexical entries of the ETAP-3 dictionaries (20,000 Russian entries and about as many English entries) that share their lemma names with other lexical units, or whose word forms coincide with forms of other lexical units, are supplied with diagnostic material. Information used in this material may include 1) an analytical definition of the word sense, or its important fragment; 2) part of speech tags, which can in case of need be supplemented by simple syntactic features; 3) reference to the word's synonyms and/or antonyms; 4) typical usage examples. The latter are chosen in such a way as to maximally facilitate word sense identification by the operator. Optionally, translation equivalents are supplied for more advanced system users or experts[3].

An important aspect of this approach is the fact that we discriminate between **intrinsic ambiguity** of the source language and **translational am-**

---

[3]At present, the interactive disambiguation module of ETAP-3 is implemented in such a way that the operator is only expected to know the source language and to have very basic skills in linguistics. Of course, the knowledge of the target language can do no harm but is not required. Considering the fact that MT systems are often used by native speakers of the target language, who have however some knowledge of the source language, maybe a good idea would be to provide diagnostic material in both languages.

biguity. This distinction is especially important in a multilanguage environment. Indeed, most cases of ambiguity must be dealt with regardless of the target language (cf. classical examples like *time flies like an arrow* with ambiguous noun/verb units *flies* and *like* or Russian sentences like *мужу изменять нельзя* ('A husband must not be unfaithful' vs. 'One must not be unfaithful to one's husband'). There are, however, ambiguities which only arise when we translate something into a particular language. For instance, we need not distinguish between *fish* as animal and *fish* as food when translating from English into Russian or German (irrespective of whether or not the noun *fish* has different word senses in the dictionary: the difference between these senses is neutralized in all of the three languages) but we must do so when translating into Spanish, where *pez* is an animal fish and *pescado* is fish eaten as food. Similarly, we activate ambiguity resolution when translating the Russian adjective *различный* or the German adjective *verschieden* into English as these adjectives may mean either 'different' or 'various' but we do not need to discriminate these word senses when we translate from Russian to German or vice versa. In a somewhat more complicated situation, we may have to differentiate between word senses of a preposition depending on whether the translational equivalent of this preposition in the target language requires different case markers of nouns or not. The ambiguous English preposition *under* (with word senses of place and direction) in *The bottle will float under the bridge* (Carter 1988) will require a diagnostic comment when translating to Russian or German; cf. *под мостом, unter der Brücke* (place) or *под мост, unter die Brücke* (direction) but will not require such a comment when translating into French (*sous le pont* in either case). At the same time, the preposition *over* that has the same type of ambiguity, as in *The kite flew over the bridge*, is translationally ambiguous in the English-to-German pair (*über der Brücke* vs. *über die Brücke*) but requires no disambiguation when translated into Russian or French (*над мостом, au-dessus du pont* in either case).

Let me now show what happens if ETAP-3 translates sentence (1) using the interactive disambiguation module. At the first point of the algorithm, the human operator will be offered a dialog window showing all of the ambiguous elements of the sentence: the four ambiguous nouns are lemmatized and provided with informal comments and examples (see the screenshot in Fig. 1.1).

The operator will only need to mark the respective word senses in boxes beside the word senses (Fig. 1.1). This will make the parsing algorithm suppress all senses that are not selected and proceed with the parsing, yielding the parse with correct word senses and, further on, an acceptable English

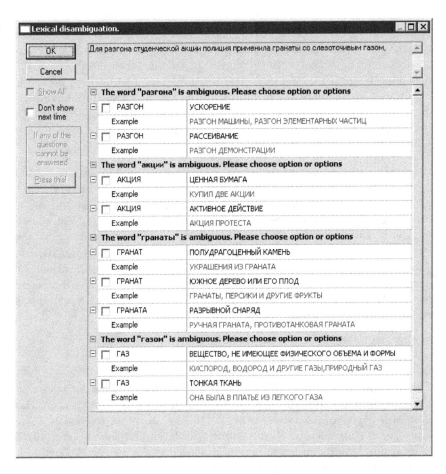

Figure 1.   Dialog window showing lexical units that have to be disambiguated.

translation

(1b)   *The police have used the grenades with tear-gas for dispersal of a student action.*

It should be added that interactive word sense disambiguation has a valuable by-product for the parsing: it drastically reduces the number of hypothetical syntactic links that have to be checked by the parser constructing the dependency syntactic structure. In our case, there had been 44 syntactic hypotheses for sentence (1) to be considered by the parser just before the disambiguation procedure was called. After the choice was made, the number dropped to 17, reducing the syntactic ambiguity factor (hypothetical links / final links ratio) from almost 5 (44:9) to less than 2 (17:9).

It must be emphasized that the lexical disambiguation module can be helpful in situations far less trivial than the one presented by sentence (1). After all, with the introduction of a number of word combinations and/or by resorting to sophisticated statistical procedures sentences like (1) can sooner or later be supplied with adequate interpretations. Very often, however, the system has to translate sentences in which word senses are really hard to disambiguate automatically. Let me reproduce, with slight modifications, an example from Boguslavsky *et al.* 2005 that illustrates such a hard case. In the practice of ETAP-3 operation, the system had to translate the following subheading from an article on the BBC website:

(5)   *AIDS threatens economic collapse.*

For a human, the meaning of sentence (5) is perfectly clear: it says that 'AIDS endangers (some country) with economic collapse'. However, an NLP system is likely to understand it as 'AIDS poses a threat to economic collapse', and, consequently, yield a wrong translation, for the reason that the system simply lacks linguistic resources needed to distinguish the syntactic structure of (5) from that of the sentence

(6)   *AIDS threatens economic prosperity.*

Indeed, in order to parse (5) correctly, the system must know that the noun *collapse* instantiates the **instrumental** valency slot of the verb *to threaten* (whatever its sense) and not the **object** slot as in (6). However, to provide adequate word lists for different slots of particular verbs is virtually

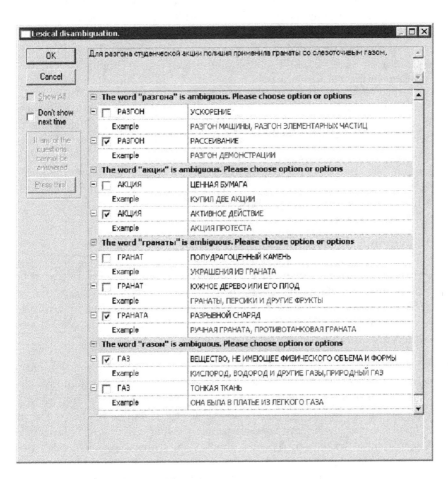

Figure 2. Word sense disambiguation is done.

impossible because such lists will inevitably intersect. cf. ambiguous phrases like *threaten changes, threaten a revolution*, or *threaten tax reforms*: unlike *economic collapse*, which is universally viewed as an undesirable event, or *economic prosperity*, which is definitely positive, *changes, revolutions*, or *tax reforms* may be viewed both positively and negatively. Such an assessment is exactly what a human expert familiar with the text can easily do if asked for a prompt. I do not believe that such cases of intrinsic ambiguity may be successfully solved by statistical methods at all, because this would require collection of data virtually unavailable in any type of linguistic resources (dictionaries or corpora).

I must admit, however, that, for cases like this, writing diagnostic comments is an exceedingly hard task, too. One must select really clear definitions to discriminate between the two rather abstract readings of the verb. Besides, one has to write special rules (applied after the interactive disambiguation module has chosen the proper word senses) for picking the correct subcategorization frame for the target language verbs. Still, this line of action is a better option than simply to give in.

1.2   Syntactic Disambiguation

For the interactive disambiguation module to be really powerful, it must be able to allow human operators to make effective choices in syntax. This is a difficult task, one of the reasons being that an average MT system user is relatively easy to teach how to disambiguate word senses but such a user can hardly be expected to answer questions about the syntax.

The ETAP team is actively investigating approaches to the solution of interactive syntactic disambiguation problem. Currently, the system provides such an option for **an insider**, who is well familiar with the ETAP-3 syntax. The module offers a dialog that enables the operator to choose among syntactic hypotheses, expressed in terms of binary trees. It is especially helpful in the English-to-Russian direction of translation when one often has to decide whether a word sequence is a phrase or a whole sentence, as in *Structure changes* ≈ 'changes of the structure' vs. 'arrange the changes' vs. 'the structure is changing' or *Cleaning tools* ≈ 'tools for cleaning' vs. 'how to clean tools': such snippets of text may, with comparable probabilities, be parsed as noun phrases or verbal sentences.

At the moment, tools are being developed which will enable the operator untrained in syntax give reasonable answers aimed at resolving syntactic ambiguity. First theoretical deliberations of this work were published in

Lazurskij *et al.* 2005.

I will consider one Russian and one English example to explain the technique under development.

In Russian, there is an important syntactic phenomenon called zero copula: the Russian equivalents of sentences that include the copula verb *be* in the present tense, like *John is young* or *John is in London*, are verbless: *Джон молод* (lit. *John young*), *Джон в Лондоне* (lit. *John in London*). In certain cases this phenomenon entails syntactic ambiguity which is quite difficult to resolve automatically. Consider the sentence

(7)   *Его первой мыслью было: хорошо учиться в Москве.*[4]

The sentence is ambiguous and may mean either

(7a)   *His first thought was (that) it is good to study in Moscow.*

or

(7b)   *His first thought was to study well in Moscow.*

In the first reading (7a) the word *хорошо* 'good' is a predicative adjective, which acts as a predicate of the subordinate clause (*хорошо учиться в Москве*), and *учиться* is a subject of this predicate. In the second reading (7b), the word *хорошо* 'well' is an adverb, which acts as a modifier of the infinitive. The respective syntactic structures for (7a) and (7b) are very different.

Formally speaking, it could be possible to interactively disambiguate (7) by answering the question of part-of-speech attribution of *хорошо* (adjective vs. adverb). However, this discrimination is so subtle that an average user is unlikely to provide a correct answer.

For such cases, we propose to generate, from the lexical material of the sentence, clear syntactic patterns that would enable the user to choose a

---

[4]Incidentally, erroneous parsing by ETAP-3 of a sentence with this type of ambiguity triggered an interesting and purely theoretical research topic that allowed me to describe a lexicographic class of nouns in Russian and English (like *idea, thought, meaning, pathos, thesis, utterance, slogan* etc.) that have a unique set of syntactic features (see Iomdin 2003 for details).

reading without any hesitations: something like this: *учиться является хорошим* ('to study is good') with a synonym for the copula that does not change to zero) vs. *надо хорошо учиться* 'one needs to study well'. If the user chooses the first option, the algorithms confirms the respective syntactic links to produce reading (7a), and for the second option, (7b).

In a similar way, ambiguous English noun phrases like

(8)   *current generating field*

which may mean either

(8a)   'current that generates a field',

as in *the sinusoidal current, generating field h of amplitude H*, or

(8b)   'a field that generates current',

as in *two heating inductors ... configured to provide the cosine current generating field* (both are excerpts from real texts).

Patterns like (8a) and (8b) can be conveniently used as prompts for the user to pick the needed option. Since the generation of such patterns from the lexical material of the sentence processed and subsequent channeling of the parsing algorithm are feasible, if a bit cumbersome, tasks, we can expect to have a working module of interactive syntactic disambiguation in the near future. This will hopefully contribute to the improvement of the overall performance of ETAP-3 MT system.

2   A Lesson in Syntax

Many years of experimenting with NLP systems convinced the author, a theoretical linguist, that the yield of such systems (be it syntactic structures on parser output or texts in the target language obtained through MT engine) is exceedingly valuable linguistic material. In the latter case, erroneous texts (often labeled "negative linguistic material": this term was introduced by the famous Russian linguist Lev Shcherba (1931)) of MT output are especially priceless, because at times an MT system can produce such texts that no human, however inapt in a foreign language he may have just started to learn, is able to produce. It is exactly this type of output that can be insightful enough to lead to interesting theoretical results. Below, I will briefly discuss one such example of ETAP-3 output.

One is likely to expect that in a language so well linguistically researched as Russian or English there can be no phenomena in the very heart of the syntax that remain unaccounted for and such tell on parsers negatively. Relative clauses introduced by the word *который* 'which/that/who' definitely belong to the core syntax of Russian and appear to be fully described in the grammar. As such relative clauses may be rather cumbersome[5], the available descriptions are rather detailed, and were duly reproduced in the ETAP-3 parsing rules. For this reason, a blunder in the translation of a rather simple sentence taken from the ITAR-TASS newsline

(9)   *Власти Афганистана издали распоряжение, согласно которому вооруженным лицам предписано покинуть Кабул* 'The Afghan authorities have issued an order which prescribes that armed persons must abandon Kabul', lit. Authorities of Afghanistan have issued an order, according to which it is prescribed to armed persons to abandon Kabul.

came as a complete surprise to the author: The English translation of (9) was not only ungrammatical but utterly enigmatic:

(9b)   *Authorities of Afghanistan have issued an order it is prescribed to according to which armed persons to abandon Kabul*

As a matter of fact, the enigma could soon be solved: it turned out that the parser had produced for (9) an erroneous syntactic structure (SyntS), as presented on screenshot in Fig. 2.

It can be easily seen that translation (9a) reproduces the structure in Fig. 2 with practically no changes. In this structure, the prepositional phrase *согласно которому* 'according to which' is attached to the participle *вооруженным* 'armed', rather than to the passive participle *предписано* 'prescribed'. What is wrong with this structure, though? As a matter of

---

[5]The cumbersome character of relative clauses is manifested in the fact that the word *который* may be either a direct dependent of the relative clause head (*человек, который смеется* 'the man who laughs') or else take a position in the dependency tree which is quite far from the head (*человек, с женой одного из старших братьев которого я хорошо знаком* 'the man whose relative – the wife of one of his elder brothers – I know well' (lit. 'the man with the wife of one of elder brothers of whom I am well acquainted).

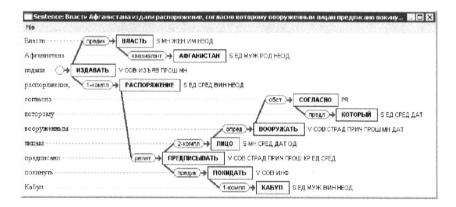

Figure 3. Erroneous parsing of sentence (9).

fact, we will never find the answer in classical Russian grammar. No restrictions that could be made responsible for the ungrammaticality of this structure can be found there. My first conjecture was that the "arboreal" distance between the head of the relative clause (the participle *предписано*) and the word *которому* might be too big and that perhaps a constraint must be imposed on the number of nodes that can be located between the head and *которому*. However, the two words are only four "arboreal" steps apart, while SyntS of the longer relative clause given in Footnote 5 above contains as many as six arboreal steps between the head and the relative pronoun – and it sounds entirely natural.

After much thinking and thorough research I was able to suggest another hypothesis to explain the unacceptability of the parsing. I supposed that the character of the elements that separate the head and the relative pronoun in the SyntS of Fig. 2 is more important than their number. The string of words connecting the head of the relative clause in this SyntS and the relative pronoun only contains three words: the noun *лицам* '(to) persons', the preposition *согласно* 'according to' and the participle *вооруженным* 'armed'. Nouns and prepositions are too typical elements of relative clauses to suspect them of being the cause for ungrammaticality.

I must confess that I did not see such a cause in the participle, either. As a matter of fact, there are no semantic barriers for interpreting sentence (9) in this way: if we substitute for the relative clause an independent sentence, we will come up with a sufficiently sensible text: *Власти Афганистана издали распоряжение. Вооруженным согласно этому распоряжению лицам предписано покинуть Кабул.* 'The Afghan authorities have issued an order. Persons that were armed in accordance with this order are required to abandon Kabul.'

However, a very comprehensive search of modern Russian corpora has shown that indeed no participles may appear in the syntactic string of words that separate the head node of the relative clause from the pronoun *который*). Even in the shortest contexts, where the participle is directly dependent on the head and directly dominates the relative pronoun, the constraint is absolute and valid for both passive and active participles[6], cf.

(10)   * *Малыш, приведший которого отец оказался моим одноклассником, с удовольствием возился в песке* 'The kid whose father who had brought him turned out to be one of my schoolmates called him, was happily playing in the sand'.

(11)   * *Это ученый, сделанное которым открытие произвело переворот в науке* 'This is the scholar a discovery made by whom caused a revolution in science'.

I have to state that the constraint that, to the best of my knowledge, has never been observed by researchers, is of purely syntactic nature and appears to be unmotivated from the semantic viewpoint: the meaning of totally ungrammatical sentences (10) and (11), as evidenced by their acceptable, if somewhat awkward, English translations, is quite transparent.

It goes without saying that once the result has been obtained it can be easily introduced in the parsing rules of the NLP system. The salutary effect of the feedback will be seen at once: the updated parser will come up with a correct SyntS for sentence (9) (see Fig. 2).

This structure, if sent to the transfer phase, will receive a passable translation like

(9b)   *Authorities of Afghanistan have issued the order according to which it is prescribed to armed persons to abandon Kabul.*

---

[6]Note that the string of words is understood in the "arboreal", rather than the linear, sense. The participle may easily appear in the linear string if it is not involved in the chain of syntactic links that connect the head and the relative pronoun. An example is a relative clause which is a slight modification of the one given in Footnote 5: *человек, с женой одного из уехавших* [= past participle] *за границу братьев которого я хорошо знаком* 'the man whose relative – the wife of one of his elder brothers who went abroad – I know well'

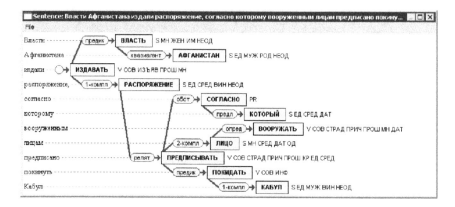

Figure 4. Correct parsing of sentence (9).

It must be added that the constraints to be imposed on relative clauses must include other items beside the ban on participles. To mention but a few, elements that separate the head of the relative clause from *который* cannot include any finite forms of verbs, or any conjunctions.

The latter fact is especially instructive since it clearly demonstrates the syntactic and semantic nature of the constraint. Even though prepositions and conjunctions can be largely synonymous, sentence

(12)   *Это был мастер, подобно которому не работал никто и никогда*
       (lit. 'This was an expert like who nobody ever worked'),

where *подобно* 'like' is a preposition, sounds impeccably, whereas sentence

(13)   * *Это был мастер, как <словно> который не работал никто и*
       никогда (lit. 'This was an expert like who nobody ever worked.'),

where *как* and *словно* are comparative conjunctions, is definitely ungrammatical.

I should like to emphasize once again the unique role that the ETAP-3 MT system played in the formulation of this challenging syntactic task. In fact, the computer application is beginning to act as a fully fledged research instrument of theoretical linguistics that stimulates its progress. This alone justifies the existence of a rule-based MT system. I mentioned above the fact that such a system can be a source of valuable negative linguistic material.

It is unlikely that a statistics-based system should produce such material: for the most part, it will reproduce human translation that existed before, and if not, it still won't follow human-written grammatical rules.

BIBLIOGRAPHY

[1] Ju.D. Apresjan and I.M. Boguslavskij and L.L. Iomdin and A.V. Lazurskij and L.G. Mitjushin and V.Z. Sannikov and L.L. Tsinman. Lingvisticheskoe obespechenie sistemy ETAP-2 / The linguistics of ETAP-2 system. Moscow, Nauka (In Russian), 1989.

[2] Ju.D. Apresjan and I.M. Boguslavskij and L.L. Iomdin and A.V. Lazurskij and V.Z. Sannikov and L.L. Tsinman. The Linguistics of a machine translation system. Meta, 37 (1): 97-112, 1992.

[3] Ju.D. Apresjan and I.M. Boguslavskij and L.L. Iomdin and A.V. Lazurskij and V.Z. Sannikov and V.G. Sizov and L.L. Tsinman. ETAP-3 Linguistic Processor: a full-fledged NLP Implementation of the MTT. MTT 2003, First International Conference on Meaning – Text Theory (June 16–18 2003). Paris: École Normale Supérieure, P. 279–288.

[4] Boitet Christian. Automated Translation. Rev. franç. de linguistique appliquée, VIII-2. P. 99–121, 2003.

[5] Richard Carter. Compositionality and polysemy. In On Linking: Papers by Richard Carter, edited by Beth Levin and Carol Tenny, pp. 167–204. Center for Cognitive Science, MIT, 1988.

[6] W. Hutchins. Machine translation: past, present, future. Ellis Horwood, Chichester, 1986.

[7] L. Iomdin. Purpose and Idea: A Lesson Drawn from Machine Translation. MTT 2003. First International Conference on Meaning – Text Theory (June 16-18 2003). Paris: École Normale Supérieure, P. 269–278.

[8] A.V. Lazurskij and A.S. Berdichevsky and L.G. Kreidlin and L.G. Mitjushin and V.G. Sizov. Interaktivnoe razreshenie leksicheskoj i sintaksicheskoj neodnoznachnosti v sistemax avtomaticheskoj obrabotki estestvennogo jazyka. [Interactive resolution of lexical and syntactic ambiguity in natural language processing systems]. Internet-Matematika 2005. Seminar v ramkax Vseros, Nauch, Konf. RCDL'2005. Moscow, Yandex. (In Russian)

[9] L.V. Shcherba. O trojakom aspekte jazykovyx javlenij i on eksperimente v jazykoznanii [On the triple aspect of language phenomena and on the experiment in linguistics]. Izvestija AN SSSR, Otd. Obshchestvennyx nauk, No. 1. (In Russian), 1931.

[10] D. Tufis and R. Ion and N. Ide. Fine-Grained Word Sense Disambiguation Based on Parallel Corpora, Word Alignment, Word Clustering and Aligned Wordnets. Proceedings of the 20th International Conference on Computational Linguistics, Geneva, August 23–27, pp. 1312–1318, 2004.

Automates et morphologie
Autour des noms propres, quelques
réflexions sur la flexion en français

Denis Maurel, Nathalie Friburger[1]

1 Introduction

A l'école de Maurice Gross, Franz Guenthner a réalisé au CIS[1] un diction-naire très complet de mots monolexicaux et polylexicaux de l'allemand, le CISLEX. Le dictionnaire des formes fléchies est créé automatiquement par l'application d'une sorte d'automates à nombre fini d'états, les transduc-teurs de flexion, qui décrivent les opérations à effectuer sur le *lemme* pour les obtenir.

Depuis plusieurs années déjà, nous travaillons à l'université de Tours sur le projet Prolex concernant le traitement automatique des noms propres, sujet d'intérêt partagé avec Franz Guenthner [Maurel, Guenthner, [9]], et dans le-quel nous utilisons les mêmes outils flexionnels hérités du LADL. La thèse de Nathalie Friburger [Friburger, [4]] pour la reconnaissance automatique des noms propres utilise à la fois notre dictionnaire (aujourd'hui plus large-ment développé [Maurel, Tran, Friburger, [10]][2]) et une description locale du contexte d'apparition des noms propres, contexte qui contient souvent des gentilés ou des ethnonymes, ainsi que des titres et noms de profession. Si la flexion des noms propres en français se limite en général à une seule forme fléchie, il n'en est pas de même autour du nom propre : les gentilés et ethnonymes donnent souvent des exemples de flexions rares (lorsqu'ils sont formés sur des formes supplétives [Eggert, Maurel, Belleil, [3]]) et les noms de profession, pour lesquels nous avons constitué un dictionnaire de

---

[1] Université François Rabelais Tours

[1] Le *Centrum für Informations und Sprachverarbeitung* de l'université de Munich.

[2] Voir http://tln.li.univ-tours.fr/tln_polex/prolex.php

formes féminines possibles [Gazeau, Maurel, [5]], interrogent sur les classes de flexion des noms polylexicaux.

Après un rappel des descriptions morphologiques du français proposées par le LADL[3] et une présentation du système *Multiflex* de flexion des mots polylexicaux d'Agata Savary, nous présenterons notre utilisation de ces deux systèmes dans le projet Prolex et les réflexions suscitées par la création de notre base de données.

2   Le système DELA pour le français

2.1   Présentation

Le système DELA [Courtois, Silberztein, [2]] repose sur l'association de dictionnaires de lemmes et de règles de flexion, association qui permet d'engendrer automatiquement des dictionnaires de formes fléchies, utilisés par exemple par les systèmes Intex [Silberztein, [16]], Unitex [Paumier, [11]], Nooj [Silberztein, [17]] ou Outilex [Blanc, Constant, Laporte, [1]].

La description morphologique sépare les mots monolexicaux des mots polylexicaux qui sont décrits à partir de leurs composants et des classes monolexicales.

Blandine Courtois définit les classes de flexion des mots monolexicaux comme une opération de concaténation suffixale sur une base qui est, soit le lemme lui-même, soit une forme déduite de celui-ci par l'élimination de quelques lettres finales. Cette opération est décrite par un vecteur de quatre symboles, représentant respectivement les quatre formes éventuellement possibles (masculin ou féminin, singulier ou pluriel), comme sur la Figure 1.

Modèle de flexion : N0 = :ms, :fs, :mp, :fp

FIGURE 1. Le modèle de flexion de Blandine Courtois

Ainsi, par exemple, la classe *N1 = 0,-,s,-* correspond à la flexion des noms uniquement masculins prenant un *s* au pluriel (comme *ballon, ballons*). Lorsque des lettres apparaissent sur la coordonnée correspondant au lemme, celles-ci sont donc enlevées pour former la base de la concaténation. Par exemple, la classe *N4 = l,-,ux,-* correspond à la flexion des noms unique-

---

[3] L'ancien *Laboratoire d'automatique documentaire et linguistique (LADL)*, fondé par Maurice Gross à l'université Paris 7.

ment masculins pour lesquels on remplace le *l* final du singulier par *ux* pour former pluriel (comme *cheval, chevaux* ou *ciel, cieux*).

Blandine Courtois recense dix-huit classes pour les noms uniquement masculins (N1-N18), six pour les noms uniquement féminins (N21-N26), vingt-neuf pour les noms prenant un *s* au pluriel (N31-N59), huit pour les noms invariables au pluriel (N61-N68) et dix classes restantes (N71-N80).

Il est donc traditionnel de présenter le système Dela comme comportant à peu près quatre-vingts classes... Mais on ignore souvent que ces codes, pour si complets qu'ils semblent être, ont dû être complétés par plusieurs séries d'exceptions, où l'on retrouve un certain nombre d'ethnonymes [Maurel, Leduc, Courtois, [8]]. Il existe donc aussi quatorze autres classes pour les noms uniquement masculins (N0 ;1-N0 ;14), deux autres pour les noms uniquement féminins (N20 ;1-N20 ;2), onze autres pour les noms prenant un *s* au pluriel (N30 ;1-N30 ;11), quatre autres pour les noms invariables au pluriel (N60 ;1-N60 ;4) et six autres pour les classes restantes (N70 ;1-N70 ;6). Enfin, il faut ajouter vingt classes de flexions alternatives. Soit, finalement, un total de cent vingt-sept classes !

2.2   Les transducteurs lexicaux

Par la suite, l'utilisation d'automates à nombre fini d'états a permis l'intégration des règles précédentes au logiciel Intex, et à ses successeurs, par des transducteurs lexicaux, comme celui de la Figure 2, correspondant à la règle N1.

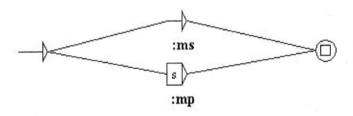

FIGURE 2. Un transducteur de flexion pour la règle N1

L'effacement de certaines lettres finales était alors symbolisé par un nombre, comme le *1* de la Figure 3, correspondant à la règle N4.

Ecrire un tel transducteur est relativement rapide (il n'en est pas de même

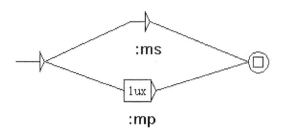

FIGURE 3. Un transducteur de flexion pour la règle N4

dans une langue casuelle !), mais l'écriture des règles de flexion verbale l'est moins. Aussi l'idée d'ajouter d'autres opérateurs est apparue. Dans le système Intex, il y en avait quatre (L pour déplacement à gauche, R pour déplacement à droite, C pour copier et D pour dupliquer). Dans le système Unitex, il n'y en a plus que trois, (L pour déplacement à gauche, R pour déplacement à droite en recopiant la lettre et C pour dupliquer la lettre précédente). D'autres opérateurs sont apparus dans le système Nooj [Silberztein, [18]] et dans le projet Transweb [Martineau, [7]].

Ainsi, on peut écrire un seul transducteur pour *appeler*, *il appelle* et *jeter*, *il jette*, tout comme pour *semer*, *il sème* et *mener*, *il mène*, etc. Sur la Figure 3, cela revient à remplacer le *1* par un *L*.

2.3   Quelques réflexions

Certaines flexions propres aux gentilés et ethnonymes n'existent pas dans la liste précédente. Nous avons en effet dû créer trois nouvelles classes (Figure 4) : une pour les noms prenant un *s* au pluriel (N30 ;12), une pour les classes restantes (N70 ;7) et une pour les classes de flexions alternatives (N31 ;2).

La difficulté principale de ces codes vient de leur nombre (cent trente au total), qui rend le choix du linguiste difficile. Nous avons voulu en réduire le nombre en utilisant les opérateurs d'Unitex et, ensuite, ceux de Transweb (Figure 5). Cependant, cette réduction reste minime car il subsiste cent dix-neuf classes différentes (vingt classes remplacées par neuf). Notons qu'une seule des classes que nous avons ajoutées a été fusionnée (N30 ;12).

Ce travail de relecture nous a aussi permis de constater que quelques classes alternatives avaient été classées parmi les flexions rares : il s'agit des classes

Classes	Flexions	Exemples
N30 ;12	ek, èke, eks, èkes	Ouzbek, Ouzbèke, Ouzbeks, Ouzbèkes
N70 ;7	iaux, elle, iaux, elles	Mervandiaux, Mervandelle, Mervandiaux, Mervandelles
N31 ;2	e,e.aise,es,es.aises	basque, basque (ou basquaise), basques, basques (ou basquaises)

FIGURE 4. Trois nouvelles classes

N0 ;1, N0 ;6, N0 ;9 et N0 ;13.

3 Le système Multiflex

3.1 Présentation

Le système Multiflex d'Agata Savary [Savary, [14]] permet de compléter un système de flexion de mots monolexicaux par la flexion des mots polylexicaux. Il est actuellement implanté en complément des transducteurs lexicaux associés au système Dela.

Son principe repose sur l'étude des mots polylexicaux réalisée dans le cadre de sa thèse [Savary, [13]] et peut se résumer par :

1. La décomposition en unités (en général, chaque séquence de lettres et chaque séquence de séparateurs constituent ces unités).

2. L'application de règles monolexicales sur certaines séquences.

Par exemple, le mot *bateau-mouche* se décompose en trois séquences [bateau] [-] [mouche] ; il hérite du genre de la première séquence et les séquences 1 et 3 se fléchissent en parallèle. A partir de l'entrée :

bateau(bateau.N3 :ms)-mouche(mouche.N21 :fs),NC_ NN [Savary, [15]],

le transducteur de flexion de la Figure 6 crée les deux formes fléchies *bateau-mouche* et *bateaux-mouches*.

---

[4] L'opérateur $ permet, dans la formule è$e, de mémoriser les lettres comprises entre le *e* final et le premier *è* qui le précède. Il peut donc s'appliquer sur des suffixes ne possédant pas le même nombre de lettres (ici, *ète* et *ègre*).

Classes	Flexions		Exemples
N13	o,-,i,-	0,-,Li,-	carbonaro, carbo-nari
N16	e,-,i,-		nuraghe, nuraghi
N0 ;7	u,-,i,-		leu, lei
N35	eur,euse,eurs,euses	0,Lse,s,Lses	danseur, danseuse
N30 ;2	t,se,ts,ses		canut, canuse
N40	l,lle,ls,lles	0,Ce,s,Ces	colonel, colonelle
N41	n,nne,ns,nnes		ancien, ancienne
N42	er,ère,ers,ères	0,LLèRe,s,LLèRes	boucher, bouchère
N43	et,ète,ets,ètes		inquiet, inquiète
N30 ;12	ek, èke, eks, èkes		Ouzbek, Ouzbèke, Ouzbeks, Ouzbèkes
N58	ète, étesse, ètes, étesses	è\$e,é\$esse,è\$es, é\$esses[4]	poète, poétesse
N30 ;8	ègre, égresse, ègres, égresses		nègre, négresse
N62	s,sse,s,sses	0,Lsse,0,Lsses	gros, grosse
N64	x,sse,x,sses		faux, fausse
N65	x,ce,x,ces	0,Lce,0,Lces	doux, douce
N60 ;1	s,ce,s,ces		tiers, tierce
N78	um,a,a,a	0,LLa,LLa,LLa	maximum, maxima
N79	us,a,a,a		valgus, valga
N13 ;1	o,-,i.os,-	0,-,Li.s,-	solo, soli ou solos
N16 ;1	e,-,i.es,-		condottiere, condot-tieri ou condottieres

FIGURE 5. Les classes fusionnées

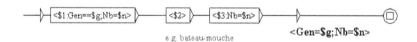

FIGURE 6. Un transducteur de flexion pour la règle NC_NN

L'existence de variantes flexionnelles est indiquée par plusieurs chemins ; par exemple, le mot *porte-serviette*, qui appartient à la classe NC_VNm (Figure 7), possède au singulier deux formes possibles (*porte-serviette* et *porte-serviettes*) pour une seule forme au pluriel (*porte-serviettes*).

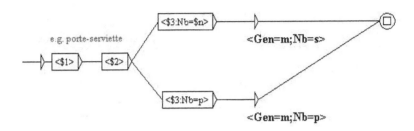

FIGURE 7. Un transducteur de flexion pour la règle NC_VNm

3.2 Quelques réflexions

D'après [Savary, [14]], il est nécessaire de créer un transducteur de flexion pour chaque règle... En français courant, les mots polylexicaux se répartissent en neuf classes régulières (Adj-N, N-Adj, NàN, NàGN, NdeN, NdeGN, N-N , V-N et Prép-N) [Francopoulo, [12]], avec quelques exceptions. Cependant les noms propres et leurs dérivés, tout comme les noms de profession, comportent un grand nombre d'unités, pour une flexion en général régulière.

Par exemple, les noms relationnels *Nord-Américain, Pont-l'abbiste* et *Mont-de-l'ifois* devraient correspondre à trois transducteurs de flexion différents (avec respectivement trois -XXN-, cinq -XXXXN- et sept unités -XXXXXXN-), alors qu'ils obéissent à ce qui nous semble être la même règle polylexicale, à savoir "placer la flexion sur la dernière unité". On pourrait même généraliser encore plus, en associant à ces exemples d'autres noms relationnels, comme *Charentais-maritime* (NXX) ou *Saint-pierrais-de-l'arne* (XXNXXXXX) ; la règle polylexicale correspondante serait alors "placer la flexion sur la seule unité qui se fléchit" (N100). Nous proposons de remplacer les cinq transducteurs de flexion de la Figure 8 par le transducteur de flexion de la Figure 9.

Pour réaliser cela, nous avons implanté une surcouche au programme Multiflex. A partir d'entrées (par exemple, celles de la Figure 10 qui suivent la règle correspondant au transducteur de flexion N100 de la Figure 9), ce programme construit automatiquement les transducteurs de flexion nécessaires (par exemple, ceux de la Figure 8) et lance Multiflex.

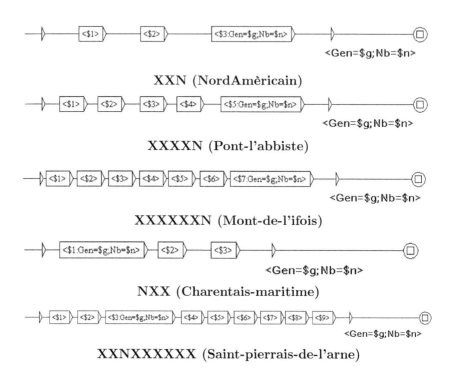

FIGURE 8. Cinq transducteurs de flexion

FIGURE 9. Le transducteur de flexion N100 qui les remplace

4   Les flexions rencontrées dans Prolexbase

Prolexbase est le dictionnaire relationnel multilingue de noms propres du projet Prolex. Chaque point de vue sur un nom propre est associé à un unique identifiant multilingue (le pivot ou *nom propre conceptuel*). Dans une langue donnée, ce pivot se projette sur un ensemble de lemmes, le *prolexème*, qui comporte les différentes formes du nom propre (ses alias) et les dérivés qui lui sont syntaxiquement synonymes (suivant l'idée de Maurice

Nord-Américain(.N32 :ms),N100
Pont-l'abbiste(.N31 :ms),N100
Mont-de-l'ifois(.N61 :ms),N100
Charentais(.N61 :ms)-maritime,N100
Saint-pierrais(.N61 :ms)-de-l'arne,N100

FIGURE 10. Exemples d'entrées de notre programme

Gross [Gross, [6]]). Par exemple, le couple (27, fr) représente les lemmes {*France, Français, français et franco*}, le couple (38558, fr), les lemmes {*Paris, Parisien, Parigot, parisien*} et le couple (48226, fr), les lemmes {*Organisation des nations unies, Nations unies, Onu, Onusien, onusien*}. Pour simplifier la gestion de la base et l'entrée des données, nous avons identifié ces couples à une forme vedette, appelée, elle aussi, par abus de langage, *prolexème*.

Tous les lemmes (prolexèmes, alias et dérivés[5]) sont associés à une classe flexionnelle. Les mots polylexicaux sont de plus en relation avec les flexions de leurs unités (voir Figure 11). Prenons l'exemple du prolexème (12443, fr) :

{
    Saint-Pierre-à-Arne,
    Saint-Pierre,
    Saint-pierrais-de-l'arne,
    saint-pierrais-de-l'arne
}

Ce prolexème (*Saint-Pierre-à-Arne*) et son alias (*Saint-Pierre*) sont en relation avec le LIBELLE_FLEXION (*MFS*) ; son nom relationnel (*Saint-pierrais-de-l'arne*) et son adjectif relationnel (*saint-pierrais-de-l'arne*) sont en relation avec le LIBELLE_FLEXION (*N100*) et avec une POLYUNITE (LEMME : *pierrais* ; FLEXION : *61* ; MORPHOLOGIE :*ms* ; ARGUMENT : *2*).

4.1 Les noms propres et leurs alias

Les prolexèmes et leurs alias sont pratiquement tous invariables en français ; les quelques exceptions sont les territoires "divisés" (*les deux Corées, les deux Allemagnes, les deux Chines, les deux Amériques*...). Ces noms

---

[5]Sauf lorsque les alias ou les dérivés sont engendrés automatiquement par des règles.

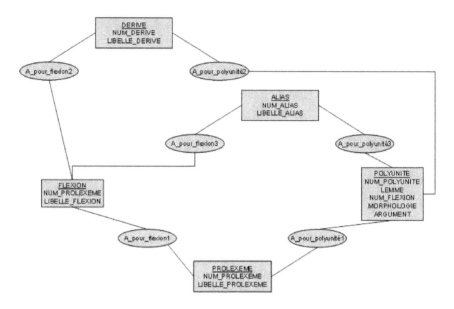

FIGURE 11. Les tables Flexion et Polyunité de Prolexbase

suivent donc les règles MS, FS, MP, FP, MFS et MFP (Figure 12) que nous appliquons indifféremment aux mots mono et polylexicaux.

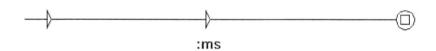

:ms

FIGURE 12. Le transducteur de flexion MS

4.2   Les dérivés de noms propres

Pour les mots monolexicaux, notre base comporte à ce jour neuf mille cinq cent vingt-trois adjectifs et noms relationnels (*parisien* et *Parisien...*), quatre noms relationnels diastratiques (*Parigot...*) et treize préfixes (*franco...*).

Les neuf mille cinq cent vingt-sept noms se partagent entre dix-sept classes (Figure 13), principalement N61 et N40/N41.

Classes	Effectifs	Exemples
N1	1	Jésuite
N31	175	Yougoslave
N31 ;2	1	Basque
N32	766	Cévenol
N33	33	Cantalou
N39	5	Viromandui
N40/N41	2 740	Parisien
N42/N43/N30 ;12	97	Vitrier
N46	14	Turc
N53	1	Millassou
N59	1	Grec
N61	5 688	Stéphanois
N63	15	Bayeux
N70 ;7	1	Mervandiaux
N72	5	Manceau
N76	7	Provençal
N80	7	Burkinabé

FIGURE 13. Les classes de flexion des noms relationnels de Prolexbase

Quant aux mots polylexicaux, ils sont à ce jour sept cent soixante-quinze. Grâce au programme de surcouche décrit section 3.2, nous n'utilisons que deux classes au lieu de dix (Figure 14). La classe N100 est présentée Figure 9 et la classe N200, Figure 15.

4.3   Les noms de professions

Notre dictionnaire de profession comprend six cent quatre-vingt-huit lemmes polylexicaux qui, pour générer leur forme féminine régulière, suivent ces deux mêmes classes ou la classe N300 (Figure 16). Par contre, le nombre d'unités peut être très important, le record étant de vingt-sept (*contrôleur de la concurrence, de la consommation et de la répression des fraudes*). Il devient presque impossible de gérer humainement des règles de la forme standard de Multiflex[6]. La Figure 17 présente des exemples pour ces trois classes, en fonction du nombre d'unités. Ce tableau comporte dix-neuf lignes, mais, en fait, le nombre de classes standard différentes engendrées par notre surcouche est de vingt-huit, car, pour un même nombre total d'unités et un

---

[6] (*NXXXXXXXXXXXXXXXXXXXXXXXXXXXX*)...

Classes		Effectifs		Exemples
N100	NXX	1	741	Charentais-maritime
	XXN	684		Saint-cyrien
	NXXXX	1		Châtillonnais de bazois
	XXXXN	51		Pont-l'abbiste
	XXXXXXN	3		Saint-jean-de-fosien
	XXNXXXXXX	1		Saint-pierrais-de-l'arne
N200	NXN	23	33	Montagnard divin
	NXXXN	8		Papouan-néo-guinéen
	XXNXN	1		Saint-martinot-combois
	NXXXXXN	1		Viellois-et-saint-gironnais

FIGURE 14. Deux classes au lieu de dix

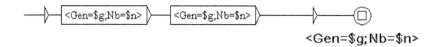

FIGURE 15. Le transducteur de flexion N200

même nombre d'unités qui se fléchissent, les classes standards peuvent être distinctes. Par exemple, les noms formés de trois unités de la classe N100 correspondent à deux classes standard (*NXX* et *XXN*).

FIGURE 16. Le transducteur de flexion N300

5   Conclusion

Dans le cadre de notre projet Prolex de constitution d'une plateforme pour le traitement automatique des noms propres, nous avons mis en place des procédures de flexion des noms (et adjectifs) monolexicaux et polylexicaux.

Classes	Unités	Effectifs	Exemples
N100	27	2	contrôleur de la concurrence, de la consommation et de la répression des fraudes
	19	2	inspecteur du permis de conduire et de la sécurité routière
	17	5	professeur d'enseignement général et technologique du second degré
	15	8	technicien de maintenance en matériel électronique grand public
	13	11	pilote de l'armée de l'air
	11	36	officier de l'armée de terre
	9	45	chef de projet en informatique
	7	111	professeur de lycée professionnel
	5	218	rédacteur en chef
	3	52	gastro-entérologue
N200	13	5	juriste spécialisé en droit de l'environnement
	11	4	conservateur restaurateur d'œuvres d'art
	9	5	conseiller commercial dans les assurances
	7	11	inspecteur technique des immeubles
	5	7	ingénieur technico commercial
	3	155	boulanger-pâtissier
N300	11	1	sportif professionnel athlète de haut niveau
	7	2	directeur administratif et financier
	5	8	maître nageur sauveteur

The effectifs 489 spans the N100 rows, 188 spans the N200 rows, and 11 spans the N300 rows.

FIGURE 17. Classes et nombre d'unités

Cela nous a donné l'occasion de travailler sur la constitution de transducteurs de flexion, à la fois pour les règles monolexicales, définies par Blandine Courtois, et sur les règles polylexicales, suggérées par Agata Savary.

Ces quelques réflexions, autour des noms propres, sur la flexion en français, nous ont conduit à quelques suggestions de modification des codes du LADL et surtout à l'implantation d'un programme de surcouche sur le système Multiflex, afin de rendre le choix des règles plus opérationnel pour le linguiste chargé de la maintenance des données.

BIBLIOGRAPHIE

[1] Blanc O, Constant M, Laporte E. 2006, *Outilex, plate-forme logicielle de traitement de textes écrits, TALN 06*, 8391.
[2] Courtois B, Silberztein M. 1990, *Dictionnaires électroniques du français*, langues fran-

çaise, 87 :11-22.

[3] Eggert E, Maurel D, Belleil C. 1998, *Allomorphies et supplétions dans la formation des gentilés. Application au traitement informatique*, Cahiers de Lexicologie,n°73, p. 167-179.

[4] Friburger N. 2002, *Reconnaissance automatique des noms propres ; application à la classification automatique de textes journalistiques*, Thèse de doctorat d'informatique, Université François Rabelais Tours.

[5] Gazeau MA, Maurel D. 2006, *Un dictionnaire INTEX de noms de professions : quels féminins possibles ?*, Cahiers de la MSH Ledoux (à paraître), 115-127.

[6] Gross G. 1997, *Synonymie, morphologie dérivationnelle et transformations*, Langage, 128 :72-90.

[7] Martineau C. 2005, *Outils multilingues de génération de formes fléchies et dérivées*, Rapport technique, Projet Transweb 2, IGM, Université de Marne-la-Vallée.

[8] Maurel D, Leduc B, Courtois B. 1995, *Vers la constitution d'un dictionnaire électronique des noms propres*, Linguisticae Investigationes, volume 19 :2, p. 355-368.

[9] Maurel D, Guenthner F. 2000, *Le traitement automatique des noms propres*, TAL, vol. 41, n°3.

[10] Maurel D, Tran M, Friburger N. 2006, *Projet Technolangue NomsPropres : Constitution et exploitation d'un dictionnaire relationnel multilingue de noms propres*, Atelier Les Ressources dans le traitement de la langueécrite, conférence associée à TALN 2006 (Actes p. 927-936), Louvain, Belgique.

[11] Paumier S. 2003, *De la Reconnaissance de Formes Linguistiques à l'Analyse Syntaxique*, Thèse de Doctorat en Informatique, Université de Marne-la-Vallée.

[12] Francopoulo G. 2004, *Proposition de norme des Lexiques pour le traitement automatique des langues*, CN RNIL N 7, 21 p.

[13] Savary A. 2000, *Recensement et description des mots composés - méthodes et applications*, Thèse de doctorat en Informatique Fondamentale, Université de Marne-la-Vallée.

[14] Savary A. 2005, *Towards a Formalism for the Computational Morphology of Multi-Word Units*, Second Language & Technology Conference, 305-309, Poznan, Poland.

[15] Savary A. 2005, *MULTIFLEX :Users Manual and Technical Documentation, version 1.0*, Rapport interne du Laboratoire d'Informatique de l'Université de Tours, n°285, 25 pages.

[16] Silberztein M. 1993, *Dictionnaires électroniques et analyse automatique de textes - Le système INTEX*, Paris, Masson.

[17] Silberztein M. 2004, *Nooj : A cooperative Object Oriented Architecture for NLP*, cahiers de la MSH Ledoux, Série Archive, Bases, Corpus, 1 :351-361.

[18] Silberztein M. 2005, *NooJ's dictionaries, Second Language & Technology Conference*, Poznan, Poland.

De l'incertitude en linguistique : Le cas des variantes

MICHEL MATHIEU-COLAS[1]

1 Introduction

La présence de variantes à tous les niveaux du fonctionnement linguistique, loin d'être un épiphénomène, représente un paramètre essentiel des langues naturelles, au même titre que la polysémie ou la synonymie. Il est vrai que les dictionnaires et les grammaires tendent souvent à sous-estimer cet aspect, appauvrissant ainsi, par excès de normativité, la représentation de la langue. Mais le phénomène se manifeste subrepticement sous une autre forme, dès lors que l'on compare les ouvrages de référence : à côté des variantes déclarées, explicitement décrites, il existe de nombreuses variantes « cachées », non reconnues comme telles, et détectables seulement par superposition des sources. Une méthodologie fondée sur la comparaison permet de prendre conscience de cet espace de variation inscrit au cœur de la langue.

On pourrait croire que cette dimension représente un handicap du point de vue de l'informatisation de la langue, comme si l'informatique exigeait une « réduction » de la richesse linguistique, pour rejoindre la simplicité formelle des langages artificiels. Or le travail sur les variantes prouve le contraire. L'effet de « flou » qui leur est propre n'est pas incompatible avec le traitement automatique : bien au contraire l'informatique, par son exigence de précision, incite à décrire avec rigueur le jeu apparemment irrationnel des variations et permet par là même de le domestiquer.

---

[1]CNRS-LDI (UMR 7187)- Université Paris 13

2   Variations formelles

Du point de vue formel, les variations opèrent à tous les niveaux de la
langue.

2.1   Les variantes phonétiques

Rappelons des faits connus. Les variantes vocaliques affectent notamment
le *e* « muet » ([fənɛtr] ou [fnɛtr]), les deux timbres du *a* [2], la nasalisation
([mõnami] ou [mɔnami]) et le degré d'aperture : *maison* peut se prononcer
[mezɔ̃] (*Lexis*) ou [mɛzɔ̃] (*Robert & Collins*, comme dans le film *E.T.*). Pour
ce qui est des consonnes, l'hésitation concerne en premier lieu le redouble-
ment ([ilymine] ou [illymine]) et la prononciation des finales ([anana] ou
[ananas]), sans même parler des variantes contextuelles (« ils étaient *six* :
six enfants, *six* garçons »).

On observe également des flottements plus originaux, comme les suivants :

- lecture de lettres initiales : le *Petit Larousse* de 1992 indique bien,
  pour *hiéroglyphe*, la présence d'un h muet, mais cette information est
  simultanément démentie par la légende de l'illustration (« exemples
  de hiéroglyphes »), rejoignant ainsi l'interprétation du *Petit Robert*
  (h aspiré) . De même opposera-t-on la lecture des mots en *x*- dans le
  Lexis ([ksenofɔb]) et dans le *Petit Robert* ([gzenofɔb]) ;

- interprétation d'un digramme, par ex. *gn* dans *prégnant* : le *Petit
  Robert* opte pour [pregnɑ̃], là où le *Lexis* préfère [preɲɑ̃] ;

- découpage syllabique : la prononciation [jɛr], choisie par le *Petit Ro-
  bert*, est considérée comme « rare » par le *Lexis*, qui privilégie [ijɛr].
  On comparera de même, pour *fiancé*, les transcriptions [fjɑ̃se] (*Petit
  Robert*) et [fijɑ̃se] (*Lexis*) ;

- variations propres aux emprunts, comme dans le cas de *dominion* :
  [dɔminjɔ̃] (*TLF*) ou [dɔminjɔn] (*Petit Robert*).

---

[2]Qu'on me permette d'évoquer un souvenir personnel. Un de mes enfants, alors en
cours élémentaire, devait trier une série de mots selon la prononciation de la lettre *a*
[a / ɑ]. Je me revois hésitant sur la prononciation d'un nom aussi simple que *bras* et
consultant immédiatement, par réflexe professionnel, deux dictionnaires... pour découvrir,
sans véritable surprise, qu'ils étaient en désaccord : le *Lexis* prononce [bra] ; le *Petit Robert*
[brɑ]. J'ai dû me rendre à l'évidence : la question était mal posée et portait en fait sur la
présence ou non d'un accent circonflexe !

Il ne s'agit pas ici de faire un recensement systématique de tous les types de variantes phonétiques, mais simplement d'insister sur l'existence du phénomène et sur son importance pour le traitement automatique : la reconnaissance vocale implique que toutes les formes attestées soient connues et reconnues, ce qui est loin d'être toujours le cas dans les dictionnaires traditionnels [3].

2.2   Les variantes graphiques

Ayant longuement travaillé sur les variantes graphiques, nous résumerons ici l'essentiel de nos observations. Le phénomène affecte aussi bien la langue générale (*clé* ou *clef*) que l'argot (voir plus loin l'exemple de *gnôle*) ou les langues spécialisées. Citons, pour ces dernières, l'exemple du terme *intentionnalité*, écrit avec *nn* dans les œuvres de Sartre ou de Merleau-Ponty, mais un seul – *intentionalité* – chez Husserl (*Méditations cartésiennes*), Cuvillier (*Vocabulaire philosophique*) ou J.-F. Lyotard (*La Phénoménologie*).

On attend donc des dictionnaires qu'ils prennent en compte ces variations. Le *TLF,* de ce point de vue, occupe une place privilégiée : les variantes y sont très nombreuses et décrites avec soin. On regrette seulement que leur présentation s'avère par trop hétérogène. Elles peuvent, selon les cas, figurer en entrée – AÏOLI, AILLOLI ; APPOG(G)IATURE – ou être renvoyées en commentaire dans la rubrique « Prononc. et Orth. », à moins que les deux systèmes ne se combinent, comme il arrive pour *gnôle*, dont l'orthographe autorise presque toutes les combinaisons théoriquement possibles (*gn/gni/ni+o/ô/au*) :

GNOLE, GNÔLE, subst. fém.

Prononc. et Orth. Comme d'autres mot pop. il connaît de nombreuses var. graph. : *gnole* (*Lar. 20*[e], *Lar. encyclop., Lar. Lang. fr.*), *gnôle* (*Lar. 20* [e], *Lar. encyclop., Lar. Lang. fr.*, ROB.), *gniole* (*Lar. Lang. fr.*), *gniôle* (*Lar. 20* [e], *Lar. encyclop.*, ROB.), *gniaule* (*Lar. 20* [e], *Lar. encyclop.*), *gnaule* (ROB., *Lar. Lang. fr.*), *niaule* (*Lar. 20* [e], *Lar. encyclop., Lar. Lang. fr.*), *niôle* (*Lar. encyclop., Lar. Lang. fr.*, ROB.), *gniolle* (LE BRETON).

On notera toutefois que des graphies usuelles se trouvent reléguées en commentaire (par ex. *allégro* ou *acuponcteur*), tandis que des variantes rares sont mises en vedette (BÉRET, *berret*). Madame Catach, qui connaissait le sujet mieux que quiconque (voir entre autres son étude de [17], avait attiré

---

[3] La meilleure référence, de ce point de vue, reste le *Dictionnaire de la prononciation française dans son usage réel* d'André Martinet et Henriette Walter [20].

notre attention sur le cas étonnant de l'entrée DAME, *dam*...

Les autres dictionnaires pèchent plutôt par défaut. Si certaines variantes sont bien représentées (on trouve partout *clé* ou *clef*, *saoul* ou *soûl*, *trimbaler* ou *trimballer*, *téléphérique* ou *téléférique*), d'autres sont masquées, perdues dans un exemple ou le corps d'un article. A moins qu'elles n'apparaissent seulement par superposition. Tel ouvrage opte pour une graphie, sans se préoccuper des discordances qui l'opposent à d'autres sources. Le *Petit Larousse* écrit *kasher*, *casher* ou *cachère*, le *Petit Robert casher* ou *kascher* (une seule graphie commune). La confusion est encore plus grande pour les mots composés, qu'il s'agisse de la présence du trait d'union (*fille-mère* ou *fille mère*) ou des marques de nombre (*marine à voile* ou *marine à voiles*, *boutons de manchette* ou *boutons de manchettes*). Et que dire des majuscules? Elles flottent au gré des références : *jeux olympiques, jeux Olympiques, Jeux olympiques, Jeux Olympiques* [4]...

Les dictionnaires électroniques conçus dans le cadre du TAL ne peuvent se permettre de telles incertitudes. Il importe que toutes les formes soient recensées et décrites avec rigueur. Rien n'empêche si on le souhaite, en prévision de certaines applications, de marquer comme telles les graphies rares ou archaïques (ce qui permettrait de distinguer *béret* de *berret*, ou de privilégier *belote* par rapport à *belotte*). L'essentiel est d'être le plus précis possible afin de limiter, autant que faire se peut, le nombre de formes non reconnues.

2.3 Les variantes morphologiques

Deux composantes sont en jeu : le genre des substantifs et la flexion des mots variables. S'agissant des hésitations relatives au genre – dans le cadre d'un même emploi –, on connaît les cas les plus fréquents (*un* ou *une après-midi*) ou tout au moins les mieux décrits dans les dictionnaires [5]. Mais la confrontation de sources différentes ferait apparaître, ici aussi, un certain nombre de désaccords : *tennis* (au sens de « chaussure ») est masculin pour

---

[4] Pour les sources de ces graphies et, plus généralement, sur l'idée de « majuscule flottante », v. Mathieu-Colas [24].

[5] Voir par exemple les mots suivants, dans le *Petit Robert* : *acmé, aglycone, antienzyme, apoenzyme, après-midi, arolle (arole), avant-guerre, avant-midi, barbouze, baston, carpocapse, chaintre, chapska (schapska), chibouque, chistera, coenzyme, cotyle, country, fétuque, goulache, happy end, harissa, holding, jaque, jet-set, limule, livedo (livédo), manse, métaldéhyde, météorite, mirepoix, nasique, notonecte, oolithe (oolite), ope, ophrys, parka, pentatome, perce-neige, phalène, phonolithe (phonolite), poiscaille, poliste, protogine, protophyte, psylle, quatre-épices, schappe, sex-shop, squatine, stout, tachine, tanagra, thermos, township, vérétille, wateringue.*

le *Lexis*, le *TLF*, le *Robert & Collins*, mais féminin pour le *Petit Larousse* et le *Robert Brio*. Il faut compter aussi avec les incertitudes liées à la féminisation : *Madame le député* ou *Madame la députée* ? Les deux formes, naturellement, doivent être enregistrées.

Pour ce qui est de la flexion, l'hésitation ne se réduit pas à un problème orthographique (des *presse-citron* ou des *presse-citrons*). Il arrive qu'elle se fasse entendre : le *Grand Robert* écrit *nasaux*, mais admet, en composition, *semi-nasals* ou *semi-nasaux*, quand le GDEL, à l'inverse, accepte *nasals* ou *nasaux*, mais ne reconnaît que le composé *semi-nasaux* ! On marche sur la tête...

Il en va de même, toutes proportions gardées, pour la conjugaison. Témoin le verbe *bruire* : « Après s'être conjugué comme *fuir* (cf. bruyant), explique le *Petit Robert*, ce verbe se conjugue comme *finir* (p. prés. *bruissant*). » Pourtant le *Petit Larousse*, dans ses tableaux de conjugaison, mentionne encore l'imparfait *bruyait*. Plus généralement, les variantes verbales peuvent relever de plusieurs types :

- formes isolées : l'infinitif (*fiche* ou *ficher*), le présent de l'indicatif (*il éclôt* ou *il éclot*), le participe (*rassi, ie* ou *rassis, ise*), etc. ;

- alternances propres à un verbe, comme il arrive pour *asseoir* (*assois* ou *assieds, assoyais* ou *asseyais, assoirai* ou *assiérai...*, avec mélanges possibles pour un même locuteur : *je m'assois, nous nous asseyons, ils s'assoient, asssieds-toi*) ;

- hésitation entre deux modèles : *harceler*, selon les sources, se conjugue comme *geler* ou comme *appeler* (*il harcèle* ou *il harcelle*) ; quelques verbes, dont *breveter*, peuvent se fléchir comme *jeter* ou *acheter* (*je brevète* ou *je brevette*) ; *départir* se conjugue comme *partir* « selon l'Académie » et comme *finir* « selon l'usage » (GDEL) ;

- alternances plus régulières affectant un ensemble de verbes. C'est le cas, par exemple, pour les verbes en −*ayer* (*je paie, je paierai* ou *je paye, je payerai*). On peut mentionner aussi le futur et le conditionnel des verbes en −*é..er* (*céder, célébrer, régner, révéler, rapiécer, assiéger*, etc.) ; si la tradition et les guides de bon usage imposent ici l'accent aigu (*je céderai, il régnera*), l'accent grave, plus conforme à la prononciation, tend à se généraliser (*je cèderai, il règnera*), au point d'être retenu comme seule graphie par la dernière édition du Dictionnaire de l'Académie. On admirera au passage la prudence du *Petit Robert* qui, dans le tableau de conjugaison correspondant, privilégie l'accent aigu (malgré la variation phonétique : [sedrɛ ; sɛdrɛ]), en se bornant à signaler en bas de page l'autre possibilité (« la prononciation actuelle appellerait plutôt l'accent grave »). Le *Petit Larousse*, encore moins engagé, évoque dans une simple note le choix de l'Académie, sans le prendre à son compte.

Aucun ouvrage n'énumérant toutes les variantes, seule une collation des sources disponibles permet de faire émerger l'ensemble des possibilités. Il est souhaitable d'y ajouter les marques d'usage, afin de différencier les formes « usuelles » des formes rares ou vieillies.

2.4   Les variantes syntaxiques

La syntaxe offre également son jeu d'options. Rappelons-en quelques exemples :

- alternances prépositionnelles : *d'ici demain* ou *à demain, habiter Paris* ou *à Paris, continuer à* ou *de* [6]... ;

- système interrogatif : *vous êtes satisfait ? êtes-vous satisfait ? est-ce que vous êtes satisfait ?* ;

- négations : *je ne sais (pas) ce qui m'a pris.* Il faut compter aussi avec les oscillations du *ne* « explétif » : *je crains qu'il (ne) vienne* ;

- inversions : *ainsi, il pourra* ou (sans virgule) *ainsi pourra-t-il...* ;

- accords : *c'est eux* ou *ce sont eux qui me l'ont dit ; la majorité des blessés survit* ou *survivent ; le peu d'observations que j'ai fait* (ou *faites*) *à cette occasion s'est effacé* (ou *se sont effacées*) *de ma mémoire* (Hanse 1983 : 680). On notera à ce propos que les problèmes d'accord ne concernent pas seulement l'orthographe, même s'il est vrai que la variation est souvent inaudible : *les épreuves que j'ai eu* (ou *eues*) *à surmonter ; je suis tout* (ou *toute*) *à vous* [7]...

Il existe bien d'autres variantes, que nous ne pouvons développer ici. Elles sont plutôt mieux décrites que les autres types de fluctuation, ne serait-ce

---

[6] Il est difficile de trouver entre ces deux constructions une différence sémantique : « On a le choix ; c'est parfois l'oreille qui choisit » (Hanse : 268).

[7] A moins qu'on ne veuille établir ici, quand le sujet est féminin, une nuance sémantique d'une grande subtilité : *Je suis toute à vous*, formule réservée à la passion, mais *Je suis tout à vous*, simple politesse (Thomas : 410)!

qu'en raison de l'intégration plus ou moins systématique des variantes dans certaines grammaires. On songe en particulier au *Bon Usage* de Grevisse qui multiplie, chaque fois qu'il est possible, les exemples contradictoires :

> « *Vous trouverez* CI-INCLUSE *la copie que vous m'avez demandée* (Académie, s.v. *ci*). [...] *Vous trouverez* CI-INCLUS *une lettre de votre père* (Académie, s.v. *inclure*).

> L'Acad. (aux mots *inclure* et *joindre*) pose en règle que *ci-inclus* et *ci-joint* restent invariables quand ils précèdent le nom auquel ils se rapportent. Cette règle n'est pas sûre, et l'Acad. elle-même ne la respecte pas, comme le montre un des exemples que nous avons reproduits.[8] »

Mais tous les ouvrages ne procèdent pas ainsi et beaucoup (à l'instar de l'Académie !) préfèrent édicter des règles univoques – ce qui ne les empêche pas, à l'occasion, de se contredire mutuellement. Il faut écrire, selon Thomas (1956 : 236), *La première et la deuxième déclinaison latine*, alors que, pour Hanse (1983 : 39), « il est logique de mettre au pluriel le troisième adjectif dans une phrase comme celle-ci où le nom reste au singulier : *La première et la deuxième déclinaison latines. Les deux déclinaisons sont latines.* » Les comparaisons, en révélant des désaccords, mettent au jour des variantes qu'on s'évertuait à nous dissimuler.

La langue orale aussi a sa propre syntaxe, plus familière (Leeman [19]). On ne saurait omettre les variantes les plus usuelles : les négations tronquées (*il est pas venu*), les substitutions de préposition (*aller chez le coiffeur* > *aller au coiffeur*), les changements de mode (*après qu'il a* ou *qu'il eut parlé* > *après qu'il ait parlé* [9])... Il suffit simplement, pour plus de précision, de les assortir d'une marque, comme on le fait pour les mots (*fam., région., rare, vx*, etc.).

Toutes ces variations doivent être identifiées d'autant plus clairement que l'on souhaite soumettre des textes (ou des discours) à un analyseur syn-

---

[8] 12ᵉ édition, p. 1368.

[9] Pour éviter l'emploi jugé incorrect du subjonctif avec *après que* (*après qu'il ait parlé, tout le monde s'est levé*), tout en évitant le mode indicatif de moins en moins perçu comme naturel (*après qu'il a parlé...*), certains recourent systématiquement au passé antérieur (*après qu'il eut parlé, tout le monde s'est levé*). Ils mélangent ainsi deux systèmes temporels différents, fondés respectivement sur le passé composé (*après qu'il a parlé, tout le monde s'est levé*) et sur le passé simple (*après qu'il eut parlé, tout le monde se leva*). Le remède n'est-il pas pire que le mal ?

taxique. L'ordinateur est totalement tributaire des descriptions qu'on lui fournit, ce qui implique, en amont, un long travail d'analyse linguistique.

3 Interférences sémantiques

Dans les exemples précédents, la variation n'affectait que la forme ou la construction des unités lexicales, le sens sous-jacent restant stable et claire-ment défini. Or ce n'est pas toujours le cas : la polysémie et l'homonymie inhérentes aux langues naturelles introduisent un nouveau facteur de com-plexité. Il en résulte de singulières interférences, notamment sur les plans graphique et morphologique.

Tout est simple, naturellement, quand les formes concurrentes renvoient à des emplois différents, qu'il s'agisse d'homonymes natifs, issus d'étymons distincts (*mer* / *mère* / *maire*), ou d'homonymes obtenus par différenciation graphique ([kɔ̃te], du lat. *computare*, s'écrit *compter* ou *conter* selon le sens). A chaque emploi sa forme, à chaque forme son emploi.

Mais l'interprétation est souvent plus délicate, ainsi lorsque deux formes fonctionnent en même temps comme homonymes et comme variantes :

VARIANTES			HOMONYMES	
abside	ou	*apside* (vx)	archit.	*apside*	astron.
différentier	ou	*différencier*	math.	*différencier*	langue gén.
disharmonie	ou	*dysharmonie*	langue gén. ou géol.	*dysharmonie*	méd., etc.

On notera, pour le dernier cas, les contradictions entre dictionnaires. Le *Petit Larousse* admet les deux graphies pour le sens général (« absence d'harmonie entre des choses, des personnes »), mais impose *disharmonie* dans le domaine géologique. Inversement, le GDEL n'accepte les deux va-riantes qu'au sens géologique et choisit *dysharmonie* dans tous les autres cas (langue gén., anthropol. soc., méd., psychiatr.). Le *Petit Robert*, quant à lui, exige *dysharmonie* en médecine, mais laisse le choix pour le sens général !

Si le nombre d'emplois et de graphies augmente, les désaccords peuvent aboutir à une véritable cacophonie :

- le *Lexis* oppose *arcure* (arboriculture) et *arqûre* (médecine vétéri-naire) ; mais d'autres dictionnaires proposent des graphies différentes (*arcûre* et *arqure*) et ajoutent trois autres domaines (armement, zoo-technie, marine), sans qu'il y ait unanimité sur la répartition séman-tique des formes : il en résulte autant de variantes potentielles ;

- le cas de *tête de maure* (*more* ou *mort*) n'est pas moins éloquent. En lisant de près les dictionnaires et en les comparant, on ne relève pas moins de 10 graphies différentes, avec présence ou non de traits d'union et/ou de majuscules – *tête-de-maure, tête de maure, tête-de-Maure, tête de Maure, tête-de-more, tête de more, tête-de-More, tête de More, tête-de-mort, tête de mort* –, lesquelles graphies recouvrent, selon des distributions variables d'un ouvrage à l'autre, 6 significations distinctes (sans compter le sens usuel de *tête de mort*), du fromage de Hollande au muflier, en passant par un couvercle, un type de nœud, un papillon, une couleur [10]...

Ce type de « mise à plat » est nécessaire, ne serait-ce que pour prendre conscience de la part d'arbitraire de certains choix dictionnairiques et leur substituer une représentation plus cohérente.

Les verbes offrent aussi quelques interférences, au croisement de la séman-tique et de la morphologie. Si les deux verbes *ressortir* – « sortir de nouveau » ou « être du ressort de » – ont un comportement clair, chaque sens déve-loppant ses propres formes (*il ressort de chez lui* vs *cette affaire ressortit à*), d'autres verbes sont problématiques, comme le montrent les formes *repartir* et *répartir* (voir aussi, en annexe §2, les verbes *fleurir* et *saillir*).

Repartir, dans l'usage courant (« partir de nouveau »), se conjugue comme *partir* (*repartons, repartant, repartait*), cependant que *répartir*, au sens de « partager », suit le modèle de *finir* (*répartissons, répartissant, répartissait*). Or voici que tout se complique avec la prise en compte du couple de variantes *repartir/répartir* synonyme de « répondre », « répliquer » :

> «Il ne tiendra qu'à vous, beau Sire,
> d'être aussi gras que moi, lui repartit le chien. [11] »

---

[10] Pour une description plus détaillée, voir Mathieu-Colas [23]. Nous présentons ici même, de façon plus développée, un autre exemple de « cacophonie » (*infra*, Annexe §1).

[11] Les éditions imprimées des *Fables* de La Fontaine, pour « le Loup et le Chien », privilégient généralement la graphie sans accent. S'agissant du Web, on notera que, sur 240 occurrences de ce vers (selon Google, à l'heure où nous écrivons), *repartir* apparaît 172 fois et *répartir* 68 fois. La prononciation ne correspond pas exactement à l'orthographe, à en croire le *Petit Robert* : *repartir* peut se prononcer à volonté [r(ə)-] ou [re-], alors que le choix n'est pas possible pour *répartir* [re-] ; quant au substantif dérivé, il se prononce toujours [re-] quelle que soit la graphie (*repartie* ou *répartie*).

Il y a hésitation, pour la conjugaison, entre les modèles *partir* et *finir*[12], même si la difficulté est masquée pour les formes les plus fréquentes (le passé simple et le participe passé étant identiques dans les deux paradigmes).

Il faut donc se résoudre à prendre à bras-le-corps ce type d'imbroglios, si embarrassants qu'ils puissent paraître. Si l'on veut y voir clair dans la langue – mais comment, sans cela, prétendre y appliquer un traitement informatique ? –, tout doit être identifié, analysé, interprété.

Ajoutons que le même principe pourrait s'appliquer, *mutatis mutandis*, aux interférences entre synonymie et polysémie : tout comme pour les variantes, il s'agit de mettre en correspondance des ensembles de formes et des séries d'emplois, par-delà les divergences des dictionnaires. Nous en donnerons un exemple en annexe (§3).

4   Conclusion

Les analyses précédentes ont été développées dans le cadre de travaux sur l'informatisation de la langue, en particulier l'élaboration de dictionnaires électroniques conçus en vue du traitement automatique. Mais elles dépassent le simple champ des applications et prennent, à notre sens, une valeur méthodologique et épistémologique. Sur un plan fondamental, l'informatique est pour le linguiste une école de rigueur : elle ne saurait se satisfaire de l'implicite ou de l'approximation. On peut songer à Heisenberg et au « principe d'incertitude » qui régit la microphysique : à une échelle microscopique, tout semble se troubler ; mais le « flou » est lui-même susceptible d'une représentation fine. S'il est vrai que la langue n'a rien à envier à la complexité de l'univers physique [13], elle exige, tout comme lui, une description cohérente et minutieuse.

Annexe : études de cas

Les analyses suivantes illustrent, chacune à sa manière, le problème soulevé par l'imprécision des sources traditionnelles, dès lors qu'on les soumet à l'épreuve de la comparaison. Les données lexicographiques ne peuvent être

---

[12] Selon Grevisse [18], *repartir*, même au sens de « répondre », se conjugue comme *partir*. Il constate toutefois « une tendance à conjuguer *repartir* 'répondre' (qu'on écrit parfois °*répartir*)... comme *finir* » (p. 1253).

[13] Le regretté Alain Guillet me disait un jour, alors que je lui faisais part de mon émerveillement devant les richesses de l'univers révélées par l'astrophysique : « La langue est tout aussi complexe ! »

utilisées pour l'élaboration d'un dictionnaire électronique qu'après un travail minutieux de « mise au point » (au sens photographique du terme).

Graphie et sémantique : *espar, épar, épart, espart, espars*

Si l'adjectif *épars* reçoit un traitement univoque, il n'en va pas de même, malheureusement, pour les substantifs homophones. Initialement, tout semble simple : plusieurs dictionnaires distinguent clairement les mots *espar* (terme de marine désignant une pièce du gréement d'un bateau) et *épar* (techn. : traverse ou barre servant à fermer une porte). Toutefois, le *Petit Robert* et le *Petit Larousse* ajoutent, pour le deuxième sens, une variante *épart*, cependant que le *Grand Larousse encyclopédique* et le *Lexis* mentionnent un troisième terme : *espart* ou *espars* (« *Text.* Cheville de bois servant à tordre les écheveaux et les tissus au sortir des bains de teinture. »). Ce qui donne, provisoirement, la répartition suivante :

1. *espar* (mar.)

2. *épar* ou *épart* (techn. : barre)

3. *espart* ou *espars* (text.)

Mais la consultation du *Grand Robert* (1985) ébranle cet édifice : *espar* y est analysé selon plusieurs emplois, dont l'un, nous apprend-on, équivaut à *épar* (techn.), tandis que l'autre (terme de marine) « s'écrit aussi *espars* » ; à quoi s'ajoute un énième terme, écrit *épart* ou *épars* (« Vx ou régional. Éclair de chaleur »). En résumé, pour le *Grand Robert* :

1. *espar* ou *espars* (mar.)

2. *épar, épart* ou *espar* (techn. : barre)

3. *épart* ou *épars* (vx ou région. : éclair)

En prenant au pied de la lettre les indications du *Grand Robert* (GR) et en les fusionnant avec les données précédentes, en obtiendrait la combinatoire suivante :

	mar.	text.	techn (barre)	vx ou rég. (éclair)
épar			+	
épars				(GR)
épart			+	(GR)
éspar	+		(GR)	
éspars	(GR)	+		(GR)
éspart		+		

Soit 6 graphies pour 4 emplois, avec de nombreux recouvrements (sans compter l'adjectif *épars*). Quoi qu'il en soit de l'usage réel, ce tableau formalise les données lexicographiques et structure le flou : condition indispensable pour un traitement informatisé. Il rend aussi possible, s'il en était besoin, une enquête plus approfondie.

Morphologie et sémantique : *fleurir* et *saillir*

Le problème n'est pas ici graphique, mais concerne les rapports entre la sémantique et la morphologie flexionnelle, en l'occurrence la conjugaison.

Si *fleurir*, au sens propre, se conjugue comme *finir*, l'emploi figuré a une flexion plus hésitante, qui emprunte en partie à l'ancienne variante *florir*. Cela vaut notamment pour l'imparfait : « Le romantisme *fleurissait*, ou *florissait* en France au XIXe siècle » (*Grand Robert*). Au participe présent – et toujours dans le cadre de l'emploi figuré –, *fleurissant* semble plus rare, alors qu'aux autres temps, ce sont les formes en *flor-* qui sont exceptionnelles (*florir, florissent, florirent, flori* ; cf. Grevisse [18] : 1201). Il est possible d'accueillir toutes les variantes attestées, à condition de les assortir, chaque fois qu'il y a lieu, de marques explicites (*rare, littér.*, etc.).

Saillir, au sens de « jaillir » ou de « s'accoupler », se conjugue théoriquement comme *finir* (*il saillissait* ; TLF, GDEL, etc.), mais on trouve aussi des formes empruntées à *assaillir* ou à *cueillir*. A l'inverse, quand il signifie « être en saillie », il se modèle en général sur *assaillir* et/ou sur *cueillir* (*il saillait, il saillera* ou *il saillira*), ce qui n'empêche pas certains de le conjuguer comme *finir* (cf . Grevisse [18] : 1251). La description doit tenir compte de toutes ces possibilités, si l'on veut rendre possible la reconnaissance des formes et leur interprétation.

Polysémie et synonymie : *chasse-rond, chasse-rondelle,*
chasse-roue

Ce dernier exemple ne concerne pas directement les variantes, mais pose un
problème analogue. Il s'agit, ici aussi, de comprendre la relation entre des
formes et des emplois, compte tenu des discordances entre les dictionnaires.

Partons du *Larousse du XXe siècle* (LXX) et du *Grand Larousse encyclopé-*
dique (GLE), qui distinguent clairement les deux unités suivantes :

> *chasse-rond(s),* Outil servant à pousser les moulures appelées *congés.*

> *chasse-roue(s),* Borne ou arc métallique destiné à empêcher les roues
> de détériorer les murs.

Or tout se brouille avec le TLF qui, après avoir défini *chasse-roues,* ajoute
cette précision surprenante :

> Rem. Donné par Littré comme synon. de *chasse-rondelle,* « outil de
> charron qui sert à pousser les moulures appelées 'congés' » (*Lar. 20e*
> et *Lar. encyclop.*).

En réalité, ni le GLE ni le LXX ne mentionnent *chasse-rondelle.* Et si Littré
identifie *chasse-rondelle* et *chasse-roue,* c'est pour les définir comme « outils
de charron ». Bilan provisoire :

> *chasse-rond(s)* outil servant à pousser les moulures (LXX, GLE)

> *chasse-roue(s)* borne protégeant les murs (LXX, GLE ; cf. GR et TLF)

> *chasse-roue = chasse-rondelle* outil de charron (Littré)

> *chasse-rondelle* « outil de charron servant à pousser les moulures »
> (TLF)

A ce niveau microscopique, les emplois semblent se dérober... Mais la consultation du nouveau Larousse illustré, vieux de cent ans, remet les choses à
leur place, en attribuant à chaque mot ses emplois spécifiques :

> CHASSE-ROND, Outil servant à pousser les moulures concaves en quarts
> de rond, appelées *congés.*

CHASSE-ROUE ou CHASSE-RONDELLE, Outil de charron. ‖ Borne mé-
tallique ou arc destinés à empêcher les roues de détériorer les murs.

Au terme de l'analyse, on peut donc distinguer trois emplois et trois formes
(sans compter les variantes graphiques) ainsi répartis :

	outil de menuisier	outil de charron	borne de protection
chasse-rond(s)	NLI, GLE, LXX		
chasse-rondelle		Littré, NLI	NLI
chasse-roue(s)		Littré, NLI	NLI, GLE, LXX , GR TLF

Quant à l'« outil de charron servant à pousser les moulures », il semble
résulter d'une erreur de lecture...

On voit ainsi que les interférences entre synonymie et polysémie imposent le
même travail de clarification formelle et sémantique que les variantes. C'est
à ce prix seulement qu'on peut envisager, sur des bases précises, l'informatisation de la langue.

BIBLIOGRAPHIE

Dictionnaires

[1] *Grand Dictionnaire encyclopédique Larousse* (GDEL), Larousse, 1982-1985.

[2] *Grand Larousse encyclopédique Larousse* (GDEL), Larousse, 1960-1964.

[3] *Grand Robert de la langue française*, Le Robert 1985.

[4] *Larousse du XX siècle*, Larousse, 1927-1933.

[5] *Le Nouveau Petit Robert*. Le Robert, 2002.

[6] *Le Petit Larousse illustré 1992*. Larousse, 1991.

[7] *Le Petit Larousse 2003*.

[8] *Le Petit Larousse 2003*, Larousse, 2002 (sauf mention spéciale, les références au Petit
Larousse se rapportent à cette édition).

[9] *Le Robert Brio*, Le Robert, 2004.

[10] *Lexis*, Larousse, 1979.

[11] *Nouveau Larousse illustré*, Larousse, 1897-1904.

[12] *Le Robert & Collins Senior*, 3e édition, Le Robert, Collins Publishers, 1993

[13] *Trésor de la langue française* (TLF), Ed. du C.N.R.S., 1971-1983, Gallimard, 1985-
1994.

[14] Hanse J., *Nouveau Dictionnaire des difficultés du français moderne*, Duculot, 1983

[15] Littré, *Dictionnaire de la langue française*, Paris, Hachette, 1863-1872

[16] Thomas, A.V., *Dictionnaire des difficultés de la langue française*, Larousse, 1956

Autres références

[17] Catach N. *Orthographe et lexicographie*, tome 1, Didier, 1971.

[18] Grevisse M. *Le Bon Usage*, 12 édition refondue par A. GOOSE, Duculot, 1986.

[19] Leeman D. *Les fautes de français existent-elles ?*, Seuil, 1994.

[20] Martinet A et Walter H. *Dictionnaire de la prononciation française dans son usage réel*, France-Expansion, 1973 (CILF).

[21] Mathieu-Colas M. *Les mots à trait d'union*. Problèmes de lexicographie informatique, CNRS-INaLF, Didier érudition, coll. « Etudes de sémantique lexicale ».

[22] Mathieu-Colas M. *Orthographe et informatique : Etablissement d'un dictionnaire électronique des variantes graphiques*, Langue française, n° 87, 1990, pp. 104-111.

[23] Mathieu-Colas M. « *Un dictionnaire électronique des mots à trait d'union* », Langue française, n° 108, 1995, pp. 76-85.

[24] Mathieu-Colas M. « *La majuscule flottante. Remarques sur l'orthographe des noms propres composés (type NAdj)* », BULAG, Université de Franche-Comté, Besançon.

Efficient techniques for approximate record matching modulo permutations

ULRICH REFFLE AND KLAUS U. SCHULZ

ABSTRACT. Many techniques are known for fast approximate search in dictionaries. Dictionaries, in our sense, contain entries that in general are composed of several tokens. In the first part of the paper we look at the modified search problem where in the garbled query the order of tokens may be permuted. From multi-token dictionaries we then move to structured records (e.g., bibliographic references) that are structured into subfields (e.g., author, title, journal). We then generalize our approximate matching techniques to the cases where the order of tokens in fields, the order of fields, or both orders may be permuted in search queries. As before, possible errors in each single token are taken into account. For all these approximate matching problems, efficient solutions are presented.

1 Introduction

Techniques for approximate matching are found in a wide range of applications, including search engines, text correction, and genetics. These methods help to correctly interpret erroneous input, they offer a partial solution to the problem of notational variants of language expressions, and support data mining in string databases. In most applications, the efficiency of the methods is of central importance. Most of the fastest approaches rely on some form of finite-state technology ([7]).

Most of the work in the field addresses approximate search in dictionaries or string databases. However, when processing structured data such as bibliographic references or address data, errors and variants often appear not only within tokens on the character level, but also affect the order of words/tokens or fields. In distinct references to the same bibliographic source, or in search queries for these sources, authors may be permuted, and there are distinct variants as to the order of subfields such as author, title, year etc. As a matter of fact, taking permutations into account leads to a more complicated approximate matching problem.

While permutation tolerant approximate search can be found in some recent industrial search interfaces, to the best of our knowledge not much has been published on the topic so far. In this paper we present efficient methods for various variants of the problem. As a starting point we introduce an efficient method for approximate search in a dictionary modulo permutation of the tokens of entries. The method avoids the explicit generation of permutations and remains efficient for dictionaries where entries are composed of many tokens. In the second part of the paper we introduce extensions of the method for matching structured records modulo permutations. Structured records, in our sense, are composed of fields, each field representing a string (sequence of tokens). Three types of permutations are considered: permutation of the order of tokens within fields, permutation of the order of fields, and the combination of both. The algorithms that are suggested for these subproblems follow a common line.

For our base technology - approximate search in dictionaries modulo permutation of tokens - we achieve average matching times between 0,13 milliseconds and 1,4 milliseconds, depending on the number of tokens in the query. The dictionary used for the experiment contains 300,000 entries, we tolerated one error per token, the number of tokens varied from 3 to 20. Search times include the computation of all matches. Remarkably, the growth of search times is almost linear in the number of tokens of the query. For the various matching tasks in structured records, average search times are between 1 and 2 milliseconds for a collection of 292,727 records.

The paper is structured as follows. We start with some formal preliminaries in Section 2. In Section 3 we describe the basic algorithm for approximate search in a dictionary modulo permutation of the tokens of entries. We also present evaluation results. Extensions for approximate matching modulo permutation in structured records are described in Section 4. Evaluation results for these techniques are presented in Section 5.

2   Formal preliminaries

At various places we make use of the concept of a finite multiset (defined as usual). These are denoted in the form $\{a_1, \ldots, a_n\}_M$.

DEFINITION 1. A *deterministic finite-state automaton* is a 5-tuple $A = (Q, \Sigma, \delta, q_0, F)$, where Q is a finite set of states, Σ is a finite set of input symbols, $\delta{:}Q \times \Sigma \to Q$ is the partial transition function, $q_0 \in Q$ denotes the initial state, $F \subseteq Q$ the set of final states of the automaton.

Let A as above. By $\delta^*: Q \times \Sigma^* \to Q$ we denote the (partial) *extended transition function*, defined in the following way:

$$
\begin{aligned}
\delta^*(q, \epsilon) &= q, \\
\delta^*(q, uv) &= \delta(\delta^*(q, u), v) \quad (u \in \Sigma^*, v \in \Sigma).
\end{aligned}
$$

The *language accepted by* A is $L(A) := \{w \in \Sigma^* \mid \delta^*(q_0, w) \in F\}$. When implementing deterministic finite state automata we assume that both δ and δ^* are partial and that $\delta^*(q_0, w)$ is defined for $w \in \Sigma^*$ iff w represents a prefix of a string in $L(A)$.

DEFINITION 2. Let $u, v \in \Sigma^*$ denote two strings. The *Levenshtein distance* between u and v, denoted $d_L(u, v)$, is the minimal number of primitive edit operations needed to rewrite u into v. Primitive edit operations are the deletion of a single symbol, the insertion of a single symbol, and the substitution of a symbol by another symbol.

Computation of correction candidates for single tokens. As will be pointed out below, a first crucial step of our algorithm will be to produce correction candidates for each token of the query from a background dictionary. The algorithm we use here is described in [4]: a deterministic finite state automaton represents the dictionary. An additional *universal Levenshtein automaton* (cf. [4]) acts as a control structure. Given an input token v, a parallel traversal of dictionary automaton and Levenshtein automaton leads to an efficient algorithm for selecting all entries w of the dictionary where the Levenshtein distance between v and w does not exceed a given bound k. The universal Levenshtein automaton for a fixed bound k is only computed once in an offline step. Afterwards it can be used as a control mechanism for arbitrary input tokens v. An additional trick (also described in [4]), called the *forward-backward method*, further enhances the efficiency of the candidate extraction. Using this method, the candidates for one pattern from a dictionary with about $240,000$ entries and distance bound 1 can be computed in about 45 microseconds.

3 Approximate search in dictionaries modulo permutation

In what follows we face a large dictionary, D, each entry representing a string composed of several tokens. We present a matching algorithm that extracts matches for a given *query* which consists of multiple tokens as well. At this, the algorithm tolerates a fixed number of errors in each query token and in addition a free permutation of all tokens. In more formal terms, the matching condition is the following. For simplicity, strings composed of $n \geq 1$ tokens $v_1, \ldots, v_n$ are represented in the form $(v_1, \ldots, v_n)$. Note that each string $(v_1, \ldots, v_n)$ can be considered as a multiset in a natural way.

DEFINITION 3. A maximum number k of errors in each query token is fixed in advance. Then, the entry $d = (d_1, \ldots, d_n) \in D$ represents a *match* for the query $p = (p_1, \ldots, p_n)$ in D iff there is a variant $p' = (p'_1, \ldots, p'_n)$ where $d_L(p_i, p'_i) \leq k$ for $1 \leq i \leq n$ and the multisets $\{d_1, \ldots, d_n\}_M$ and $\{p'_1, \ldots, p'_n\}_M$ are equal.

A trivial baseline for performing a search modulo permutation would be to explicitly generate all permutations of the search pattern. Then a variant of the algorithm described in Chapter 2 could be used to search for each of the permutations in the dictionary, allowing up to k errors in each token. However, the large number of permutations to be processed at runtime makes this idea useless in practice. To check for the equality of two (multi-)sets, the standard procedure to avoid permutations is to sort both sets and then compare the ordered sequences. Although the problem of spelling errors causes some additional effort, this idea is essential to our algorithm.

Survey.   We create as an index structure a deterministic finite-state automaton A_{D_S} that recognizes all entries of the dictionary D having their tokens re-sorted according to a fixed ordering function. As for the query, a set of correction candidates is computed for each of the query tokens. Then, the essential part of the algorithm is a backtracking procedure which sets up sorted sequences of correction candidates and simultaneously checks if they can be found in the automaton A_{D_S}. We shall see that this idea helps to prune huge parts of the search space.

Index structure.   For each entry $d \in D$ the index structure contains a sorted variant $s_{\leq}(d)$. The strings $d \in D$ and $s_{\leq}(d)$ represent the same multiset, entries of $s_{\leq}(d)$ are sorted w.r.t. $\leq$. The set

$$D_S = \{s_{\leq}(d) \mid d \in D\}$$

of all sorted dictionary entries is compiled into a determininistic finite state automaton $A_{D_S} = (\Sigma, Q_S, i_S, F_S, \delta_S)$ with

$$L(A_{D_S}) = D_S.$$

While in principle any ordering $\leq$ may be used, the chosen ordering has a considerable impact on the performance of our algorithm, see the comment at the end of the section. For the automaton, the algorithm requires prefix-sharing as provided e.g. by a trie structure. In a trie, each word of the recognized language corresponds to exactly one final state, so it is easy to store at each final state an annotation leading to the original entries of the database. Note that, if two or more entries of the dictionary do not differ but in word order, one successful path of the trie will correspond to all of those entries. Let $\Phi : F_S \mapsto 2^D$ denote the function which maps each final state of A_{D_S} to this set of entries of the dictionary.

Basic Algorithm. Having created the index structure A_{D_S} in an offline procedure, all the following steps are executed online, for each incoming query $p = (p_1, \ldots, p_n)$.

Step 1: Computation of correction candidates. A first step of the search procedure is the production of a set $Cands_i$ of correction candidates for each query token p_i. The method for retrieving these candidate sets was explained in Section 2 - what is left is the question of which background dictionary to take for this task. We use the dictionary D_T of all tokens t occurring in the entries of D. As a result of the first step, the production of correction candidates for a query pattern $p = (p_1, \ldots, p_n)$, we obtain the set of candidates

$$Cands_i := \{t \in D_T \mid d_L(t, p_i) \le k\} \quad (1 \le i \le n).$$

Given the pattern $(p_1, \ldots, p_n)$ and the candidate lists $Cands_1, \ldots, Cands_n$ we call a sequence $c = (c_1, \ldots, c_n)$ a *valid sequence* iff

- c is composed of exactly one element of each candidate set $Cands_i$,

- c is in sorted order: $c_i \le c_{i+1}$ $(1 \le i \le n - 1)$.

Note that the valid sequences are exactly those sequences of candidates that have to be searched for in the index automaton A_{D_S} in order to find matches. The first constraint speaks for itself; the second constraint addresses the properties of the index strucure: since all entries in D_S are in sorted order, the search can be restricted to sorted queries. In what follows we describe a method to compute all matches that avoids the explicit generation of all valid sequences. Using the index automaton A_{D_S} as a control, only "promising" prefixes of valid sequences are generated.

Step 2: Joint ordered list of all candidates. As a basis for the computation of valid sequences, all candidate sets $Cands_i$ are joined in a single list L which is then sorted according to the same order relation $\le$ that was used to sort S. The list L comes with a function $origin : [0, |L| - 1] \mapsto [1, n]$. A value

$origin(x) = j$ indicates that the candidate at position x, $L[x]$, "originates" from candidate set $Cands_j$. Note that the list L may contain several copies of the same correction candidate, due to the fact that the sets $Cands_j$ need not to be disjoint.

Step 3: Backtracking procedure for generating all matches. Using this joint list L we can generate, word by word, all sequences c of candidates that represent a prefix of a valid sequence and are equivalent to a successful path in the index automaton A_{D_S}.

- To check for the first constraint, i.e., to assure exactly one candidate is taken from each candidate set, we maintain a bit vector *blocked* with the initial value $blocked = 0^n$. We set the j-th bit of this vector to 1 as soon as a candidate from $Cands_j$ is added to the current sequence. With a simple check we can avoid to later add another candidate from the same candidate set.

- The second constraint concerning the sorted order of the sequence is met by choosing c_i only from below the position of c_{i-1} in L.

We use a backtracking procedure to incrementally compute prefixes of valid sequences and check for corresponding paths in A_{D_S} simultaneously. At the beginning, we search from the top of L downwards to find the first candidate $c_1 = L[x_1]$ so that $pos_1 = \delta_S^*(i_S, c_1)$ is defined. Let $j_1 = origin[x_1]$. The j_1-th bit of *blocked* is set to 1. Then the search for appropriate candidates is continued in a similar manner downwards in L. In Step i, $L[x_i]$ is taken to be c_i if it meets the following constraints:

- $x_i > x_{i-1}$,

- $(blocked \ \& \ 0^{j-1}10^{n-j}) = 0^n \quad (j = origin(x_i))^1$,

- $pos_i = \delta_S^*(pos_{i-1}, L[x_i])$ is defined.

Whenever a complete sequence $(c_1, \ldots, c_n)$ leads to a final state $pos_n \in F_S$ of A_{D_S}, all entries of $\Phi(pos_n)$ are reported as matches. If at Step i no candidate can be found to fill c_i, a backtracking procedure starts to find a new candidate $c'_{i-1} = L[x'_{i-1}]$ with $x'_{i-1} > x_{i-1}$ that matches a path in A_{D_S}, beginning at pos_{i-2}. The same form of backtracking is also used after finding a match. In this way, all relevant valid sequences c of correction candidates are considered and all matches are found.

---

[1] The symbol '&' denotes a bitwise 'and'-operation here.

x	$L[x]$	$origin[x]$	$candsAvailable[x]$
0	mayer	2	1111
1	mayr	2	1111
2	meyers	2	1111
3	michael	1	1111
4	michaela	1	1111
5	michelle	1	1111
6	myers	2	0111
7	pittsburgh	3	0011
8	pennsylvania	4	0001

Figure 1. Exemplary and simplified list L of correction candidates for the query (michael, meyers, pitsbourgh, pensylvania).

EXAMPLE 4. Figure 1 shows the sorted list L of correction candidates for a query (michael, meyers, pitsbourgh, pensylvania). The set of correction candidates is simplified. The algorithm goes down the list and tries to select exactly one representative from each of the four candidate sets. The parallel traversal in the control automaton A_{D_S} (not depicted) could block the selection of (mayer,michael).

Additional speedup.   We have seen above that each token p_n of the pattern has to contribute exactly one candidate to a full valid sequence c. An additional piece of information can be used to recognize configurations at an early stage which can never fulfill this constraint and thus can never lead to a match: with each position x of L we associate a bit-vector $candsAvailable(x)$ with the j-th bit set if there exists a position x' in L such that $x' \geq x$ and $origin(x') = j$). Imagine a situation where a candidate $c_{i+1} = L[x_{i+1}]$ has to be found somewhere below position x_i. If there is some token p_j of the pattern that neither has contributed a candidate to $(c_1, \ldots, c_i)$ nor are there any candidates originating from p_j left in the remaining part of L. In this case, $(c_1, \ldots, c_i)$ can never be completed to form a full valid sequence. In this case, backtracking can be immediately started with the search for a new candidate c_i. Using the bit-vectors $blocked$ and $candsAvailable(x_i)$ this situation can be recognized easily: If such a p_j exists, the j-th bit of both

vectors is set to 0. This leads to a further restriction for the process of
searching for a candidate c_i:

- $(blocked \& cands Available(x_i)) = 1^n$.

Intuitively this rule reads: every bit must be set in at least one of the two
vectors.

REMARK 5. (Selecting a good ordering) It was mentioned before that the
method works with any total order $\leq$ on Σ^*. However, we found out that the
choice of the ordering function can heavily influence the performance of the
algorithm. We tested two sorting orders other than alphabetical order - both
are motivated by the observation that most of the time of the backtracking
procedure is usually lost in the dense front part of the automaton A_{D_S}. A
similar phenomenon was observed in [4].

Sorting the tokens descending according to their frequency (in the dictionary
itself) turned out to outperform alphabetical order significantly. That way,
the most infrequent and thus most selective tokens of an entry are positioned
at the beginning of the respective path in A_{D_S}, and the search space is
narrowed down earlier in the matching process.

Yet another sorting order addresses the frequency of a token as correction
candidate. Within the collections we used for testing we observed a large
number of tokens which are very rare in the database but are very frequently
suggested as correction candidate. Take, for example, the surname "Zand"
in a list of bibliographic references. It appears as a correction candidate
whenever the word "and" is part of the query, but it will almost never be
part of a successfull sequence of candidates. In order to avoid that this class
of candidates can all too often be matched erroneously during the search
procedure, this sorting order aims to locate these words in the back part
of the index automaton. The values for what we call the *candscore* can be
estimated in the following way: All entries of D are treated as queries and
processed by the algorithm for candidate extraction, keeping track of the
frequency each token appeared as correction suggestion. Throughout all of
our experiments, working with the *candscore* yielded the best results. It
was used for all evaluations presented here.

Evaluation of the Basic Algorithm

A first series of experiments was done to directly compare the above algorithm to other strategies for approximate matching of multi-token expressions. We randomly chose $300,000$ bibliographic references from the DBLP

[6], from each of those entries we picked 3 tokens to obtain a dictionary of $300,000$ entries, each composed of three tokens. Test queries were produced by picking $10,000$ random entries of the dictionary and artificially adding one symbol error to each token.

We tested four methods to retrieve the original entries from the erroneous queries. Table 1 shows the search times for each method.

For the experiment in (a), we used the algorithm for approximate search in dictionaries with universal Levenshtein automata and forward-backward method as sketched in Section 2, ignoring token boundaries and searching with distance bound $k = 3$. Note that this procedure leads to an extended number of matches since we may have more than one error in one token.

For (b) the method was modified: instead of matching the whole sequence in one run with ≤ 3 errors, each token of the query is sequentially matched to a token in the dictionary automaton. For each new token we restart at the start state of the Levenshtein automaton, using distance bound $k = 1$. Ignoring permutations, this methods respects our formal definition of a match (cf. Def. 3). The *forward-backward method* mentioned above cannot be applied here, which makes this second approach slower than (a).

A variant of the algorithm presented above can also be used to match multi-token sequences with fixed order. We used this matching algorithm for fixed token order with distance bound 1 for experiment (c). The method works very fast: on average, one query was processed in 0.12 milliseconds, as opposed to 0.29 milliseconds for method (a).

For experiment (d) we used the Basic Algorithm with permutations. Remarkably, the extra effort for allowing free permutations of the three tokens does not seriously affect the search performance.

(a) Matching with Levenshtein automata, $k = 3$	0.29 msec
(b) Sequential appl. Levenshtein automata, $k = 1$	0.55 msec
(c) Joint candidate list, no permutations, $k = 1$	0.12 msec
(d) Joint candidate list, allowing permutations, $k = 1$	0.13 msec

Table 1. Average search times per query in milliseconds, in a database with $300,000$ entries, allowing 1 symbol error per token. Line (d) refers to the Basic Algorithm described above.

We also studied how the runtime performance is affected by the length

of the query. From the 300,000 bibliographic references we discarded the
structural information to get plain token lists of various length, ranging
from 4 to more than 100 tokens. We then created test queries from this
dictionary by randomly permuting entries and adding one random symbol
error to each token of the queries. We obtained sets of 10,000 queries of
each token length 9 to 20. A limited number of entries with more than 20
tokens were ignored. The results displayed in Figure 2 show that the search
time increases in an almost linear way (0.69 msecs for 10 tokens, 1.45 msecs
for 20 tokens).

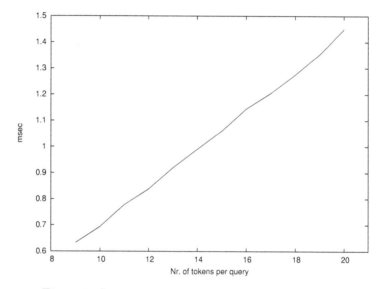

Figure 2. Search times for queries with $9, \ldots, 20$ tokens

4   Matching structured records

For many search scenarios in databases, the simple picture of a dictionary
with multi-token entries is not adequate. The structure of entries is more
complex and the permutation of tokens comes with specific restrictions that
depend on the structure. In what follows we assume a database D to be
a set of *structured records*. A structured record is a list of tokens which is
sub-divided into parts which we call *fields*.

Formally, a structured record d is a tupel containing a variable number m
of fields, each field d_i being composed of t_i tokens. Records are depicted in

the form

$$((d_{1,1}, \ldots, d_{1,t_1})_{\pi_1}, (d_{2,1}, \ldots, d_{2,t_2})_{\pi_2}, \ldots, (d_{m,1}, \ldots, d_{m,t_m})_{\pi_m}).$$

In this representation, each field comes with a marker π_i which can take two values $\circledcirc_p$ and $\circledcirc_s$. The former indicates that the tokens inside the field may be found in permuted order in queries, the latter that the order of the tokens in a field is respected in queries.

While the structure of each record of D must be known, it is important to say that this is not expected for the search pattern: the incoming query is simply a flat list of tokens $p = (p_1, \ldots, p_n)$. This means that for unstructured and erroneous queries, the system retrieves suggestions for a correctly spelled *and* structured version.

In the remainder of this chapter we show how our index structure and search algorithm can easily be adapted, given a structured database D and an unstructured search pattern p, to handle the following cases:

1. Permutation is allowed inside fields with marker $\circledcirc_p$ only.

2. Only complete fields may be permuted - word order inside the fields is fixed.

3. Permutation may occur both inside and among fields.

4.1 Permutation only inside fields

The first variant allows permutation inside fields, the order of fields is respected in the query. To keep the description simple, we present the method to allow permutation in *all* of the fields. It is easy to adapt this method to restrict permutation to some of the fields.

DEFINITION 6. A maximum number k of errors in each query token is fixed in advance. The pattern $p = (p_1, \ldots, p_n)$ *matches* an entry

$$d = ((d_{1,1}, \ldots, d_{1,t_1}), \ldots, (d_{m,1}, \ldots, d_{m,t_m}))$$

of D iff there is a variant $p' = (p'_1, \ldots, p'_n)$ of p where $d_{Lev}(p_i, p'_i) \leq k$ for $1 \leq i \leq n$, and p' can be divided into m consecutive subsequences and represented in the form

$$p' = ((p'_{1,1}, \ldots, p'_{1,t_1}), \ldots, (p'_{m,1}, \ldots, p'_{m,t_m}))$$

such that the i-th subsequence of p' matches the i-th field of d modulo permutation: we have $\{p'_{i,1}, \ldots, p'_{i,t_i}\}_M = \{d_{i,1}, \ldots, d_{i,t_i}\}_M$ for $1 \leq i \leq m$.

Survey. Intuitively, this definition leads to a sequential application of the basic matching algorithm: First, a prefix of p has to be matched with the first field of some $d \in D$ while we move downwards in the list L. Then, a consecutive subsequence of p has to be matched with the second field of d during a second pass through L, and so on. In d, the field borders are known. In the input sequence p, they have to be located during the process.

Index structure. Following the idea of sequential runs, the re-sorting of all entries $d \in D$ for the language S of the index automaton A_{D_S} is carried out individually for each field of d. With the function $s_\leq$ being defined as in Section 3, S can be described as follows:

$$S = \{ \circledcirc_p \ s_\leq(u_1) \dots \circledcirc_p \ s_\leq(u_m) \mid (u_1, \dots, u_m) \in D\}.$$

In this representation, all re-sorted fields are preceded by the special delimiter symbol $\circledcirc_p$ to indicate that the field can be permuted in queries.

Algorithm. The following steps are executed online, for each incoming query $p = (p_1, \dots, p_n)$.

Step 1: Computation of correction candidates. A set of correction candidates for each query token is computed exactly as before.

Step 2: Joint ordered list of all candidates. The ordered list L of all correction candidates is computed as before.

Step 3: Backtracking procedure for generating all matches. The recognition of the first field begins at the start state $pos'_0 = i_S$ of the index automaton with the reading of the delimiter symbol $\circledcirc_p$, which, in this special case, is the first symbol of all paths in A_{D_S}. Let $pos_0 := \delta^*_S(pos'_0, \circledcirc_p)$. Then, similarly to the Basic Algorithm, we search for a first correction candidate c_1 and continuations $c_2, c_3, \dots$ from L ($c_i = L[x_i]$), following the same criteria as before: x_i must be larger than x_{i-1}, the corresponding bit in *blocked* must be 0, and, naturally, $L[x_i]$ must correspond to an existing continuation of the path in A_{D_S}, i.e. $pos_i = \delta^*_S(pos_{i-1}, L[x_i])$ must be defined.

Whenever a new c_i is verified, an additional check is performed to find out if a complete field was matched properly, that is, if (1) the end of a field can be verified in A_{D_S} and (2) candidates from a continuous subsequence of p were used to match the field. This subsequence must be adjacent to the one matching the field before.

Requirement (1) is true whenever pos_i is a final state or a transition labelled with the delimiter symbol $\circledcirc_p$ leaves the current position pos_i of the index automaton.

Requirement (2) can be checked with the help of the bit vector *blocked*. As for the Basic Algorithm, the j-th bit of this vector is set to 1 iff a correction candidate from query token p_j was used to match some sequence $c_1, \ldots, c_i$. So how can we check if, for the matching of a first field of i tokens, a continuous prefix of p was used? This is the case iff $blocked = 1^i 0^{n-i}$. The second (and similarly every following) field must consist of candidates from query tokens p_{i+1} to some $p_{i'} (i' \geq i+1)$. Again, we check if $blocked = 1^{i'} 0^{n-i'}$.

If both (1) and (2) are fulfilled, a complete field is found. If after n such steps pos_n is a final state, then all entries in $\Phi(pos_i)$ can be reported as matches. Whenever pos_i has an outgoing transition with label $\circledcirc_p$ we have reached the end of a field and start a subsearch for a new field, beginning at $\delta^*(p_i, \circledcirc_p)$ in A_{D_S} and at the top of the candidate list L.[2]

Additional speedup.   In the Basic Algorithm we used the bit vectors $blocked$ and $candsAvailable(x)$ to check that, having so far matched $c_1, \ldots, c_{i-1}$ and being at position x of list L, the remainder of L provides candidates for all query tokens which have not contributed a candidate so far (see Section 3). This trick relies on the fact that for each search path, the list is only passed once from top to bottom. Although this is not true for this new version of the algorithm, it holds during the matching of single fields. For the verification of a complete field, the corresponding prefix of the vector $blocked$ must be filled with 1's. However, during the matching of a field, gaps may well occur. So $candsAvailable(x)$ can be used to check if there are enough candidates left that can fill all gaps in $blocked$. To this end a variable r is maintained indicating that the r-th bit of $blocked$ is the rightmost-set bit. Then the condition

$$((blocked \mid stillPossible(x)) \; \& \; 1^r 0^{n-r}) = 1^r 0^{n-r}$$

must be true, otherwise backtracking can be started.

4.2   Permutation of complete fields

A second variant of the Basic Algorithm allows the free permutation of fields. The order of tokens inside each field is fixed.

DEFINITION 7. A maximum number k of errors in each query token is fixed in advance. The pattern $p = (p_1, \ldots, p_n)$ *matches* an entry

$$d = ((d_{1,1}, \ldots, d_{1,t_1}), \ldots, (d_{m,1}, \ldots, d_{m,t_m}))$$

of D iff there is a variant $p' = (p'_1, \ldots, p'_n)$ of p where $d_{Lev}(p_i, p'_i) \leq k$ for $1 \leq i \leq n$, and p' can be divided into m consecutive subsequences and

---

[2]Cases are possible were we have other outgoing transitions as well. Then, in another branch of the search tree, we try to further extend the current field.

represented in the form

$$p' = ((p'_{1,1}, \ldots, p'_{1,s_1}), \ldots, (p'_{m,1}, \ldots, p'_{m,s_m}))$$

such that there exists a bijection between the fields of p' and the fields of d.

Survey. Intuitively, this search variant proceeds as follows to find a sequence $c_1, c_2, \ldots$ of correction candidates that match an entry d of the database. The first token c_1 can be a correction candidate for any token p_i of the pattern. Then, the following candidates must originate from subsequent pattern tokens $p_{i+1}, p_{i+2}, \ldots$. They may occur at any place of our list L. Only if the matching of a new field of d begins, a new offset point can be chosen. Any new offest point is selected below the previous offset point in the list L.

Index structure. As the token order is fixed inside fields, it also remains unchanged in the index structure. The order of the complete fields may be changed, so they are re-sorted, according to their respective first tokens. The order suitable to compare fields is given by

$$\leq' = \{((u_{1,1}, \ldots, u_{1,t_1}), (u_{2,1}, \ldots, u_{2,t_2})) \mid u_{1,1} \leq u_{2,1}\}$$

and used to describe the language S of the new index automaton A_{D_S}. This language contains the variant of each record of D where the order of fields is reorganized, using the ordering $\leq'$. In addition each field is preceded by the special symbol $\circledcirc_s$ to mark the beginnning of a sequence with fixed token order.

Algorithm. The following steps are executed online, for each incoming query $p = (p_1, \ldots, p_n)$.

Step 1: Computation of correction candidates. As before.

Step 2: Joint ordered list of all candidates. The joint ordered list of all candidates is built exactly as before. In contrast to the other variants, we additionally need access to the specific candidate list $Cands_i$ of each query token p_i.

Step 3: Backtracking procedure for generating all matches. All paths in A_{D_S} begin with the delimiter symbol $\circledcirc_s$, which indicates that what follows is a fixed order sequence. From $pos_0 = \delta_S^*(pos'_0, \circledcirc_s)$ we find the first entry $c_1 = L[x_1]$ of the joint candidate list that describes a path to $pos_1 = \delta_S^*(pos_0, L[x_1])$. From the list we can also read that c_1 originates from query token $l = origin[x_1]$. For the following steps, we ignore the ordering of L. We simply consult the list of all correction candidates $cands_{l+1}$

for query token p_{l+1}. Whenever a candidate c_2 is adequate to continue the path in A_{D_s}, we recursively start a new search step in the list of all candidates for p_{l+2}.

Generally, after having matched i tokens $c_1, \ldots, c_i$, we try to find an extension of the current field with a candidate from $cands_{origin[x_i]+1}$, ignoring the order of L. In the success case the respective bit in *blocked* is set and the search is carried on. Additionally, similarly to the last search variant, a check is performed if a complete field was recognized. This is the case whenever (1) $pos_i' = \delta(pos_i, \otimes_s)$ is defined. Note that the algorithm guarantees that the candidates used to produce the field originate from a continuous subsequence of the query p. So if (1) holds, as one alternative a new subsearch tries to match a new field beginning at pos_i'. We know that each entry of the index automaton has its fields re-sorted according to their initial tokens. So, assuming the first token of the last field was entry $L[x_j]$, the initial token for the new field must be found at list position $x_j + 1$ or below. The situation where the correction candidate $v = L[x_j]$ has several occurrences in L is an exception, here we may also select another occurrence of v in L. Eventually, if $pos_i \in F_s$, the matches are reported for all entries in $\Phi(pos_i)$.

4.3   Permutation inside and among fields

Our last case considers the situation where permutations are possible both between complete fields and within single fields.

DEFINITION 8. A maximum number k of errors in each query token is fixed in advance. The pattern $p = (p_1, \ldots, p_n)$ *matches* an entry

$$d = ((d_{1,1}, \ldots, d_{1,t_1}), \ldots, (d_{m,1}, \ldots, d_{m,t_m}))$$

of D iff there is a variant $p' = (p_1', \ldots, p_n')$ of p where $d_{Lev}(p_i, p_i') \leq k$ for $1 \leq i \leq n$, and p' can be divided into m consecutive subsequences and represented in the form

$$p' = ((p_{1,1}', \ldots, p_{1,s_1}'), \ldots, (p_{m,1}', \ldots, p_{m,s_m}'))$$

such that the two multisets $\{\{p_{1,1}', \ldots, p_{1,s_1}'\}_M, \ldots, \{p_{m,1}', \ldots, p_{m,s_m}'\}_M\}_M$ and $\{\{d_{1,1}, \ldots, d_{1,t_1}\}_M, \ldots, \{d_{m,1}, \ldots, d_{m,t_m}\}_M\}_M$ are equal.

It turns out that both variants just described can be merged to get an algorithm that allows the free permutation of all complete fields and the permutation of tokens inside some (accordingly marked) fields. Whereas the list L of candidates remains same as before, the index structure for this new variant is obtained by combining the re-sort mechanisms of both variants. At first, only the tokens inside all fields marked as permutable are re-sorted, then all fields are re-sorted according to their first tokens. All fields are marked by a preceding delimiter symbol $\circledcirc_s$ or $\circledcirc_p$.

At the beginning of a search procedure, the $\circledcirc_s$-transition from $pos_0 = i_s$ is followed to reach $pos'_0 = \delta(pos_0, \circledcirc_s)$. Starting from there, a fixed order field is searched as explained above. Once backtracking leads back to pos_0, the $\circledcirc_p$-transition is followed, and the algorithm for finding permutable fields is applied. This "crossroads"-situation is handled likewise whenever, in one of the previous variants, only one distinct delimiter symbol had to be expected.

Having matched i tokens $c_1, \ldots, c_i$, we try to extend the current field (fixed or permutable) by another token. Also we check if the current state (pos_i) is final and report matches as necessary. Furthermore we start a subsearch for a new fixed-order (permutable) field if we find a transition with label $\circledcirc_s$ or $\circledcirc_p$.

Adaption of the procedure for permutable units However, the procedure for matching a permutable unit has to be adapted to the new algorithm. Remember that, with permutation among units not allowed, the bitvector *blocked* has the form $1^i 0^{n-i}$ after the completion of each unit. This is not the case if permutation among fields is allowed, so we have to keep track of two values l and r, the index of the leftmost and rightmost query token that are involved in the matching of the current field (Figure 3a). Now we can restate requirement (2) to be fulfilled if $blocked$ & $0^l 1^{r-l+1} 0^{n-r-1} = 0^l 1^{r-l+1} 0^{n-r-1}$.

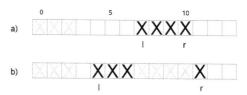

Figure 3. (a) The bitvector *blocked* after the matching of a 2nd field. (b) Forbidden *embracing* of a completely-matched field.

Another problem arising from the combination of both variants is also connected to the *blocked*-vector not having the form $1^i 0^{n-i}$ when the matching of a new field begins. When selecting a new candidate to extend a current field, care has to be taken that in the vector *blocked*, the current field does not *embrace* another field. This situation is displayed in Figure 3b.

To avoid this situation, additional checks are made before extending the current field with a new token c_{i+1} originating from the t-th query token ($t = origin[x_{i+1}]$). A second bitvector $blocked_{complete}$ tells which of the query tokens were involved in the matching of complete fields, as marked in grey colour in Figure 3. If $t < l$, we need to check if no bits in $blocked_{complete}$ are set between positions t and l: ($blocked_{complete}$ & $0^t 1^{l-t} 0^{n-t}$) = 0^n. If $t > r$, the check is analog: ($blocked_{complete}$ & $0^{r+1} 1^{t-r} 0^{n-t-1}$) = 0^n. If the leftmost and rightmost borders of the current field do not change ($l < t < r$), no embracing can occur.

5   Evaluation

We made tests with a database of all entries of the DBLP [6]) that contained the following fields: "author" (average length: 4.4 tokens), "title" (8.3 tokens) and "journal" (3.1 tokens). For these $292,727$ entries we compiled index automata and sets of test queries. The latter we derived from randomly inserting symbol errors into $10,000$ (again, randomly chosen) database entries. In addition, the tokens of the queries were permuted according to the following restrictions:

(A1)   Permutation is allowed in none of the fields.
(A2)   Permutation is allowed only in the author field.
(A3)   Permutation is allowed in all of the fields.
(B1)   As (A1), but with additional free permutation of complete fields.
(B2)   As (A2), but with additional free permutation of complete fields.
(B3)   As (A3), but with additional free permutation of complete fields.

When using distance bound $k = 1$ (resp. $k = 2$) the average number of correction candidates for the tokens was > 240 (resp. > 450). Most queries had a unique match in the database. Search times for $k = 1$ are depicted in Table 2. Is is easily seen that licensing new permutations leads to a small increase. Still, for all variants the average search times are below 2 milliseconds, which seems acceptable.

6   Conclusion

We presented methods for fast approximate search in dictionaries and database records where in the queries the order of tokens and subfields can be permuted. The efficiency of the presented methods is acceptable, even if further improvements seem possible. In future work we intend to develop

	Permutation inside fields		
	(1) none	(2) author-field	(3) all fields
(A) permutation of fields	1.3709	1.6793	1.8141
(B) no perm. of fields	1.1109	1.2925	1.3193

Table 2. Search times per query in milliseconds, in a database with $292,727$ entries, allowing 1 error per token.

special variants of these methods that help to match bibliographic records and address data. The new variants should be able to deal with optional tokens and subfields, thus taking into account that both search requests and references are often incomplete in practice.

BIBLIOGRAPHY

[1] Ulrich Reffle. Varianten approximativen Matchings. Masters Thesis, Ludwig-Maximilian University Munich, 2005.
[2] Eva Anderl. Computerlinguistische Analyse bibliographischer Referenzen. Ludwig-Maximilian University Munich, 2005.
[3] C. Strohmaier and C. Ringlstetter and K. Schulz and S.Mihov. Lexical postcorrection of OCR-results: the web as a dynamic secondary dictionary. *Proceedings of ICDAR-03*, 1133–1137, Edinburgh, 2003.
[4] S. Mihov and K. Schulz. Fast approximate search in large dictionaries. *Computational Linguistics*, 30, 2004.
[5] J. Daciuk and S. Mihov and Bruce Watson and Richard Watson. Incremental construction of minimal acyclic finite state automata. *Computational Linguistics*, vol. 26, num. 1, pages 3-16, 2006.
[6] M. Ley. Die Trierer Informatik-Bibliographie DBLP. http://www.informatik.uni-trier.de/ ley/db/welcome.html, 1997.
[7] S. Wu and U. Manber. Fast text searching allowing errors. *Communications of the ACM*, vol. 35, num. 10, pages 83-91, 1992.
[8] J.E. Hopcroft and J.D. Ullman. Introduction to Automata Theory, Languages, and Computation. Addison-Wesley, Reading, MA, 1979.

Analyzing evaluative predicates — A systematic approach to sentiment analysis

GERHARD ROLLETSCHEK

ABSTRACT. This paper aims at a systematic approach to sentiment analysis on the basis of evaluative predicates and their recognition by using local grammars. Its contribution to the research on sentiment analysis is threefold:

Firstly, evaluative predicates and different ways of their realization (free constructions, support verb constructions and idiomatic constructions) are introduced as a an empirically and linguistically founded approach to sentiment analysis. Local grammars are used as a formalism for representing evaluative constructions and as a tool for accumulating them.

Secondly, the issue of domain-specifity vs. independency of evaluative predicates is discussed on the basis of examples from movie reviews.

Thirdly, the use of connectors, especially of summative connectors, as a way to accelerate the gathering of these evaluative predicates is presented.

1 Introduction

Sentiment analysis is the study of utterances which express opinions and make appraisals. Our understanding of sentiment analysis has to be discriminated both against non-evaluating forms of subjectivity and against implicit forms of assessment.

Subjective utterances in general are defined as such utterance that are constituted or at least visibly influenced by attitude and opinion. Their antonym are objective, i.e. factual utterances[1]. However, not all subjective utterances are forms of genuine evaluation, characterized by the assignment of a qualitative value.

A second distinction has to be drawn against forms of implicit assessment[2]. Take the following sentence from a real-life car review on www.epinions.com:

> *The back seat is good for two adults or three children – maybe two adults and a child, but even that may be pushing it.*

For a human reader from our cultural background, it is rather obvious that this is a statement of criticism, wishing for a more spacious back seat. However, the only explicit qualitative statement is *good*. The intention of this sentence is only revealed to someone who knows for how many adults and infants a typical car should provide back seats. As of today, it seems inconceivable to capture such subtle forms of assessment systematically by algorithmic means.

Therefore, the utterances taken into account here all expose an explicit evaluative statements on the quality of an object or the quality of its properties. In recent years, large textual resources rich with such utterances have been created by Web users, either on outright review websites (for example, www.rateitall.com) or in the review sections of other websites (for example www.imdb.com). Reviews are available in large numbers for a wide range of domains — such as travel, music, electronics, going out etc — in fact, on some sites there are even reviews on the quality of other reviews (see www.ciao.com). Often, reviews can be classified by other users whether they were helpful or not, thus providing a sorting criteria that lists the most helpful reviews on top. This wealth of textual content calls for a systematic analysis.

The approach taken here is centered around the notion of evaluative predicates and their different syntactic realizations. Sentiment analysis is then performed on the basis of a lexicon containing adjectival, verbal, nominal and idiomatic constructions with evaluative function. This lexicon has a generic part applicable to all domains in which evaluation might take place (for example, *horrendous* is constantly used as a negative adjective) and

---

[1]See [26]. The term "subjectivity" was coined by [2] who gives an ample introduction to related phenomena.

[2]Note that such implicit assessments are very different from the so-called implicit features in the terminology of [18] who count for example "good scans" as implicit form of "good scan quality".

a customizable part, individual to a domain. The process of creating and extending this lexicon is described in this paper.

The remainder of the paper is structured as follows: In the next section, a summary on efforts in the fields of sentiment analysis is provided. Then, the notion of predicate-based sentiment analysis is introduced and the matrix of how evaluative predicates are realized is developed. A subsequent section covers the issue of domain-specifity of evaluation. Finally, the use of connectors, especially summative connectors, as a bootstrapping tool for identifying evaluative predicates is discussed. Excerpts from the lexical resources created in this process are provided in an annex.

2 Related work

Sentiment analysis — or its quasi-aliases opinion mining, subjectivity analysis or evaluation analysis — has recently won considerable attention within the natural language processing community, fueled by the large resources in Web reviews and the demand to structure and mine these.

In general, research activities related to this work can be grouped into five stages:

1. Linguistic theory of subjectivity and appraisal

2. Lexicographic coding of sentiments and creation of evaluation test and training corpora

3. Classification tasks:
   (a) neutral vs subjective
   (b) polarity
   (c) intensity

4. Extraction tasks (what is praised / critized)

5. Integrative applications

The main topics discussed from the perspective of text linguistics are general semantic and pragmatic concepts of appraisal and subjectivity and — on a more finely granulated level — various strategies of evaluative discourse. Here research may draw upon frameworks such as rhetorical structure theory. Comprehensive textbooks are provided by [11] and [14]

One notable finding of corpus studies in subjective language is a considerably low inter-annotator agreement, especially on the level of individual constructions compared to the level of whole documents[3].

Research on lexical resources for sentiment analysis focused on automatically or semi-automatically population of words and phrases with evaluative content, most often of adjectives ([9] and [27]). A notable new effort is the creation of SentiWordNet ([8]) which stores values for objectivity, positive and negative grade for all WordNet entries. SentiWordNet is populated by a classifier working on WordNet glosses and the amount of noise is therefore not comparable to the manually curated WordNet.

Apart from exploiting glosses to identify positive or negative grade ([7]), another approach to determine sentiment orientation lies in analyzing collocations, either observed in offline corpora ([10]) or by piggy-backing on search-engines [23]. Finally, WordNet's semantic relations can also be used to determine sentiment polarity of words ([12]).

A still in use training set for sentiment orientation of words is the General Inquirer Harvard IV-4 list with several thousand manual annotated list elements[4].

Sentiment analysis as a (usually machine-learning based) classification task can be conducted on three different levels: classifying subjectivity vs. objectivity ([16], [19]), positive vs. negative polarity ([25]) and grades of positive vs. negative evaluation ([17], [29]).

Integrating the extraction of product features ([18] on the basis of the KnowItAll information extraction system) allowed for a more detailed review analysis that revealed not only the presence of praise or criticism, but also what feature or property elicited it.

Review mining is certainly the most prominent application of sentiment analysis. In addition to this, other applications include the detection of hostile messages[5] and clustering documents by ideological point of view[6].

With regards to the lexicographic approach followed here, the most similar research contributions are [19] which also use a bootstrapping mechanism

---

[3]See [28], in addition recently [1] who reports an agreement level between the non-neutral adjectives tagged manually in the General Inquirer Harvard IV-4 and by [10] of less than 80%.

[4][22].

[5]See the early paper by [21].

[6][20].

and [4] who developed local grammars for evaluative expressions in German movie and book reviews.

3   Evaluative predicates

Our approach to a linguistically based sentiment analysis is centered on the notion of evaluative predicates. The use of the term "predicate" is linked to the concept of elementary sentences, as explored by Zelig Harris and Maurice Gross. Each elementary sentence is centered around no more than one predicate, which can be realized in different syntactical forms. Elementary sentences are governed by this predicate in that it allows only for a certain number and type of arguments.

"Evaluative predicates" is a term that denotes a group of individual predicates and which might be paraphrased itself as

X thinks of Y in a Z-manner

It unfolds into several individual predicates z^* such as *praise(X, Y)* or *criticize(X, Y)* with X being the human evaluator (individual or group) and Y being the entity or feature of an entity which is evaluated. These two arguments are essential to each act of evaluation, though not in all cases explicitly realized in evaluative utterances[7].

In the subsequent sections, different dividing principles for evaluative predicates are introduced, based on properties of X, Y and on the syntactical realization of z^*.

4   Arguments of evaluative predicates

While it was stated above that all evaluative predicates should at least comprise the evaluator argument and the object that is being evaluated, these arguments are not always visible on the surface of evaluative statements: *This hotel is terrible!* obviously expresses appraisal, although there is no explicit evaluator. The difference to statements such as *This hotel is painted red* can be elicited by replying to these sentences with a question such as *Who holds this opinion?*. Apparently, this difference is of a gradual type: Compare *It is terrible to stay in that hotel* versus *It is terrible to murder*

---

[7]See also [3] for a recent experiment in identifying the evaluator which they call the "opinion holder".

someone. Here, the consensual opinion expressed in the latter utterance shifts the semantic of the adjective involved and lets its evaluative potential diminish. A second test, based on the pragmatics of an evaluative speech act, could be the question: *Do you recommend it?.*

Consequently, our interpretation of the sentence *This hotel is terrible!* links it to sentences such as *I think that this hotel is terrible* via a systematic transformation. This transformation — eliminating the evaluator — can be found quite often, as it allows to hide the subjectivity of the assessment. It can be observed in connection with other syntactic transformations:

> *I was disgusted by this hotel*
>
> →
>
> *This hotel is disgusting* or *This hotel is a disgust*

It should also be noted that it is also possible to eliminate the second argument from the sentence surface of an evaluative statement, if the object or object feature which is being evaluated is already provided by the context: *We examined the hotel. I was shocked.* Such elliptic constructions pose a considerable difficulty to sentiment analysis, as they make it necessary to take more than one sentence at a time into account.

The different types of argument realization (with and without evaluator) combine with different syntactic realizations to a matrix of elementary evaluative sentences which will be developed below.

5   Different types of realization

Just as with any other group of predicates, evaluative predicates may be realized as free constructions (all elements can be decomposed semantically), support constructions (the semantically transparent predicate combines with semantically empty or near-empty auxiliary elements) and idiomatic constructions (fully frozen).

Intuitively, the most basic form of evaluation is realized with adjective predicates, either in a attributive or predicative position in which the adjective combines with the object evaluated:

> *this terrible hotel*
>
> *your car is really great*

The realization in the form of adjective predicates also exists for evaluative statements including the evaluator:

I am disappointed with this hotel

She was extremely charmed by her new roadster.

Evaluative predicates can also, however, take the form of verbal constructions

your car rules

this hotel sucks

Again, the same holds for verbal constructions including the evaluator:

I loathe this hotel

I love my new jeep

Excerpts from a list of positively evaluating verbal constructions of this kind are provided in the annex.

Here are examples of predicative nouns with support verbs, one without the evaluator, one with:

this car is a real winner

I'm in love with that car

this hotel takes the prize

Idiomatic constructions are common in expressing opinion, especially in the informal register that is prevailing for example in online reviews. The four examples below illustrate this:

you don't want to miss a second of this masterpiece

it is a kind of movie that will stay with you forever

the AC is a pain in the neck

the staff's behavior drives me crazy

this pathetic excuse for a movie

While some idiomatic constructions may contain words that can be safely associated to their standard evaluative polarity (for example "pain"), this does not always hold true (compare "I'm crazy about it" with "It drives me crazy"). It is therefore also necessary to build a lexicon of idiomatic constructions, even if this has to be customized to a great extent when applying sentiment analysis to specific domains.

6 Domain specificity of evaluation

The issue of domain specific evaluation can be viewed from two angles[8]. Firstly, to what extent can the results of a general evaluative analysis be applied to specific domains; secondly, how the quality of recognition in a specific domain may be improved by using resources from that domain.

Movie reviews will serve as an example of evaluation in a specific domain, as they are known to be hard to analyze using standard sentiment analysis methods[9].

The corpus used for this purpose was scraped from www.imdb.com by submitting random movie IDs to the site and extracting the first page on the user review's section. This allowed for a corpus of 76,971 unique movie reviews commenting on 26,053 unique movies. From this corpus, two sub-corpora of very positive and very negative reviews were built through the explicit user rating (from 0-10 stars, 9-10 stars for very positive, 1-3 stars for very negative) available for many reviews. This led to 123 very negative reviews and 852 very positive reviews. The higher number of positive reviews reflects a general tendency on review sites: Negative reviews tend to be scarce in comparison with positive ones. The grammars presented below focus on negative evaluation, as the corpus they are extracted from is smaller and thus faster to treat exhaustively.

Below are three exemplary quotations from reviews taken out of the corpus of negative movie reviews:

> *I think that this is the first movie on IMDb that I have "awarded" a rating of "1" to.*
> *[...] It is amazing that the careers of Peter Coyote and Danny Glover did not end right here. This movie looks like some sort of experimental film or one in which the film makers and the cast are stoned throughout. The whole thing is a mess and a complete waste of time.*

> *If you are a fan of bad cinema, you will also appreciate this crapfest from the*

---

[8]See also [6].
[9][5]. See also [13] for a different approach to analyzing movie reviews.

director of "Pieces" and "Pod People". There is enough bad acting, silly dialog, illogical plot twists, lame special effects, pointless scenes, and poor dubbing to hold your attention.

This Pinocchio, from 1984, is possibly the worst remake in movie history. Whereas the original, 1940, Disney Pinocchio, based on the Collodi fantasy about the mis-adventures of a wooden puppet who gets the chance to become a real boy was one of the greatest movies ever made [...], this version has a limp screenplay, forgettable characters, lousy voice acting and animation that would not pass muster for the cheesiest, PBS TV cartoon show. That IMDB does not list the names of any of the voice performers, may be a blessing for their careers. Get the original Pinocchio, and avoid this one like a bad street.

In these snippets a range of evaluative discourse strategies is observable:

1. explicit rating ("rating of 1")

2. comparison ("whereas the original ... , this version...")

3. (conditioned) recommendations ("avoid this one"; "if you are a fan of bad cinema, you will also appreciate...")

4. statements on overall quality ("complete waste of time"; "crapfest")

5. statements on quality of features ("lame special effects")

The three strategies on the bottom of this list are of interest and suitable for the construction of local grammars. For all three, one observes constructions in the movie domain that are not found elsewhere, as can be already seen from the three review snippets above. The most fruitful area for domain-specific extensions, however, relates to statements on the quality of features.

Here, each domain — or put more precisely, the objects in it — have different sets of features. In the case of movies these would comprise screenplay, characters, acting/cast, editing, directing etc. One elegant lexicon theory that allows to encode how these features appear in positive or negative evaluative constructions is provided by Lexical Functions[10].

Evaluative lexical functions, i.e. **Bon** and **AntiBon** allow to code subjective appraisal on the level of each individual feature, for example:

- **AntiBon**(special effects): lame

---

[10][15].

- **AntiBon**(plot): illogical

- **AntiBon**(screenplay): limp

- **AntiBon**(dialog): silly

The mechanism of concatenating lexical functions to complex lexical functions allows to encode the typical adverbs that are used with the adjectives listed above, for example:

AntiBon(plot): dull

$\rightarrow$

MagnAntiBon(plot): numbingly dull

In the annex, a grouping of adverbs for the verbal construction *impressed by* is demonstrated. This groups can be related to other simple and complex lexical functions such as **Cont** (IMPRESSED - CONTINOUSLY) or **MagnIncep** (IMPRESSED - INSTANTLY). Such lexicographic information can also be represented compactly by local grammars.

As an example of the local grammars developed for the movie domain, the graph below recognized negative adjectival constructions. It was developed by studying the 123 negative reviews mentioned above. Its subgraph containing adverbs may be re-used in other domains. Apart from recognizing negative adjectival constructions, the graph also allows for a more in-depth analysis by grouping synonymous or quasi-synonymous adjectives and normalizing them semantically in the transducer output (e.g. different ways of saying "boring" or "ridiculous")[11]:

---

[11]At this stage, a semi-automatic enrichment of the local grammars by synonym resources such as WordNet is conceivable.

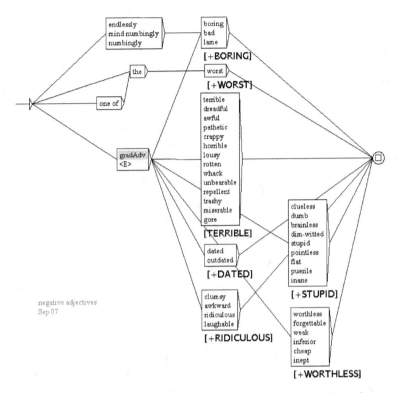

Local grammars for negative adjectival constructions in movie reviews

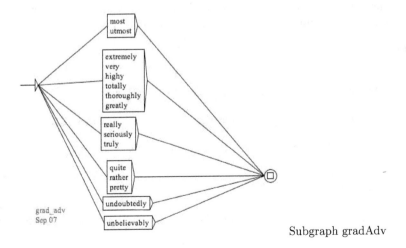

Subgraph gradAdv

7   Bootstrapping on summative sentences

Given that evaluative statements can hide in almost any kind of construction, there seems to be no time-saving way to extract them except than scanning through the full text of reviews. Although it is feasible to look for sentences containing words that significantly occur more often within reviews of one polarity (for example, more often in the negative movie review subcorpus than in the positive), it is not guaranteed that this approach would result in a exhaustive overview on evaluative predicates, as these predicates are often realized by multi-word units. In order to quickly build up a lexicon of evaluative predicates, it is thus desirable to first extract sentences with a relatively high yield in evaluative constructions.

This high yield can be achieved by focusing on sentences beginning with opinion-introducing and summative connectors. Opinion-introducing connectors are constructions such as *to my mind; in our opinion; I think*. Summative connectors are constructions such as *overall; all in all; in conclusion* that indicate a summing up a discourse. They proved very helpful in analyzing reviews given that they represent the gist of the review in a compact one-sentence form.

In order to gather these connectors, a bootstrapping approach was followed. Starting from a small list of manually added summative connectors (the three listed above plus four more), a large list of trigrams following these connectors in a huge standard language English corpora have been extracted. The top frequent trigrams appearing with all of the connectors in the seed list were then used for a second extraction step. This second step produced a remarkably clean list of connector phrases (see below) with a high yield on summative and opinion-introducing connectors.

The individual steps are thus:

1. Start with a manually created list of connectors

2. Search for sentences starting with a connector, followed by a comma

3. Extract the most frequent trigrams following connectors

4. Using the most frequent trigrams, extract additional connector phrase candidates

5. Clean connector phrase candidate list through heuristics and manual cleansing

The results of the intermediate step were the following top frequent trigrams following summative connectors:

```
5344 there is a
4345 this is a
3640 i would like
3547 there is no
3526 it was a
3038 there is the
2901 it is a
2204 i want to
2120 it is the
1867 it is not
1649 there will be
1513 we need to
1436 it is important
```

These trigrams were used for extracting additional connectors by looking for all word sequences ranging from two to five words, followed by a comma and one of the top 30 trigrams above. In a pruning step, noise such as temporal adverbials with year numbers ("in 1995" etc) are removed by a simple regular expression. The top frequent results of this step are listed below:

```
12836 in addition
9882 in fact
7629 of course
4916 for example
4524 in other words
3930 first of all
3212 after all
2866 as a result
2738 all in all
2305 in short
2302 as such
2299 on the other hand
1984 at the same time
1936 in this case
```

1883 if so

1810 that is

1687 in particular

1672 in general

1580 at present

1425 i mean

1376 in my opinion

1363 once again

1337 for me

1314 by the way

1296 for this reason

1254 for instance

1252 to me

1243 as you can see

1169 in any case

1085 if not

By inspecting the first 500 entries of this list, the following local grammars representing the appropriate connectors were build:

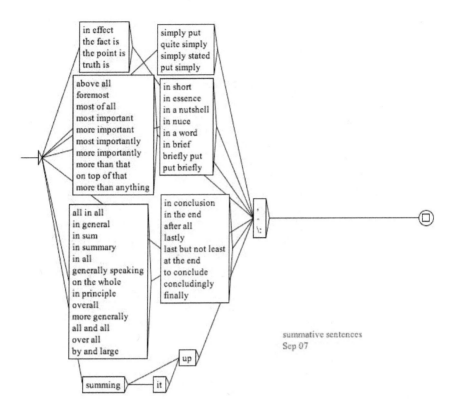

Local grammars for recognizing summative sentences

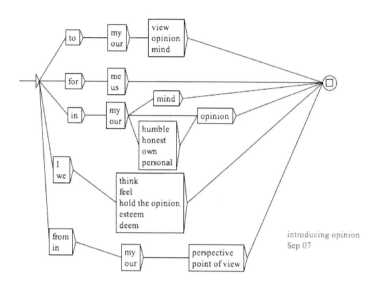

Local grammars for introduction to opinion expressions

Applying the local grammar for summative sentences to the movie review corpus yielded the following concordance:

```
On the whole, The Penthouse is a failure and the fact t
all in all, a mixed bag.{S} Only the last three sketche
Overall, this film would probably get a 5/10 from me, t
Finally, this parade of loathsomeness is rounded out by
After all, being a mercenary is just a job, as we are n
Finally, their past comes back to haunt them and leads
all in all, this really is not worth seeing. "Curse Of
The fact is, zombies can be very scary, but rats are no
On top of that, this TV print looks like it had been sa
after all, but a wooden doll, so angrily he throws the
In brief, this movie is too ridiculous to work in terms
Lastly, Robert Strauss should never be permitted to app
after all, the whole story of the film does not and can
After all, who Would not want to get taken advantage of
Overall, The Petty Girl is of possible interest to film
The fact is, when you have a superb Director of Photogr
all in all, did not show the side to John at all.{S} I
In the end, I do not care how it was made.{S} I am just
In short-good song-bad movie! {S}An earthy, epic histor
Overall, it is annoying rather than endearing.{S} Tim R
In the end, the story just sort of peters out.{S} The s
Quite simply, this film is just as bad as the title wou
Finally, after years of wondering just what this movie
last but not least, bad acting. {S}At it is best, the "
above all, excellent in his fighting techniques.{S} It
In sum, unless you are a fan of crummy sci-fi movies, k
All in all, a truly mind-bending experience that would
In short, if you pick it up, and want to see how bad it
All in all, it is good for a couple of laughs, that is
at the end, as if to suggest this is a "classic" to be
Lastly, Suzanne Davidson does not hold a candle to darl
In all, a game try, but still a lump of coal...with the
```

Concordance of summative sentence recognition in movie reviews

This concordance is a very suitable resource for finding evaluative constructions, such as *good for a couple of laughs, annoying rather than endearing*
or *unless you are a fan of crummy sci-fi movies*. More than 75% of the
sentences found in the negative movie subcorpus by applying the summative sentence grammar contained a suitable evaluative unit that formed the
basis of a lexicon entry.

The framework of evaluative predicates allows to group these evaluation
constructions quickly, while local grammars provide a comfortable way of
representing, maintaining and testing them.

BIBLIOGRAPHY

[1] A. Andreevskaia / S. Bergler, "Mining WordNet for Fuzzy Sentiment: Sentiment Tag
Extraction from WordNet Glosses", *Proceedings of EACL-06*.

[2] A. Banfield, *Unspeakable Sentences*, Routledge and Kegan Paul, Boston.

[3] S. Bethard / H. Yu / A. Thornton / V. Hatzivassiloglou / D. Jurafsky, "Automatic
Extraction of Opinion Propositions and their Holders", *AAAI Spring Symposium*.

[4] L. Buda, "Sentiment analysis using local grammars with applications to German", *10th
Annual CLUK Research Colloquium*.

[5] K. Dave / S. Lawrence / D. Pennock, "Mining the Peanut Gallery: Opinion Extraction and Semantic Classification of Product Reviews", *12th International Conference on the World Wide Web*.

[6] C. Engstrom, *Topic dependence in sentiment classification*, Master's thesis, University of Cambridge.

[7] A. Esuli / F. Sebastiani, "Determining the semantic orientation of terms through gloss classification", *ACM CIKM International Conference on Information and Knowledge Management*.

[8] A. Esuli / F. Sebastiani, "SENTIWORDNET: A Publicly Available Lexical Resource for Opinion Mining", *LREC-06*.

[9] M. Gamon / A. Aue, "Automatic identification of sentiment vocabulary", *ACL 2005 Workshop on Feature Engineering for Machine Learning in NLP*.

[10] , V. Hatzivassiloglou / K. R. McKeown, "Predicting the semantic orientation of adjectives, *35th Annual Meeting of the Association for Computational Linguistics*.

[11] S. Hunston / G. Thompson, ed., *Evaluation in Text. Authorial Stance and the Construction of Discourse*, Oxford University Press.

[12] J. Kamps / M. Marx / R. Mokken, "Using WordNet to Measure Semantic Orientations of Adjectives", *LREC 2004, volume IV*.

[13] A. Kennedy / I. Inkpen, "Sentiment classification of movie reviews using contextual valence shifters", *Computational Intelligence, 22(2)*.

[14] J.R. Martin / P.R.R. White, *The Language of Evaluation: Appraisal in English*, palgrave.

[15] I. Mel'cuk, "Lexical Functions: A Tool for the Description of Lexical Relations in a Lexicon", *Lexical Functions in Lexicography and Natural Language Processing, ed. L. Wanner*, Amsterdam, John Benjamins Publishing Company.

[16] B. Pang / L. Lee, "A sentimental education: Sentiment analysis using subjectivity summarization based on minimum cuts", *42nd Annual Meeting of the Association for Computational Linguistics*.

[17] B. Pang / L. Lee, "Seeing stars: Exploiting class relationships for sentiment categorization with respect to rating scales", *43rd Annual Meeting of the Association for Computational Linguistics*.

[18] A. Popescu / O. Etzioni, "Extracting Product Features and Opinions from Reviews", *Proceedings of HLT-EMNLP*.

[19] E. Riloff / J. Wiebe / T. Wilson, "Learning subjective nouns using extraction pattern bootstrapping", *Proceedings of CONLL-03*.

[20] W. Sack, "Representing and recognizing point of view", *Proceedings of AAAI Fall Symposium on AI Applications in Knowledge Navigation and Retrieval*.

[21] E. Spertus, "Smokey: Automatic recognition of hostile messages", *9th Innovative Applications of Artificial Intelligence Conference*.

[22] P.J. Stone / D. Dumphy / M. Smith / D. Ogilvie, *The General Inquirer: a computer approach to content analysis*, M.I.T. Press, Cambridge, M.A.

[23] P. Turney / M. Littmann, "Unsupervised Learning of Semantic Orientation from a Hundred-Billion-Word Corpus", *Technical Report ERC-1094 (NRC 44929), National Research Council of Canada*.

[24] "Measuring price and criticism: Inference of semantic orientation from association", *ACM Transactions on Information Systems 21 (4)*.

[25] P. Turney, "Thumbs up or thumbs down? semantic orientation applied to unsupervised classification of reviews", *40th Annual Meeting of the Association for Computational Linguistics*.

[26] J. Wiebe, "Tracking point of view in narrative", *Computational Linguistics, 20(2)*.

[27] J. Wiebe, "Learning Subjective Adjectives from Corpora", *Proceedings of AAAI-2000*.

[28] J. Wiebe / R. Bruce / M. Bell / M. Martin / T. Wilson, "A Corpus Study of Evaluative and Speculative Language (2001)"

[29] T. Wilson / J. Wiebe / R. Hwa, "Just how mad are you? Finding strong and weak opinion clauses", *Proceedings of AAAI-2004*.

8   Annex

9   Groups of adverbs in evaluative constructions — Example "impressed by"

IMPRESSED - MILDLY

was quite impressed by its

was pretty impressed by its

was generally impressed by its

was rather impressed by its

was somewhat impressed by its

was kinda impressed by its

IMPRESSED - MEDIUM

was genuinely impressed by its

was favourably impressed by its

was reasonably impressed by its

was suitably impressed by its

was pleasantly impressed by its

was really impressed by its

IMPRESSED - GREATLY

was greatly impressed by its

was particularly impressed by

was very impressed by its

was thoroughly impressed by its

was especially impressed by its

was highly impressed by its

was mightily impressed by its

was tremendously impressed by its

was duly impressed by its

was most impressed by its

was totally impressed by its

was truly impressed by its

was hugely impressed by its

was profoundly impressed by its

was immensely impressed by its

was heavily impressed by its

was incredibly impressed by its

was enormously impressed by its

was distinctly impressed by its

was overly impressed by its

was absolutely impressed by its

was seriously impressed by its

was dreadfully impressed by its

was severely impressed by its

was singularly impressed by its

IMPRESSED - INSTANTLY

was immediately deeply impressed by

was immediately impressed by

was instantly impressed by its

was quickly impressed by its

was at once impressed by its

IMPRESSED - CONTINOUSLY

was constantly impressed by its

was always impressed by its

was still impressed by its

IMPRESSED - CONTRAST / NEGATIVE

was nonetheless impressed by its

was unexpectedly impressed by its

was insufficiently impressed by its

was rather routinely impressed by its

10   Lists of positively evaluating verbs

CONNOTATION "SURPRISE"

excited by its

struck by its

baffled by its

surprised by its

stunned by its

stricken by its

awestruck by its

CONNOTATION "TAKEN-BY"

taken by its

intrigued by its

attracted by its

fascinated by its

hooked by its

drawn by its

seduced by its

delighted by its

charmed by its

entranced by its

riveted by its

enthralled by its

transfixed by its

mesmerized by its

captivated by its

swayed by its

intrigued by its

enthralled by its

overwhelmed by its

La double combinatoire des séquences figées

SALAH MEJRI[1]

1 Introduction

Parmi les problèmes non encore résolus en sciences du langage, c'est le statut des séquences figées (SF). On ne sait pas s'il faut les ranger du côté des mots construits comme les dérivés ou les considérer comme des mots à part entière dont la description interne relèverait du domaine de la morphologie, ou s'il faut les considérer comme des formations syntagmatiques dont l'analyse doit se faire en termes de syntaxe. L'une des conséquences de cette hésitation, c'est la marginalisation d'une très grande partie du lexique de la langue. La pratique lexicographique courante, toujours contrainte par le caractère monolexical des entrées, n'aide pas à apporter des solutions à l'impasse dans laquelle se trouve la description des SF.

Nous voudrions dans ce qui suit apporter des éléments de réponse en rapport avec la description des SF, et ce :

- en rappelant le cadre théorique dans lequel s'inscrit notre analyse ;

- en avançant une définition du mot qui transcende la configuration morphologique des unités lexicales auxquelles s'appliquent les éléments définitoires ;

- en montrant que la double combinatoire est une caractéristique essentielle dont on ne peut faire l'économie lors de la description des SF.

[1]CNRS-LDI (UMR 7187)- Université Paris 13

Nous montrerons à la fin comment cette manière de procéder apporte des solutions probantes à une partie des problèmes du traitement automatique des langues.

2   Rappel du cadre théorique

Nous nous inscrivons dans une perspective lexicaliste qui considère que les langues sont des systèmes comportant des lexiques faits de mots qui, en se combinant entre eux, donnent lieu à des énoncés. Pour procéder à une description systématique et exhaustive de chaque langue, il faut partir des mots. La tâche ne consiste pas à étudier les mots en tant que tels, mais d'en décrire les emplois dans le cadre des phrases. Si le mot est le point de départ, la phrase est l'unité minimale qui détermine l'emploi des mots

Les mots assurent l'une des trois fonctions essentielles qui leur sont dévolues. Ils peuvent être des prédicats :

(1) *Luc **prépare** son repas*

(2) *Luc a fait deux **voyages***

(3) *Luc est **content***

Ils peuvent être des arguments saturant les positions prévues pour le schéma d'arguments de chaque prédicat :

(4) ***Luc** offre des **fleurs** à sa **mère***

Ils peuvent être également des actualisateurs :

(5) *Luc **a fait** un bon voyage*

(6) *Luc a eu la **majorité** des voix*

Ces trois fonctions n'ont pas de relation exclusive : le même mot peut cumuler deux ou trois fonctions. Un verbe comme *donner* s'emploie à la fois comme prédicat :

(7) *Luc **donne** le livre à son voisin*

ou comme actualisateur, en tant que verbe support :

(8) Luc **donne** un conseil à Léa

C'est le prédicat qui crée la phrase. Il y a autant de phrases que de prédicats. Si le prédicat crée la phrase, les arguments en conditionnent le sens
parce qu'ils fournissent les classes sémantiques appropriées à chaque emploi
et participent par là à la syntaxe des prédicats. Quant aux actualisateurs,
ils se chargent de l'expression des catégories grammaticales qui permettent
aux arguments et aux prédicats de véhiculer les catégories générales grammaticalisées par la langue comme la personne, le nombre, le genre, le temps,
l'aspect, la voix et la modalité.

L'analyse de tout énoncé consistera dans le repérage des prédicats, de leurs
arguments et des différentes restructurations que l'actualisation des catégories et les nécessités de l'énonciation exigent. Pour ce faire, il faut que
la délimitation formelle du mot ne pose aucun problème. C'est le cas des
unités monolexicales :

(9) On a procédé à la stérilisation du matériel

Dans (9), le prédicat stérilisation est une unité lexicale construite par dérivation. Il comporte deux morphèmes dont la combinatoire relève de la
morphologie dérivationnelle. Puisque ce mot répond aux deux conditions :
il s'agit de morphèmes non autonomes constitutifs et d'une unité globale
qui, bien que construite, est de nature monolexicale (un seul mot délimité
à l'écrit par un blanc des deux côtés), il ne pose aucun problème de traitement : on peut l'intégrer tel quel dans le dictionnaire. La machine le
reconnaît automatiquement.

Comme on a pu le constater, la combinatoire interne de stérilisation échappe
à la syntaxe. Si la combinatoire interne des mots construits relève de l'analyse morphématique, qui présuppose la non-autonomie des morphèmes constituants et la continuité du signifiant de l'unité globale, la syntaxe s'en trouve naturellement exclue. Tel n'est pas le cas quand le mot est
polylexical, c'est-à-dire formé de plusieurs morphèmes autonomes :

(10) Luc est **à la retraite**

Dans (10), l'adjectif à la retraite est formé d'une séquence dont la configuration répond au schéma d'un syntagme prépositionnel : prép.+dét.+nom.

Il s'agit donc d'une formation syntagmatique qui partage avec le prédicat *stérilisation* le fait qu'ils sont tous les deux construits de morphèmes, mais qui s'opposent l'un à l'autre par leur caractère mono- ou polylexical. Dans les deux cas, nous avons affaire à la concaténation de deux ou plusieurs morphèmes ; mais dans un cas (*stérilisation*), c'est l'analyse morphématique qui est sollicitée, dans l'autre (*à la retraite*), c'est l'analyse syntagmatique. Avec ce dernier type de mots, puisqu'il n'y a pas de continuité de signifiant et que la concaténation des morphèmes est régie par les règles de la syntaxe, la combinatoire interne de l'adjectif doit nécessairement s'analyser en termes de syntaxe.

Devant un tel constat, on ne sait pas s'il s'agit, dans les unités polylexicales, d'une seule unité ou de plusieurs unités. Une telle question n'a pas eu jusqu'ici de réponses probantes. La raison en est qu'on ne dispose pas actuellement d'une définition du mot qui engloberait à la fois les unités monolexicales et les unités polylexicales.

3   La définition du mot

Pourquoi le mot n'a-t-il jamais eu de définition qui soit de nature à rendre compte de toutes les configurations possibles qu'il peut avoir ?[2]

Deux éléments expliquent ce blocage théorique. Le premier est de nature épistémologique. Il consiste dans l'absence d'outils théoriques capables de rendre compte de certains phénomènes linguistiques comme la polylexicalité. Le second réside dans l'hégémonie d'une conception restreinte de la morphologie.

Avant de détailler ces deux éléments, rappelons que si le mot a toujours suscité l'intérêt, c'est parce que sa forme épouse celle de toutes les unités correspondant aux niveaux de l'analyse linguistique :

  - un simple phonème : *à* [a], *y* [i], *est*[e], etc.

  - un morphème grammatical : *suis, il, pour,* etc.

  - un morphème lexical : *sac, sec, socle,* etc.

  - une unité construite par dérivation : *stérilisation, antépénultième, éventrer,* etc.

---

[2] Nous renvoyons pour les débats suscités par la problématique du mot à Martinet [3], Mejri [8] et Pergnier(1986).

- une unité construite par composition savante : *anthropologie, xéno-phobie, anthropophage,* etc.

- une unité construite par composition française : *porte-fenêtre, porte-manteau, porte-avion,* etc.

- une unité construite par figement : *gendarme, vaurien, aujourd'hui,* etc.

- une unité phrastique : *rendez-vous, je-ne-sais-quoi, je-m'en-foutisme (iste),* etc.

Si on ajoute à toutes ces configurations celle des SF du type *à la retraite,* c'est-à-dire des mots ayant une discontinuité du signifiant, la situation se complique davantage. C'est pourquoi plusieurs linguistes[3] ont essayé d'abandonner le mot en tant que concept d'analyse linguistique.

Ce qui manquait aux sciences du langage, c'est d'abord des outils théoriques couvrant la totalité du spectre "configurationnel" du mot, qu'il y ait continuité du signifiant ou non. Les derniers travaux sur le figement ont permis de forger le couple poly-/ monolexicalité, deux termes renvoyant respectivement au caractère d'autonomie et d'absence d'autonomie des constituants de l'unité lexicale. Une unité est dite monolexicale si elle a un signifiant global, même s'il est pluriel, continu et dont les constituants, dans le cas des unités construites, sont non autonomes. Une unité est dite polylexicale si elle a un signifiant global pluriel et si ses constituants sont autonomes. Les exemples (11) et (12) illustrent cette opposition :

(11) Luc est **retraité, increvable.**

(12) *Luc est **à la retraite, à la page, fondé de pouvoir***

Si les unités monolexicales acceptent sans problème le statut de mot, les unités polylexicales ne peuvent pas l'acquérir facilement. Pourquoi une telle dualité dans le traitement ?

Cette dualité trouve son explication dans les niveaux d'analyse et dans les domaines linguistiques dans lesquels se situe la description des combinatoires internes et externes. Si les deux types d'unités, monolexicales et polylexicales, de par leur statut d'unités globales, ont nécessairement une combinatoire externe impliquant les différentes combinaisons qui relèvent de leur

---

[3] Cf. notamment Martinet [3].

syntaxe spécifique, il n'en est pas de même de la combinatoire interne. Pour les unités monolexicales, c'est la morphologie qui se charge de la description des morphèmes au sein du mot ; les unités polylexicales ont, au contraire, une configuration syntagmatique qui ne peut être traitée qu'en termes de syntaxe. Le tout peut être résumé comme suit :

Combinatoire	Monolexicale	Polylexicale
Interne	Domaine : morphologie	Domaine : syntaxe
Externe	Domaine : syntaxe	Domaine : syntaxe

C'est parce que la syntaxe décide de la combinatoire interne des unités polylexicales qu'on a marginalisé les SF. Comme on le constate, s'ajoute à l'absence d'outil théorique la rupture totale entre le morphologique et le syntaxique. C'est en intégrant la morphologie polylexicale dans l'étude du lexique qu'on mettrait fin au cloisonnement entre les deux disciplines et qu'on pourrait montrer que la dérivation et le figement sont deux processus complémentaires de formation de mots[4]. La langue peut avoir recours à l'un ou à l'autre des deux processus pour former des unités à partir de la même base :

(13) **Retrait**é/à la **retraite** ; **routin**ier/de **routine,**

ou privilégier l'un d'eux :

(14) *à la mode, à la carte, etc.*

(15) amoureux, douloureux

Si c'est la syntaxe qui doit prendre en charge la description de la combi-natoire interne des SF, il faut procéder à l'étude systématique de toutes les SF afin de voir si leur combinatoire interne admet des restructurations conformément à leurs structures syntaxiques de surface ou non. Si les sé-quences présentent une solidarité totale entre les constituants, on dit qu'elles sont *unilexicales*, c'est-à-dire qu'elles fonctionnent, malgré leur polylexica-lité, dans leur globalité, comme les unités monolexicales :

---

[4] Cf. Mejri [9] [10], « Figement et renouvellement du lexique : quand le processus détermine la dynamique du système », *Le français moderne*, LXVIII,1, CILF, 2000, p. 39-62.

(16) *Léa est **à la mode***

(17) * *Léa est à une mode, à des modes, à ces modes, à une petite/grande mode*

À la mode est une SF unilexicale parce que sa syntaxe interne est complètement bloquée et que sa combinatoire externe, c'est-à-dire les relations qu'elle entretient avec les environnements à gauche et à droite, est conforme à toute séquence monolexicale, dont l'unilexicalité ne peut être mise en doute. La comparaison de *à la mode* et *élégant* confirme cette identité de fonctionnement :

(18) *Léa est (très) à la mode ; Sarah l'est également*

(19) *Léa est très élégante ; Sarah l'est également*

Si, au contraire, la SF a une combinatoire interne qui ne témoigne pas d'une solidarité totale qui en fait une unité unilexicale, on parle alors de séquence *plurilexicale*. La plurilexicalité, c'est une caractéristique syntaxique qui, contrairement à l'unilexicalité qui fait de tous les constituants de la SF une unité complètement solidaire, donne lieu à l'un ou l'autre des constituants de la SF une liberté combinatoire partielle ou totale. Les exemples suivants montrent comment la même SF admet des variations qui témoignent d'une combinatoire interne dynamique (Mejri [8])

(20) « *Les volontaires **faisaient mine de** prendre à cœur leur tâche, mais le travail n'avançait guère* » (R. Mimouni)

(21) « *Il rit, il me dévore la tempe, d'une bouche rêche qui pue l'eau de vie de poire. Il **faisait** bientôt **mine de** me jeter dans le fossé, me rattraper et, soudain, me replante debout en face de lui* » (H. Bazin)

L'insertion d'un adverbe entre le verbe et l'élément nominal de la SF verse la séquence du côté de la plurilexicalité. Il est évident que les changements connus par la combinatoire interne dépendent de la nature de la structure de base de la séquence. Une séquence comme *faire grâce à quelqu'un de quelque chose* peut avoir un fonctionnement global comme dans (22) :

(22) « *Yvonne _ Tu ne connais pas les femmes Michel _ Je commence à les connaître Yvonne _ Je te **fais grâce** de tes grossièretés* » (Cocteau cité par A. Rey et S. Chantreau 1989)

Mais admet également la restructuration de l'impersonnel passif :

(23) *« De la nuit de Saint-Maurille comme des autres, plus un geste que j'ignore, plus un détail dont il m'ait été fait grâce !* (H. Bazin, cité par Mejri [8])

Il est clair qu'avec ce dernier type de séquences, l'analyse des SF échappe à la morphologie au bénéfice de la syntaxe ; ce qui permet de départager les unités polylexicales en deux groupes : celles qui ont une combinatoire interne unilexicale et celles qui ont une combinatoire interne plurilexicale. Les premières ont le statut de mot comme les unités monolexicales. A ce titre, elles doivent figurer dans le dictionnaire avec des entrées propres. Les secondes doivent faire l'objet d'une double description, celle qui montre leur degré de figement et celle qui en analyse toutes les restructurations avec l'environnement.

Pour résumer, on peut dire que seules les unités unilexicales relèvent du mot (+) :

Combinatoire interne	Monolexicales	Polylexicales
Unilexicale	+	+
Plurilexicale		-

Partant de cette définition, il n'y a plus lieu de conserver l'ancienne conception de la morphologie qui réduit son action aux unités monolexicales. Les unités polylexicales y trouvent leur place tout naturellement. Certains linguistes ont bien relevé cet aspect en travaillant sur les noms composés (cf. notamment M. Mathieu-Colas [5] et [2]) et ont proposé des typologies bien fournies. Nous pensons qu'avec les outils théoriques actuels, il faut franchir le Rubicon et intégrer les SF qui ont le statut de mot dans les programmes de la recherche en morphologie. Ainsi, la relation entre morphologie et syntaxe ne serait plus conçue sur la base de la rupture, mais s'inscrirait dans une continuité favorisant d'aborder certaines questions jusque-là complètement ignorées[5].

---

[5] L'une des questions intéressantes à étudier serait celle qui concerne la dérivation impropre (conversion) en action dans les SF et la polylexicalité.

4   La double combinatoire

La double combinatoire des SF découle tout naturellement du caractère polylexical de ces unités. Puisqu'il s'agit de formations syntagmatiques, la première tâche consiste à en vérifier le degré de figement. Comme on l'a déjà montré, deux cas de figure se présentent : ou toutes les transformations inscrites dans la syntaxe libre de la structure de surface de la séquence sont complètement bloquées, ou elles sont partiellement permises. Dans le premier cas, les SF sont complètement figées. Leur description dans les dictionnaires électroniques doit se limiter à leur combinatoire externe. Des séquences comme *de fond* et *en cours*, étant des séquences unilexicales, doivent faire l'objet d'une description détaillée au niveau de leur combinatoire externe :

(24)   « *Je souhaite en tout cas, qu'on aborde lors de congrès les sujets* **de fond** »
(*Le Monde* 1993, cité par Mejri [8])

(25)   « *Ces données ont été ensuite regroupées au niveau de chaque académie, afin d'établir un diagnostic d'ensemble et de déterminer une politique d'action. Et c'est la deuxième phase* **en cours** » (*Le Monde* 1993, cité par Mejri [8])

Dans le second cas, il s'agit de SF dont il faut mesurer le degré de figement au moyen de l'ensemble des transformations admises par leur structure de surface. Deux opérations concernent ces séquences : la description séparée des combinatoires interne et externe et l'interférence entre les deux ensembles de transformations. Si on prend une séquence comme *mettre fin à*, on ne peut pas en décrire la combinatoire externe indépendamment de la combinatoire. C'est parce que la solidarité entre l'élément nominal et l'élément verbal n'est pas totale malgré l'absence de déterminant devant le nom qu'on peut avoir la transformation passive et la construction impersonnelle :

(26)   *On a mis fin à ces atrocités*

   Fin a été mise à ces atrocités

   Il a été mis fin à ces atrocités [1]

Il en est de même pour la séquence *mettre à prise la tête de qqn*. D'abord on peut substituer au mot *tête* le mot *vie*, ce qui donne la variante *mettre à prise la vie de qqn.* Puis, on peut mettre la séquence au passif, ce qui donne au mot *tête* la possibilité d'être thématisé :

(27)   « *Au moment où j'allais tuer Clément VII, ma tête a été mise à prise à Rome* ». (Musset, cité par Mejri [8])

Cet ensemble de SF assure la jonction entre la syntaxe et la morphologie. On aurait d'un côté des formations syntagmatiques qui tendent vers le statut de mot, ce qui correspond au cas où il y aurait le minimum de transformations possibles, et de l'autre celles qui commencent à se figer, ce qui correspond aux formations syntagmatiques contraintes comme les verbes supports complexes, certaines locutions prépositionnelles à noyau nominal, etc.

La question qui se pose maintenant concerne le traitement lexicographique de ces séquences. Si la description des unités polylexicales unilexicales ne nécessite que la description de la combinatoire externe, ces séquences exigent la description de deux combinatoires ; ce qui suppose que le dictionnaire électronique doit en tenir compte. Pour ce faire, l'entrée de la séquence serait un lemme auquel on rattacherait les deux descriptions (cf. Mejri, à paraître). Sans entrer dans les détails, nous dirons qu'il serait plus économique de dissocier dans la description tous les éléments de la combinatoire externe qui relèvent du fonctionnement global de la séquence, auxquels il faut ajouter, selon le cas, les transformations permises au niveau de la combinatoire interne. Cette manière de procéder présente l'avantage d'inventorier tous les fonctionnements figés de toutes les séquences, qu'elles soient uni- ou plurilexicales.

Comme on le constate, la double combinatoire est une nécessité méthodologique dans la description des SF. Ne pas en tenir compte, c'est marginaliser, comme on l'a toujours fait, cette articulation supplémentaire qui caractérise les langues naturelles et qui permet de créer des mots à partir des combinaisons syntagmatiques. Si on a souvent dressé des barrières entre la morphologie et la syntaxe, c'est parce que la réflexion linguistique s'est cantonnée dans la perspective de la double articulation. On n'a pas remarqué que les unités de la deuxième articulation (les morphèmes, qu'ils soient autonomes ou non autonomes) se combinent entre elles pour donner lieu à une articulation dont l'unité n'est autre que le mot, dont la structure fondamentale répondrait à ce schéma :

Mot = morphème$_1$ + morphème$_2$... morphème$_n$ [6]

Ainsi, les langues auraient une première articulation dont l'unité serait le phonème, une deuxième dont l'unité serait le morphème (qui peut avoir la configuration d'un mot) et une troisième dont l'unité serait le mot (dans ses réalisations multimorphématiques mono- ou polylexicales). Si le mot a tant résisté aux attaques et aux critiques, c'est parce qu'il est toujours ancré dans la conscience linguistique des locuteurs. Ce qui manquait pour apporter la preuve de son existence, c'était les outils méthodologiques.

Comme on a pu le constater, le mot n'est pas qu'une question de morphologie. Avec les unités polylexicales, la jonction avec la syntaxe, à travers la description de la combinatoire interne, est assurée. On oublie souvent que le mot est cette unité de la troisième articulation qui sert de support à la partie du discours qui conditionne le fonctionnement de l'unité au niveau de la combinatoire externe. Tout morphème n'appartient pas nécessairement à une partie du discours, mais tout mot en a nécessairement une. Meillet a très bien vu cet aspect quand il a avancé sa définition du mot [7]. C'est pourquoi nous ne partageons pas le point de vue de Mel'cuk quand il dit que « la PartDisc[7] d'une locution est une notion impossible, en tout cas, pas dans le même sens que la PartDisc d'un lexème » [6]

Arrivé à ce point de l'analyse, nous pouvons récapituler les avantages d'une telle approche :

- faire le départ entre ce qui est totalement figé et ce qui ne l'est pas ;

- faire l'inventaire des SF ayant le statut de mot et en faire la description appropriée tout comme les mots monolexicaux ;

- structurer la description des SF ayant une combinatoire interne 'vive' selon les exigences de la double combinatoire ;

- permettre de voir   comment   certaines   caractéristiques   morphologiques
servent de point d'appui à des phénomènes syntaxiques ;

- donner une cohérence plus grande aux différentes descriptions linguistiques des unités lexicales ;

---

[6] A partir du morphème$_2$, la valeur peut être égale à zéro, ce qui permet d'intégrer dans ce schéma les unités monolexicales.

[7] Partie du discours

- mettre en évidence, sur le plan théorique, l'un des plus puissants leviers de l'économie des systèmes linguistiques, à savoir la troisième
articulation dont l'unité d'analyse serait le mot.

5 Conclusion

Nous aurions pu intituler cette contribution « du mot » ou « la troisième
articulation des langues » ; nous lui avons préféré « la double combinatoire
des SF » pour montrer que la dimension épistémologique est au cœur même
des descriptions linguistiques. Pour que la démarche soit adaptée à l'objet
d'étude, il suffit de tenir compte de ses spécificités. On a l'impression d'avoir
résolu le problème. En réalité, de nouveaux chantiers nous attendent :

- comment assurer la jonction entre les niveaux morphologiques et syntaxiques ? ;

- comment traiter l'absence de marques morphologiques comme les suffixes dans les mots polylexicaux ? ;

- comment dégager ce qui relève strictement de la combinatoire externe
de ce qui fait partie de la combinatoire interne pour les séquences dont
les constituants ne sont pas totalement solidaires ?

Autant de questions qui feront l'objet d'analyses appropriées !

BIBLIOGRAPHIE

[1] D. Gaatone. « Les locutions verbales et les deux passifs du français ». *Langages*, 109 :37-
52, 1993.
[2] G. Gross. « Les expressions figées en français ». Ophrys, Paris, 1996.
[3] A. Martinet. « Syntagmes et synthèmes ». Vol. 2, PUF, Paris, 1967.
[4] A. Martinet. « Le mot ». *Problèmes de langage*, 39-53, Collection Diogńe, Gallimard,
Paris, 1996.
[5] M. Mathieu-Colas. « Typologie de la composition nominale ». *Cahiers de Lexicologie*,
69 :65-118, 1996.
[6] I. Mel'čuk. « Parties du discours et locutions ». *Bulletin de la société linguistique de
Paris*, Tome CI fascicule 1-2006, Peeters, 2006.
[7] A. Meillet. « Typologie de la composition nominale ». *Linguistique historique et linguistique générale*, Champion et Klincksieck, I et II, Paris, 1958.
[8] S. Mejri. « Le figement lexical : Descriptions linguistiques et structuration sémantique
». *Publications de la Faculté des Lettres de Manouba*, Tunisie, 1971.
[9] S. Mejri. « Figement lexical et renouvellement du lexique : quand le processus détermine
la dynamique du système ». *Le français moderne*, LXVIII, 1, 39-62, CILF, 2000.
[10] S. Mejri. « Dictionnaire des séquences figées ». Université de Sannio, Beneveto, 2008.
[11] F. Neveu. « Dictionnaire des sciences du langage ». Armand Colin, Paris, 2004

Une typologie pour l'actualisation des schémas d'arguments dans une perspective traductologique

Xavier Blanco Escoda[1]

ABSTRACT. We present the typology of grammatical meanings that we intend to use for the actualisation of predicate-argument structures in the dictionaries of fLexSem (Laboratory of Phonetics, Lexicology and Semantics, UAB). We highlight the big area of intersection that exists between the set of meanings expressed by means of flexemes and derivatemes, on the one hand, and by means of restricted lexical coocurrence, on the other. We underline the importance of this issue regarding the design of machine translation systems with grammatical interlingua.

1 Introduction

Cet article a pour objet de présenter la typologie des significations grammaticales qui est employée pour représenter l'actualisation des schémas d'arguments dans les dictionnaires électroniques du *Laboratoire de Phonétique, Lexicologie et Sémantique* (fLexSem) de l'Université Autonome de Barcelone.

C'est avec beaucoup de plaisir que je dédie cet article à mon collègue et ami Franz Guenthner. J'ai donc voulu l'écrire *alla guenthneriana manera* : des alinéas brefs qui présenteront, en extension, une liste des différents types d'actualisations à considérer au sein de la microstructure des dictionnaires. Ainsi, si l'on ignore tout le texte de cet article et l'on ne prend que les lignes précédées du signe « - » et d'une tabulation, on obtiendra la liste des catégories d'actualisation possibles pour un schéma d'arguments donné, suivies de

---

[1] Université Autonome de Barcelone

leurs valeurs sémantiques entre guillemets simples. Au total, 40 catégories et 129 valeurs. Chaque alinéa sera accompagné de brefs commentaires, le plus souvent de nature contrastive espagnol-français.[2]

Un alinéa final, sous forme de conclusion, permettra de mettre en relief, entre autres, le fait qu'il existe une grande aire d'intersection sémantique entre les actualisations possibles pour un schéma d'arguments et l'ensemble des valeurs sémantiques des collocations lexicales. En fait, il s'agit *grosso modo* des mêmes valeurs, ce qui permet de considérer la cooccurrence lexicale restreinte comme une forme d'actualisation par des moyens lexicaux. Comme, en plus, ces valeurs sont translinguistiques, ce rapprochement se révèle particulièrement intéressant en traduction, car il permet de doter le système de dictionnaires de la capacité d'effectuer des équivalences de traduction qui n'adopteront plus seulement la forme *unité lexicale L1 = unité lexicale L2*, mais *flexème/dérivatème L1 = unité lexicale L2* ou vice-versa.

2   Significations lexicales vs significations grammaticales

Précisons, d'abord, que nous nous servons du terme *signification* parce que, d'une part, le *signifié* est une des composantes du signe linguistique et se trouve, donc, intrinsèquement lié à une forme donnée. Nous ne pouvons donc pas parler de signifié translinguistique comme invariant dans une relation d'équivalence de traduction. D'autre part, le terme *sens* est souvent lié au discours, à la phrase, ou encore, dans d'autres emplois, il est conçu comme préalable à la représentation sémantique qui le structurerait en sèmes. Nous préférons, donc, employer le terme *signification* qui nous permettra de nous référer, de façon instrumentale et dépourvue d'autres connotations, à des "sens translinguistiques". Ainsi, par exemple, nous nous servirons de 'pomme' pour faire référence à la fois aux signifiés de *pomme, manzana, apple, Apfel*, etc. et de 'pluriel' pour regrouper des sens très proches dans une même langue (e.g. pluriel quantitatif et pluriel sortal) ou des sens similaires bien que non identiques dans deux langues différentes (e.g. le pluriel français ne s'oppose qu'au singulier, tandis que le pluriel arabe s'oppose au singulier et au duel).

De façon générale, l'on pourrait affirmer qu'un schéma d'arguments (qui est

---

[2] La recherche qui est à la base de cet article a bénéficié du financement du *Ministerio de Educación y Ciencia* (Espagne) dans le cadre du projet I+D+i HUM 2005-08052-C02-01 *InterGram* (Interlingua grammaticale pour des systèmes de traitement automatique des langues).

une représentation des significations lexicales d'une prédication) est actualisé par l'ensemble des significations grammaticales que l'on peut y appliquer (Gross, [5]).

Un schéma comme *manger (Jean, pomme)* représenterait donc les significations lexicales de phrases comme :

- *Jean a mangé des pommes*

- *Jean veut manger deux pommes*

- *Jean ne mangera plus jamais de pommes*

- etc.

Les significations lexicales constituent un ensemble ouvert et sont liées à la réalité extralinguistique : l'invention d'un nouveau procédé technique ou scientifique ou la découverte d'une réalité peuvent donner lieu à une création lexicale véhiculant une signification nouvelle. Les significations lexicales désignent des êtres humains, animaux, végétaux, lieux, unités de temps, actions, événements, etc. et elles font partie de réseaux de relations synonymiques, antonymiques, hyperonymiques, méronymiques, etc. À l'intérieur des significations lexicales, il existe toutefois une différence fondamentale entre prédicats et objets sémantiques.

Par contre, les significations grammaticales, qui sont toujours des prédicats et souvent même des prédicats de deuxième ordre, constituent un ensemble quasi-fermé. Les processus de grammaticalisation sont beaucoup plus lents que ceux de lexicogénèse. En plus, contrairement aux significations lexicales, qui s'organisent en classes (e.g. <moyens de transport>, <vêtements>, <crimes>, etc.), les significations grammaticales s'organisent en catégories (e.g. nombre nominal, aspect de complétion, etc.), ce qui implique que leurs valeurs s'excluent mutuellement. En effet, il est impossible d'étiqueter une occurrence d'un substantif donné comme étant 'singulier' et 'pluriel' en même temps, ou une occurrence d'un verbe comme étant 'perfectif' et 'imperfectif' à la fois. De façon imagée, l'on pourrait imaginer une classe de significations lexicales comme formée par des cases à cocher dans un formulaire Web, tandis qu'une catégorie des significations grammaticales se présenterait sous forme de boutons radio.

Il est possible de postuler un super-système de significations grammaticales qui serait translinguistique (voire universel), à l'intérieur duquel chaque langue choisirait un sous-ensemble qu'elle exprimerait de préférence par des moyens morphologiques (flexionnels ou dérivationnels)[3], tandis que le reste serait exprimé, de préférence, par la cooccurrence lexicale restreinte. En tout état de cause, les significations grammaticales (même celles qu'une langue donnée n'a pas, à proprement parler, « grammaticalisées ») recevraient presque toujours des moyens d'expression beaucoup plus contraints que les significations lexicales.

3   Typologie de l'actualisation des schémas d'arguments : considérations générales

Une typologie des significations grammaticales constituerait, donc, en même temps, une typologie de l'actualisation d'un schéma d'arguments ou, pour le dire d'une façon métaphorique, le « paradigme de flexion sémantique » de ce schéma d'arguments, cf. (Blanco, [1]) et (Blanco, Buvet, [4]).

Les significations grammaticales appartiennent forcément à une des cinq grandes aires suivantes (Jakobson, [7] et [8]) :

1. le temps ;

2. l'espace ;

3. la quantification ;

4. la caractérisation qualitative de l'énonciation, de l'énoncé, des participants de l'énonciation et des participants de l'énoncé ;

5. les rapports entre l'énonciation, l'énoncé et les participants des deux.

Dans ce qui suit, nous passerons en revue les différentes catégories et valeurs de ces cinq aires, en suivant de près Mel'čuk [9] et, en partie aussi, Jakobson [8] et Pottier [11]. Bien entendu, il ne nous sera pas possible de commenter les catégories, sauf de façon extrêmement sommaire.

---

[3]Et, dans quelques cas, par des suprasegmentaux ou par certains agencements syntaxiques.

4 Actualisations liées à l'expression du temps

Les catégories de significations grammaticales liées à l'expression du temps sont au nombre de quatre, avec un total de onze valeurs :

- le temps absolu : 'passé', 'présent', 'futur', 'achronique'

- le temps relatif : 'antériorité', 'simultanéité','postériorité'

- la distance temporelle : 'temporellement proche', 'temporellement éloigné'

- la résultativité : 'résultatif', 'non résultatif'

Commentaires : le temps absolu et la distance temporelle sont liés au moment de l'énonciation (le 'maintenant'). Signalons l'asymétrie profonde entre 'passé' et 'futur' (qui est toujours, en quelque sorte, hypothétique) ; en général le 'passé' est couplé à beaucoup plus de distinctions grammaticales que le 'présent'. Le temps n'est pas uniquement lié aux prédicats, mais également à des quasi-prédicats comme *ex-femme, ancienne église.*

Signalons l'importance des valeurs 'résultatif' et 'temporellement proche' dans l'usage du *pretérito perfecto* (≈ passé composé) espagnol. En espagnol de la Péninsule ibérique, nous avons *Hoy he comido bien*, mais difficilement ??*Hoy comí bien* (phrase qui est cependant parfaitement acceptable dans une grande partie de l'Amérique latine). Par contre, nous avons *Ayer comí mejor* vs *Ayer he comido mejor*, phrase inacceptable que des francophones apprenant l'espagnol ont tendance à produire par calque d'un emploi du passé composé. Pensons aussi au résultatif anglais : *I have visited this town* vs *I visited this town.*

5 Actualisations liées à l'expression de l'espace

Les catégories des significations grammaticales liées à l'expression de l'espace sont également au nombre de quatre, avec un total de dix-sept valeurs :

- la deixis : 'près du locuteur', 'près de l'interlocuteur', 'pas près'

- la localisation : 'in', 'sub', 'post', 'apud', 'inter', 'super', 'ante', 'ad', 'circum'

- l'orientation relative : 'à partir du locuteur', 'vers le locuteur'

- l'orientation absolue : 'depuis X', 'vers X', 'en repos'

Commentaires : le français n'a que deux valeurs déictiques 'près du locuteur' ou 'ici' et 'pas près du locuteur' ou 'là', mais l'espagnol en a trois (cf. supra), que l'on pourrait représenter par 'aquí' 'ahí' et 'allí' ; par conséquent la traduction de la deixis exige un calcul particulier pour le passage du français à l'espagnol, pour lequel nous nous appuyons, en général, sur les pronoms personnels.

Pour la localisation, nous nous servons de préfixes latins. Notons que deux distinctions supplémentaires seraient peut-être à faire : la distinction de deux 'super' avec contact ou sans contact (cf. l'allemand *auf/über*) et la distinction de deux 'circum' (un 'entre' et un 'parmi', cf. l'allemand *zwischen/unter*).

L'orientation relative nous permet de distinguer entre 'aller/venir', 'emporter/app-orter', etc. L'allemand grammaticalise cette distinction moyennant les préfixes verbaux séparables qui, en plus, se combinent avec la localisation : *herankommen* ('s'approcher d'ici'), *hineinkommen* ('entrer ici'), etc.

6   Actualisations liées à la quantification

Il faut distinguer quatre grands types de quantification, à savoir : la quantification numérique des objets, la quantification numérique des prédicats, la quantification non numérique des objets et la quantification non numérique des prédicats.

6.1   La quantification numérique des objets

Nous avons une seule catégorie, avec quatre valeurs :

- le nombre nominal : 'singulier', 'duel', 'paucal', 'pluriel'

Commentaires : rappelons que les étiquettes correspondent à des significations et pas aux formes morphologiques du pluriel, duel, etc. Bien que la
plupart des langues sur lesquelles nous travaillons ne comportent comme
opposition morphologique que la paire 'singulier' - 'pluriel', disposer des significations 'duel' et 'paucal' est très utile pour le codage sémantique des
entrées de dictionnaire qui correspondent à l'expression collocationnelle de
ces sens, e.g. *couple, paire* (*un couple d'amoureux, une paire de chaussures*
mais pas *une paire d'amoureux, *un couple de chaussures*).

6.2   La quantification numérique des prédicats

Nous trouvons aussi une seule catégorie, avec deux valeurs :

- l'aspect numérique : 'sémelfactif', 'multiplicatif'

Commentaires : ces deux valeurs sont aux faits ce que 'singulier' et 'pluriel' sont aux objets. Des marques morphologiques du pluriel peuvent être
employées pour le multiplicatif : *je lui ai donné deux gifles* ≈ *je l'ai giflé
deux fois*. Certains suffixes verbaux (associés à des prédicats téliques) expriment le multiplicatif : (≈ 'mordiller'), *beso-besuquear* (≈ 'bécoter'), cf.
*lo mordisqueó una vez ; *lo besuqueó una vez*.

6.3   La quantification non numérique des objets

Il y a trois catégories, avec six valeurs au total :

- la mesurativité : 'augmentatif', 'diminutif'
- la distributivité : 'concentratif d'objets', 'distributif d'objets'
- la collectivité : 'singulatif', 'collectif'

Commentaires : la mesurativité se combine très souvent avec l'évaluativité
(cf. 8.4.) pour former des combinaisons 'diminutif' & 'hypocoristique' ; 'augmentatif' & 'péjoratif', etc.

Le 'singulatif' s'applique aux noms comptables et le 'collectif' aux non comptables, très souvent sous forme de déterminants nominaux fortement collocationnels : *un diente de ajo* (litt. **une dent d'ail* vs *une gousse d'ail*, **una vaina de ajo*).

6.4   La quantification non numérique des prédicats

Il y a cinq catégories, avec un total de quatorze valeurs :

- l'intensité : 'intensif', 'atténuatif'

- l'aspect de distribution : 'concentratif de prédicats', 'distributif de prédicats', 'itératif', 'itératif-distributif'

- l'aspect de durée : 'ponctuel', 'duratif', 'habituel'.

- l'aspect de complétude : 'perfectif', 'imperfectif'

- la comparaison : 'équatif', 'comparatif', 'superlatif'

Commentaire : la signification 'intensif' présente une très grande variété de moyens d'expression (il s'agit, sans doute, de la signification qui présente la cooccurrence lexicale restreinte la plus riche).

L'aspect de distribution fait pendant, pour les prédicats, à la distributivité pour les objets, mais elle ajoute une dimension temporelle. Notons que la distinction entre 'multiplicatif' et 'itératif' peut sembler, de prime abord, difficile à faire, mais qu'elle devient plus claire si l'on prend soin de bien spécifier que les faits auxquels se réfère l'aspect de distribution doivent être forcément des faits multiples (autrement l'on ne pourrait appliquer que l'aspect numérique).

Les aspects de durée et de complétude sont plus faciles à coder quand on pense à la valeur sémantique 'ponctuel' de l'aoriste du grec classique et à l'opposition 'perfectif' - 'imperfectif' du verbe russe.

La comparaison est indispensable pour la description de certaines formes supplétives : *mejor, peor,* etc. Signalons que l'élatif espagnol en -*ísimo* n'est pas un 'superlatif', comme on dit souvent, mais un 'intensif'.

7 Actualisations liées aux caractéristiques qualitatives

Nous les traiterons selon qu'elles s'appliquent à l'énonciation, à l'énoncé, aux participants de l'énonciation ou aux participants de l'énoncé.

7.1 Caractéristiques qualitatives de l'énonciation

Nous avons deux catégories. Pour ce qui est de la catégorie de rôle discursif, il n'est pas possible d'en fixer les valeurs de façon exhaustive. Les valeurs retenues le sont donc de façon empirique et d'autres valeurs pourraient, le cas échéant, être prises en considération. Pour le moment, nous avons pour ces deux catégories un total de six valeurs :

- l'aspect de déroulement : 'progressif', 'non progressif'

- le rôle discursif : 'explication', 'exemple', 'énumération', 'digression'

Commentaires : le fait que le verbe anglais exprime le 'non progressif' est le cheval de bataille de beaucoup d'hispanophones apprenant l'anglais. La situation n'est pas facilitée par la tendance de certains enseignants à focaliser sur le 'progressif', car ce qu'on observe c'est que l'apprenant produit des séquences comme *John speaks to Peter* à la place de *John is speaking to Peter*. Mais, en fait, le problème pour l'hispanophone n'est pas de produire le 'progressif' (le 'progressif' marqué existe aussi en espagnol : *Juan está hablando con Pedro*) mais de se rendre compte qu'une séquence comme *Juan habla con Pedro* peut être interprétée aussi bien comme 'progressif' que comme 'non progressif', tandis que *John speaks to Peter* sera interprétée forcément comme 'non progressif'.

Le rôle discursif nous permet de marquer la valeur énonciative de nombreux adverbes du dictionnaire.

7.2 Caractéristiques qualitatives de l'énoncé

Nous avons deux catégories, avec six valeurs :

- la phase : 'inchoatif', 'continuatif', 'cessatif', 'terminatif'

- la continuité : 'continu', 'discrétif'

Beaucoup de verbes sont à marquer comme des supports phasiques de noms prédicatifs, parfois même avec des valeurs supplétives (*enamorarse* verbalisation inchoative de *amor*). Le 'terminatif' se distingue du 'cessatif' parce qu'il ajoute la notion sémantique de fin naturelle. La continuité permet de distinguer entre faits continus et discontinus.

7.3   Caractéristiques qualitatives des participants de l'énonciation et de l'énoncé

Nous avons décidé de ne retenir qu'une catégorie pour cet alinéa, car elle est, de très loin, la plus productive. Elle présente deux valeurs :

- le genre naturel : 'masculin', 'féminin'

Le genre naturel est à distinguer du genre syntaxique et, à notre avis, il faut absolument le dissocier des transducteurs utilisés pour engendrer des paradigmes de flexion, autrement on crée des paradigmes qui n'ont pas d'existence réelle (e.g. *gallo* 'coq', *gallina* 'poule'). En conséquence, nous dédoublons systématiquement les entrées qui présentent des genres naturels différents, ce qui permet d'augmenter la cohérence interne du dictionnaire et de traiter de façon robuste des cas comme, par exemple, les variantes pour le féminin des noms de profession.

D'autres catégories qui pourraient être utilisées pour coder des caractéristiques qualitatives des participants (e.g. la distinction 'adulte', 'enfantin') sont traitées dans la diasystématique : des entrées comme *pupa* 'bobo', *caca*... Faisons remarquer la variabilité diatopique : ainsi *mamá* est marqué 'enfantin' en espagnol de la Péninsule ibérique mais pas dans nombre de pays de l'Amérique latine, ou c'est la forme courante (*madre*, la forme standard en espagnol, pouvant recevoir l'interprétation 'péjoratif'!). Une autre catégorie possible serait la distinction 'vivant', 'mort' : *mi difunto padre, feu mon père*.

8   Actualisations liées aux rapports entre l'énonciation, l'énoncé et leurs participants

Il faut distinguer six grands types de relations :

1. les relations entre l'énonciation et ses participants ;

2. les relations entre l'énonciation et l'énoncé et ses participants ;

3. les relations entre le locuteur et l'énonciation ;

4. les relations entre le locuteur et l'énoncé et ses participants ;

5. les relations entre l'énoncé et ses participants ;

6. les relations entre les participants de l'énonciation et de l'énoncé.

8.1 Les relations entre l'énonciation et ses participants

Nous avons une seule catégorie, avec trois valeurs :

- la personne : '1ère personne', '2ème personne', '3ème personne'

Commentaires : nous pourrions aussi employer les étiquettes 'locuteur', 'interlocuteur', 'ni locuteur ni interlocuteur' afin de souligner l'asymétrie foncière entre les deux participants de l'énonciation et la troisième personne qui, en fait, n'en est pas une...

8.2 Les relations entre l'énonciation et l'énoncé et ses participants

Nous avons une seule catégorie, la détermination, avec trois valeurs :

- la détermination : 'défini', 'indéfini', 'partitif'

Commentaires : une catégorie très complexe qui va fort au-delà de l'article... L'espagnol ne connaîtrait pas l'article partitif, tout du moins pas de façon aussi prototypique que le français. On observe malgré tout des usages comme : *de café, no he comprado nunca* (vs *nunca he comprado café*). Soulignons, au passage, l'existence d'un double espace de référence : l'extralinguistique et le textuel (dans des emplois anaphoriques).

8.3 Les relations entre le locuteur et l'énonciation

Nous avons cinq catégories avec vingt-six valeurs :

- la polarité : 'affirmatif', 'négatif'

- l'interrogativité : 'déclaratif', 'interrogatif'

- le mode : 'indicatif', 'impératif', 'optatif', 'subjonctif', 'conditionnel', 'irréel'

- l'organisation communicative : 'thème', 'rhème'

- la voix : 'actif complet', 'passif complet', 'passif agentif', passif non agentif', 'passif indirect', 'permutatif', 'supressif subjectal', 'supressif objectal', 'suppressif absolu', 'passif sans agent', 'passif sans patient', 'réfléchi sans objet', 'réfléchi sans sujet', 'réfléchi sans actants'

Commentaires : il serait à remarquer que le moyen formel de la valeur 'interrogatif' peut être purement suprasegmental : *Jean est venu ?* vs *Jean est venu*. Cela est encore plus fréquent en espagnol.

Insistons sur le fait que les valeurs sont sémantiques. Les valeurs pour le mode ne sont pas à confondre avec les dénominations traditionnelles des "temps" verbaux, qui sont des regroupements complexes de différentes valeurs appartenant à différentes catégories. La catégorie du mode ne véhicule que la distinction entre : l'assertion ('indicatif'), la volonté ('impératif'), le désir ('optatif'), la non référentialité ('subjonctif'), la condition ('conditionnel'), l'hypothèse contraire aux faits ('irréel').

La catégorie de la voix doit rendre compte de tous les changements de diathèse possibles. Nous retenons toutes les permutations, suppressions et fusions de deux actants, auxquelles nous ajoutons une permutation ternaire, le 'passif indirect', typique de l'anglais (e.g. *I was told that I couldn't go any further*) où le troisième actant sémantique devient premier actant syntaxique profond.

8.4 Les relations entre le locuteur et l'énoncé et ses participants

Nous avons trois catégories, avec dix valeurs :

- la réactivité : 'probable', 'étonné', 'assertif', 'dubitatif'

- l'évidentialité : 'expérientiel', 'citatif', 'inférentiel', 'présomptif'

- l'évaluativité : 'hypocoristique', 'péjoratif'

Commentaires : les deux premières catégories s'appliquent à l'énoncé, tandis que la dernière peut s'appliquer aussi bien à l'énoncé qu'à ses participants. Seule cette dernière a une place considérable dans le dictionnaire, intégrant dans les valeurs sémantiques grammaticalisables (e.g. moyennant des suffixes dérivationnels) des valeurs que, jusqu'à présent, nous avions reléguées dans la diasystématique du signe.

8.5   Les relations entre l'énoncé et ses participants

Nous avons deux catégories, avec cinq valeurs :

- la modalité : 'désidératif', 'potentiel', 'débitatif'

- la volitionalité : 'volitif', 'non volitif'

Commentaires : dans le 'désidératif', le sujet veut participer au fait énoncé, dans le 'potentiel' il le peut et, dans le 'débitatif', il le doit. Le 'volitif' implique qu'un participant de l'énoncé cause consciemment le fait énoncé, tandis que le 'non volitif' implique qu'il ne le cause pas volontairement.

8.6   Les relations entre les participants de l'énonciation et de l'énoncé

Nous avons cinq catégories, avec quatorze valeurs :

- la politesse : 'familier', 'formel'

- la respectivité : 'respectif', 'dépréciatif'

- l'appartenance : 'appartenant à la 1ère personne singulier', 'appartenant à la 2ème p.s.', 'appartenant à la 3ème p.s.', 'appartenant à la 1ère p.pl.', 'appartenant à la 2ème p.pl.', 'appartenant à la 3ème p.pl.'

- l'aliénabilité : 'aliénable', 'non aliénable'

- la possessivité : 'possessif', 'non possessif'

Commentaires : la politesse ne s'applique qu'aux relations entre le locuteur et son interlocuteur (c'est à dire, les deux participants de l'énonciation). Comme l'évaluativité, elle intègre dans la sémantique certaines valeurs considérées auparavant comme diasystématiques.

Il est important de souligner la différence entre appartenance et possessivité : la première marque le possédé, la seconde marque le possesseur. L'aliénabilité pourrait être considérée comme un cas particulier de l'appartenance. Dans l'appartenance, nous avons une structure sémantique sous-jacente qui implique le sens de 'posséder', e.g. *le stylo de Jean* = 'posséder(Jean, stylo)', tandis que, dans l'appartenance de type inaliénable, le (quasi-)prédicat sous-jacent désigne également le "possédé" : *le fils de Jean* = *fils(E, Jean), le nez de Jean* = *nez(Jean)*.

9   Conclusions

Commençons par insister sur le fait qu'il ne faut pas confondre une signification grammaticale avec le moyen d'expression prototypique que cette valeur peut avoir dans une langue donnée, car, d'une part, une signification grammaticale peut toujours avoir plus d'une forme d'expression et, d'autre part, les moyens formels qui expriment des significations grammaticales sont fortement ambigus et cumulent souvent plus d'une signification.

Cela dit, il nous semble très important de coder les significations grammaticales à l'intérieur du dictionnaire électronique (c'est-à-dire, de les coupler autant que faire se peut avec leurs moyens formels d'expression). Cela impliquera forcément de rompre un tabou lexicographique qui consiste à travailler fondamentalement sur le lemme, en procédant à des généralisations systématiques par rapport aux formes flexionnelles. Ces généralisations, comme l'a signalé Gaston Gross [6], sont souvent abusives.

Nous pensons, donc, qu'il faut remettre en question ce procédé et examiner dans le détail les valeurs grammaticales des formes fléchies par rapport au sens de chaque lemme. La flexion (et *a fortiori* la dérivation) serait beaucoup moins automatique que ne le laissent entendre les techniques qui se limitaient à générer des paradigmes moyennant des transducteurs en les étiquetant avec des étiquettes grammaticales traditionnelles. Il sera probablement nécessaire de revisiter ces paradigmes en tenant compte en même temps de la sémantique lexicale du lemme et de la sémantique grammaticale de chaque forme fléchie d'après les significations grammaticales qu'elle véhicule. Même si certaines généralisations devraient être possibles (voire nécessaires) dès le début, il est certain qu'il s'agit d'un travail d'une dimension très considérable.

Pour l'instant, et de façon pratique, nous réservons dans la microstructure de chaque unité lexicale les champs nécessaires pour la description des valeurs grammaticales ; c'est-à-dire, jusqu'à un maximun de 40. Bien entendu, on n'a pas besoin de prévoir tous les champs pour chaque lemme, étant donné que certaines catégories ne s'appliquent qu'à certains types sémantiques de lemmes (ainsi, par exemple, nul besoin de prévoir l'aspect numérique pour un objet sémantique ni la mesurativité pour un prédicat). Cet ensemble de champs constitue, en même temps, une interlingua (Mel'čuk, [10]) pour la traduction automatique des significations grammaticales qui, contrairement aux significations lexicales qui se traduisent par transfert, doivent être transmises sous forme d'étiquettes au système de la langue d'arrivée, qui sera seul chargé de calculer et de générer, avec les moyens formels qui lui sont propres, l'expression la plus naturelle de ces significations.

Ce caractère translinguistique des significations grammaticales est à souligner, car il semble possible de disposer d'un ensemble constitué de catégories et de valeurs pouvant être maintenues de façon assez stable pour toutes les langues naturelles. En fait, vu l'énormité de la tâche à réaliser pour la description d'une langue, le seul espoir d'arriver à des résultats opérationnels est d'effectuer un travail cumulable et réutilisable dans différents systèmes et pour différentes paires de langues. Il est donc indispensable de se poser très sérieusement la question de la robustesse des descriptions linguistiques.

Il faut aussi mettre l'accent sur le fait qu'il y a beaucoup de valeurs grammaticales qui sont exprimées moyennant la combinatoire lexicale restreinte, i.e. des « collocations », qui doivent forcément être inventoriées et étiquetées dans le dictionnaire exactement avec le même formalisme dont on se sert pour décrire la valeur sémantique de flexèmes et dérivatèmes. Il serait à remarquer, en fait, qu'il y a une très grande correspondance (nous oserions presque dire identité) entre les valeurs grammaticalisables et les valeurs sémantiques qui génèrent des collocations (Blanco [3]). Cela peut être exploité pour doter les systèmes de dictionnaires bilingues ou multilingues de la capacité à postuler des équivalences du type *suffixe dérivationnel = collocation* ou *collocation = forme supplétive du lemme*, etc. (Blanco, [2]). Autrement dit : il faut pouvoir proposer des équivalences sémantiques indépendamment des moyens d'expression.

BIBLIOGRAPHIE

[1] X. Blanco. « Repères pour l'enseignement des langues sur objectifs spécifiques à partir de la lexicographie informatique ». *Études de linguistique appliquée*, 135, Klincksieck / Didier Érudition, Paris, 2004.

[2] X. Blanco. « Linguistic Formalisation of Romance Languages in the Frame of the InterGram Project ». *International Fifth Conference FASSBL-5*, 18-20 October, 2006, Bulgarian Academy of Sciences.

[3] X. Blanco. « Significacións gramaticais e sentidos colocacionais : ¿máis ca unha simple coincidencia ». *Cadernos de Fraseoloxía Galega*, 8, Santiago de Compostela : Xunta de Galicia, 2006.

[4] X. Blanco et PA Buvet. « Verbes support et significations grammaticales. Implications pour la traduction espagnol-français ». *LingvisticæInvestigationes*, XVII, 2, Amsterdam/Philadelphia : John Benjamins Publishing Company, 2004.

[5] G. Gross. « Prédicats nominaux et compatibilité aspectuelle ». *Langages*, 121 :54-72, Paris : Larousse, 1996.

[6] G. Gross. « Pour un Bescherelle des prédicats nominaux ». *LingvisticæInvestigationes*, XXVII, 2, Amsterdam/Philadelphia : John Benjamins Publishing Company, 2004.

[7] R. Jakobson. « La notion de signification grammaticale selon Boas ». *Essais de linguistique générale*, Paris : Les Éditions de Minuit, 1963.

[8] R. Jakobson. « Shifters, Verbal Categories, and the Russian Verb ». *Selected Writings II, Word and The Hague*, Paris : Mouton, 1971.

[9] I. Mel'čuk. « Cours de Morphologie Générale, Deuxième partie : significations morphologiques ». Les Presses de l'Université de Montréal, 1994 :2, Montreal, CNRS Éditions

[10] I. Mel'čuk. « Grammatical Meanings in Interlinguas for Automatic Translation and the Concept of Grammatical Meanings ». *Das Wort*, Wilhelm Fink Verlag, München, 1976.

[11] B. Poitier. « Linguistique générale : théorie et description ». Klincksieck, Paris, 1974.

www.ingramcontent.com/pod-product-compliance
Lightning Source LLC
LaVergne TN
LVHW012328060326
832902LV00011B/1766